하룻밤에 읽는 경제

하룻밤에 읽는 **경제**

장순욱 ─ 지음

페이퍼로드
paperroad

손바닥 위에 펼쳐보는
경제 이야기 속으로

"너무 어려워요."

'경제학'이라는 말이 나오면 열 명 중 여덟 명은 이렇게 말한다.

사실 초심자로서는 경제학 교재의 복잡한 그래프를 이해하기란 무척 난해할 뿐 아니라, 돌아서면 무슨 공부를 했는지 머리가 어지럽기만 하다.

그럼에도 불구하고 경제를 알아야 한다. 태어나서 죽을 때까지 '경제'라는 굴레에서 누구도 벗어날 수 없기 때문이다. 그래서 경제 상식이 없으면 가슴이 답답해지는 경우가 자주 발생한다. 미국 중앙은행의 양적 완화가, 일본의 경기 침체가 미래의 내 삶에 어떤 영향을 미칠지 감이 안 잡힌다. 복지, 자유무역 등 경제 이슈에 관한 논쟁에서 꿀 먹은 벙어리가 된다. 신문의 경제면은 그냥 '패스'하고 9시 뉴스에서 경제 소식이 나오면 '외계어'를 대하는 듯한 절망감이 든다. 이래서야 세상을 이해하는 데 뒤질 수밖에 없다. 경제적 지식에 기초해 투자를 결정하고, 미래를 준비하는 사람에 비해 생존에 대한 경쟁력이 떨어진다.

따라서 경제가 어렵다고 포기해서는 안 된다. 대신, 쉽게 이해할 수 있는 방법을 찾아야 한다. 이 책이 목표한 바가 바로 그것이다. 가능하면 쉽게 경제학의 주요 개념을 정리하려고 했다. 너무 이론적이지도, 그렇다고 파편적이지도 않게 말이다. 이것이 가능했던 이유는 필자가 경제라는 주사위의 여러 면을 조금 더 자주 봤던 경험 때문일 것이다.

누구나 마찬가지이지만 필자 역시 처음에는 경제라는 학문을 공부했다. 처음 접한 우리나라의 경제학 교재들은 대개 수험서 위주여서 한 권의 책에 무척 많은 내용이 담겼지만 친절한 설명이 부족한 경우가 많았다. 따라서 폴 새뮤얼슨의 베스트셀러 『경제학ECONOMICS』 등 외국 서적의 도움을 많이 받았다. 그리고 내친김에 영국으로 넘어가 경제의 역동적인 과거와 현재에 대해 공부했다.

그 뒤 경제부 기자를 하면서 경제 이론이 현실과 만나는 다양한 접점에 대한 취재와 분석을 했다. 그 과정에서 경제학 이론이 왜 화석화되는지도 깨달았고, 경제학 교재의 이론들이 왜 현실에 적용하기 어려운지도 느꼈다. 또한 경제 평론가로서 방송 활동을 하면서 경제 현상과 정부의 경제 정책을 독자적인 시각으로 분석하고 평가하는 일을 꾸준히 했다.

무엇보다 중요했던 것은 이 같은 경험을 정리하는 기회를 여러 번

가졌다는 것이다. 우선 『푼돈의 경제학』, 『소비의 경제학』, 『경제의 최전선을 간다(공저)』, 『불황에 시작하는 재테크』 등의 책을 쓰면서 경제라는 주사위의 여러 면들에 대해 글로써 정리해 볼 수 있었다. 또한 고등학생들에게 경제에 관한 논술을 지도하거나, 사이버 대학에서 경제학을 강의하면서 경제학의 전체 흐름에 대해 '가르친다'는 핑계로 스스로 정리할 기회를 가졌다.

또한 직접 주식을 투자해 보고, 부동산을 거래해 보고, 기업의 경제 정책에 대한 컨설팅을 하면서 제3자가 아닌 현장 속에 과감히 그것도 여러 차례 뛰어들기도 했다. 또한 국회의원 혹은 정부 관계자와 함께 정부 경제 정책을 평가하고 분석하고 문제를 찾아내는 작업을 진행하면서 정책적 측면에서 본 경제에 대해서도 천착할 수 있었다.

이 책은 이 같은 다양한 경험을 바탕으로 보다 쉽고 편하게 일반인의 입장에서 '경제'를 이해할 수 있도록 최선을 다해 만들었다.

사실 대학 시절 전공이 사회학이었다. 경제와는 전혀 상관없는 학과를 다녔기에 경제가 어떻게 돌아가는 것인지 몰라 늘 답답했을 뿐 아니라 취직까지도 걱정됐다. 경제를 모르는 나 같은 사람이 갈 수 있는 일자리의 폭은 무척 좁았기 때문이다. 따라서 '골치 아픈 경제를 그래도 꼭 알아야 하는 분'들의 막막함과 갑갑한 마음을 누구보다 잘 안다. 사실 지난 20년의 삶은 그 답답함을 해소하기 위한 긴 과정이었는지도 모른다. 부족하지만 똑같은 답답함을 갖고 있는 분들에게 도움이 될 수 있도록 이 책을 썼다. 많은 분들이 이 책을 통해 경제를 알고 똑똑한 경제를 실천할 수 있는 대한민국이 될 수 있기를 소망한다.

2013년 11월
장순욱

5 기업의 운영 원리 – 거대한 경제가 움직인다

1

경제의 기본 문제

일상에서 사회체제까지

모든 곳이 시장이다

재화 | 서비스 | 시장 | 판매자와 구매자 | 물물교환 | 자급자족

| 재화와 서비스, 그리고 시장 |

인간의 욕망은 대개 재화와 서비스를 이용해 채워진다. 여기서 재화는 쌀, 집, 자동차 등 물질을 뜻한다. 식욕을 채우기 위해 쌀로 밥을 짓고, 수면욕을 채우기 위해 집에서 잠을 자고, 편안함을 위해 자동차를 산다. 이렇게 재화를 바탕으로 추가적 욕망을 만족시켜 주는 것은 용역, 즉 서비스다. 비빔밥을 파는 식당, 잠자리를 제공하는 호텔, 머리를 깎아주는 미용실은 재화가 아닌 서비스를 제공한다.

재화와 서비스 모두 무상으로 제공된다면 무척 좋을 것이다. 물론 공짜도 있다. 공기는 재화지만 공짜다. 아침 밥상을 차려주는 어머니의 서비스도 마찬가지다. 그러나 대개는 판매자와 구매자 간의 거래를 통해 재화와 서비스가 제공된다.

이 같은 거래가 이뤄지는 모든 곳이 시장market이다. 재래시장이나 남대문 시장뿐 아니라 미용실, 목욕탕, 청과물 가게도 시장이다. 마약이 오고가는 은밀한 곳도 시장이다(암시장). 그리고 사람들의 노동력을 사고파는 곳은 인력시장이다. 결국 시장은 재화와 서비스를 사고파는

모든 곳이라고 할 수 있다.

　판매자와 구매자가 시장에서 재화와 서비스를 사고팔 때, 이런 거래를 매개하는 것은 돈이다. 돈은 사는 사람과 파는 사람이 동일한 가치를 주고받을 수 있게 하고, 상대적 비교도 할 수 있게 한다. 예컨대 상품의 가격을 통해 할인 마트가 편의점보다 얼마나 저렴한지를 이해할 수 있는 것이다.

| 상품이 된 것들, 상품이 될 수 없는 것들 |

자본주의가 성장하고 기술이 발달하면서 상품이 다양해졌다. 과거 '퐁퐁' 하나였던 주방세제의 종류가 지금은 수십 가지로 늘었다. 과거에 없던 상품도 등장한다. 휴대전화, 컴퓨터, 바퀴벌레 퇴치 서비스 등은 50년 전에는 없던 새로운 재화와 서비스다.

　그런가 하면 과거에는 공짜로 제공되던 품목이 새롭게 시장의 상품 대열에 편입하기도 한다. 과거에는 누군가 입원하면 그의 가족 중 한 사람이 간병을 했다. 그러나 지금은 돈을 지불하고 간병 서비스를 구입한다. 뒷산의 약수터나 우물에서 얻었던 식수도 이제는 가게에서 돈을 주고 산다. 반면 어머니의 밥상, 그녀의 첫사랑 등은 여전히 사고팔 수 없다. 아직 시장 품목이 아닌 것이다.

　그중에는 애매한 경계선에 놓인 것도 있다. 한 유명 인사가 "종교는 삶의 위로를 주는 대신 돈을 받는 서비스업"이라고 했다가 비난을 받은 적이 있다. 서비스가 제공되고, 돈도 오고가지만 상식적으로 교회당을 '시장'으로 규정하지는 않기 때문이다. 그러나 대한민국 표준 산업 분류에 따르면 종교 단체는 '서비스 업종'에 속해 있다.

　맞벌이 부부가 아이를 장모님께 맡기는 대신 매달 50만 원을 제공할 경우 처갓집은 시장이기도, 그렇지 않기도 하다. 예컨대 장모님이 손주를 봐주는 대신 정당한 금전적 보상을 원해서 그만큼의 돈을 드렸다면, 저렴한 가격에 시장에서 서비스를 구매한 것으로 볼 수 있다. 그러나 양육비를 극구 사양하는 장모님에게 고마운 마음에서 용돈을 드렸다면 시장에서 거래를 한 것으로 보기는 어렵다.

시장은 자본주의 이전부터 존재했다. 조선시대에도 화폐가 있었으며, 물물교환의 형태로 시장에서 거래가 이루어지기도 했다. 따라서 시장의 역사는 자본주의의 역사보다 길다. 다만 자본주의 사회에서는 분업의 발달로 시장의 역할이 한층 중요해졌다.

농경사회에서는 자급자족이 기본이었고, 특별한 경우 시장에서 물건을 구매했다. 즉, 농사를 통해 먹는 데 필요한 양식을 마련했고, 옷은 어머님이 손수 바느질을 해서 지었다. 그러나 노동력을 팔고 임금을 받는 자본주의 사회에서 수많은 근로자들은 생활에 필요한 대부분의 재화와 서비스를 시장에서 구입해야만 한다.

경기가 좋다는 것은 결국 시장에서 거래가 활발해진다는 뜻이고, 불황이라는 것은 시장에 손님이 없다는 뜻이다.

살림살이는 왜 나아지지 않을까?

희소성의 원칙 | 애덤 스미스 | 유토피아

| 경제학으로 배울 수 있는 것 |

대체로 각 가정에서 벌어들일 수 있는 돈에 비해 지갑을 열어야 할 곳
은 너무 많다. 그러므로 희소한 돈을 효율적으로 사용해 최대 만족을
누려야 한다. 한 가정의 가계부를 책임지는 이가 머리 아픈 경제학을
배워야 하는 이유가 여기에 있다. 용돈에도 희소성의 원칙을 적용할
수 있다. 받은 돈은 적고 쓰고 싶은 돈은 많다. 이때 경제학을 통해 적
은 돈을 어떻게 잘 쓸 수 있는지 판단할 수 있어야 한다. 그렇지 않으
면 돈은 언제 어떻게 썼는지 모르게 속절없이 사라지기 때문이다.

각 개인은 이렇듯 희소한 자원을 계획적으로 사용해야 효율을 높일
수 있지만, 복잡하고 규모가 큰 '국가'에 관해 논의하기 시작하면 이야
기가 달라진다. 예컨대 모든 농가가 사과만 심는다면 배나 귤을 먹고
싶은 소비자의 욕망은 충족되지 못한다. 따라서 얼마나 골고루 생산해
야 소비자들에게 최대의 기쁨을 줄 수 있고 이를 통해 농민들이 가장
많은 돈을 벌 수 있는지 계획을 세운다. 이를 통해 농민과 소비자 간에
윈-윈이 가능해진다. 그렇다면 그 답을 국가가 찾아야 할까, 농협이 찾

아야 할까, 농민들이 찾아야 할까.

여기에 처음으로 '경제학적' 답을 내린 사람이 바로 애덤 스미스Adam Smith다. 경제학의 아버지 애덤 스미스는 시장에 모든 것을 맡길 때 최소 비용으로 최대 효과를 거둘 수 있는 가장 합리적인 길을 찾을 수 있다고 주장했다. 이것이 이른바 자유주의다. 따라서 시장에 맡겨두면 가장 효율적인 방식으로 사과와 배의 생산량이 결정된다고 이야기한 것이다.

지금은 당연하지만 이것이 바로 애덤 스미스의 가장 큰 업적이고, 그가 경제학의 아버지로 불리는 이유다. 그가 살았던 시대는 봉건제가 무너지고 현대 사회의 '독재'와 같은 절대 왕정이 지배하던 시대였다. 애덤 스미스는 새롭게 탄생한 '절대 왕정'이라는 괴물이 국가의 모든 결정을 좌지우지하며 나라를 망치고 있다고 생각했다. 정치인들이 자신들이 '국부國富'를 창출하는 것처럼 거들먹거리는 게 눈꼴사나웠다. 거기에 단단히 도전한 것이 바로 『국부론』이었다. 과연 국부가 어디서 만들어지는지를 밝힌 것이다.

그는 우선 분업에 주목했다. 산업혁명 이후 분업이 증가하면서 생산량이 급증했다는 것이다. 모든 사람이 농사를 짓기보다 누군가는 농사를 짓고, 누군가는 옷을 만들고, 누군가는 신발을 만들어 교환할 때 같은 노동력으로 더 많이 생산할 수 있었다. 기업 안에서도 마찬가지다. 공장 근로자들이 각자 신발 한 켤레씩을 완성하기보다 한 사람은 깔창을, 누군가는 신발 끈을 나눠 만들 때 생산성이 몰라보게 증가한다는 것이다. 그런데 분업의 증가는 곧 교환의 필요성을 높인다. 즉, 농사만 지은 사람은 옷을 포함한 생필품을 어디선가 구입해야 했다. 그곳이 바로 시장이다. 따라서 생산성을 높이기 위한 분업의 증가는 동시에,

이를 교환할 수 있는 시장의 확대를 필연적으로 요구했다.

이제 남은 문제는 하나다. 과연 시장에서의 교환이 효율적일 수 있을까. 아니면 정부가 나서서 이 교환을 지휘해야 할까. 이에 대한 애덤 스미스의 답은 '렛잇비Let It Be'였다. 그냥 시장의 자율에 맡기면 최적의 솔루션이 그 안에서 나온다는 것이다. 이것이 지금까지 유지되고 있는 경제학의 기본 원리다.

| 그래도 풍요롭지 않은 사회 |

1997년 대통령 선거 당시 한 후보는 TV 토론에서 다음과 같은 말로 유권자의 마음을 사로잡았다.

"국민 여러분 살림살이 좀 나아지셨습니까?"

이 덕분에 해당 후보가 속한 당은 한때 지지율이 20퍼센트까지 상승하기도 했다. 열심히 일하고 돈을 벌어도 살림이 딱히 나아지지 않는 게 보통 사람들의 현실인 탓도 있지만 여기에는 경제학의 불편한 진실이 숨어 있다. 사실 애덤 스미스는 '분업'을 통한 생산의 효율이 증대하고, 생산품이 시장을 통해 효과적으로 교환되면 '유토피아'가 올 것으로 생각했다. 사실 당시 많은 사람들은 증기 기관차가 발명되면서 에딘버러에서 런던까지 단 하루 만에 수백 톤의 석탄을 운반하는 기적을 목격하면서 유토피아가 멀지 않다고 느꼈다(지금도 종종 유토피아적 생각이 출현한다. 인터넷이 대중적으로 보급되기 시작했을 때나 황우석 박사가 배아 복제에 성공했을 때, 조만간 꿈에 그리던 세상이 오리라는 전망이 쏟아졌다).

그러나 아무리 경제가 성장해도 사람들은 늘 불만이 가득했고, 또 공해, 소음, 공황 등 과거에 없던 새로운 문제가 쏟아졌다. 그러면서 이러한 유토피아적 사고가 경제학에서 많이 사라졌다.

그래서 등장한 것이 바로 희소성의 원칙이다. 지금의 경제학은 대체로 살림살이가 나아지기 무척 힘들다는 가정에서 출발한다. 인간의 욕망은 무한한데 이를 충족시킬 상품(재화)이나 서비스(용역)는 언제나 부족하다는 것이 희소성의 원칙이다. 물론 '부족하다'는 뜻은 절대적인 양의 결핍을 의미하지 않는다. 아프리카와 비교해 우리나라는 상대적으로 풍족하다. 하지만 무한한 욕망 탓에 먹고살기는 여전히 팍팍하다. 이렇듯 인간의 욕망을 무한히 만족시키기가 어렵다는 생각이 현대의 경제학에는 기본적으로 깔려 있다고 봐도 무방할 것이다. 경제적 번영을 통한 물질적 만족이 아닌 정신적 만족의 중요성이 제기되는 이유도 이에 따른 것이다.

과거의 경제학은 완벽한 사회를 구현할 수 있는 방법을 찾는 데 몰두했는지도 모른다. 애덤 스미스는 분업과 시장을 통해 이를 만들 수 있다고 봤다. 그러나 오늘날의 경제에 대한 연구는 시시각각 새롭게 등장하는 과제를 풀기 위해 머리를 싸매는 한편, 이를 통해 배운 사실을 조금씩 축적해 나가는 과정이 되고 있다.

대부분 경제학자는 포기했으나 아직도 완벽한 풍요를 완성할 수 있다고 말하는 사람들이 있다. 바로 대통령 선거에 나온 후보들이다. 경제 공약을 내세우면서, 세금을 많이 걷지 않으면서, 국민들이 풍요롭게 살 수 있는 복지국가도 만들고, 경제도 성장시키고 물가도 잡고 실업률도 낮추겠다고 이야기한다. 그런데 과연 누가 성공했을까.

이기적인 사람들의 평화로운 시장

보이지 않는 손 | 시장경제 | 균형점 | 시장의 배신 | 공황

| 시장의 두 수레바퀴, 이기심과 '보이지 않는 손' |

경제학의 아버지 애덤 스미스는 각자 이익을 추구하는 경제 주체들의 행위가 보이지 않는 손에 의해 자율적으로 조정되어, 결론적으로 국부가 늘어난다고 말한다. 예컨대 애플사의 스티브 잡스는 자신의 부와 명예, 자아실현을 위해 기업 활동을 했다. 더 많은 이익을 올리기 위해 혁신적인 기술을 쏟아내고, 스마트폰이란 발명품을 제공했다. 이를 통해 잡스는 자신의 부와 명예라는 이기적 동기를 만족시켰다. 그러나 그의 이기적 행동은 미국 경제를 번영으로 이끌고, 또 세계인에게 더 편리한 생활을 제공하는 계기를 열었다. 이렇듯 사람들의 이기적 동기가 보이지 않는 손 때문에 생각지도 못한 결과를 쏟아낸다고 스미스는 말한다. 따라서 시장경제에서 이기심은 없애야 할 악마가 아닌 권장해야 할 선善이다.

같은 맥락에서 이타심은 정반대의 평가를 받는다. 애덤 스미스는 지극히 이타적인 행동이 이기적인 결과를 만든다고 말한다. 이를 보여주는 대표적인 사례로 그는 정치인을 꼽는다. 예컨대 정치인은 국가와

민족을 위해 헌신하겠다고 언제나 이야기한다. 하지만 결과는 정반대인 경우가 많다. 국민을 희생해 자신의 권력욕을 만족시키는 경우도 많다.

정치인의 시장 개입이 가능하면 없어야 하는 이유도 이에 따라 자연스럽게 설명이 된다. 정치인들은 입으로는 이타적으로 이야기하지만 집권한 이후에는 결국 국부를 탕진하는 결과를 가져오기가 쉽기 때문이다.

시장 중심의 경제 철학은 여기서 출발한다. 이기심에 기반해 시장에서 각자가 가진 재화와 서비스를 사고팔 때 가장 합리적이고 효율적인 경제 시스템이 만들어진다는 게 시장경제의 논리다. 모든 사람이 이기적인 동기에서 재화와 서비스를 만들고 시장에서 거래하지만, 이를 통해 국가가 부흥하고 나라가 번창하는 무척 이타적 결과가 나온다는 것이 스미스의 주장이다. 하지만 기업인들이 국부를 증대시켰다고 고마워할 필요도 없다고 스미스는 말한다. 애덤 스미스는 "우리가 저녁 식사를 기대할 수 있는 것은 정육점이나 양조장, 또는 빵집 주인의 자비가 아니라 그들이 돈벌이에 관심이 있기 때문이다"라고 일갈한다. 단, 보이지 않는 손이 있기에 이타적 결과를 만든다. 그에 따르면 우리가 고마워해야 할 존재는 오로지 보이지 않는 손이다.

| 시장에 대해 무엇을 하려고 하지 마라? |

보이지 않는 손은 경제문제를 가장 합리적으로 해결하는 힘이 된다. 시장을 보이지 않는 손에 맡길 때 경제의 기본 문제가 가장 효율적으로 풀린다는 것이다. 보이지 않는 손은 시장에서 판매자와 구매자, 해당 상품을 필요로 하는 사람과 그렇지 않은 사람 간의 조정을 한다.

예컨대 무엇을 생산할지를 가장 효율적으로 결정하는 것도 보이지 않는 손이다. 소비자의 욕구를 만족시키는 상품은 잘 팔리는 반면 고객이 원하지 않는 상품은 시장에서 외면당한다. 따라서 기업은 팔리는 제품만 만들게 되고 무엇을 생산할지가 자연스럽게 결정된다. 이로써 고객 만족도가 높은 상품만 살아남게 되고 자원의 효율적 배분도 이뤄진다.

상품을 얼마나 생산할지도 크게 다르지 않다. 너무 많이 만들면 가격이 떨어진다. 기업은 어쩔 수 없이 싸게 팔아야 하고, 그럴수록 이윤이 줄어든다. 팔아도 남는 게 없기에 생산량이 줄어든다. 그러면 물건은 다시 귀해지고 가격은 자연스럽게 올라간다. 결과적으로 보이지 않는 손이 상품의 생산량을 적정선에서 유지한다.

뿐만 아니라 생산자와 소비자 간의 이해관계도 조정한다. 생산자는 비싸게 팔고자 할 뿐만 아니라 경쟁사보다 많이 팔고 싶어한다. 반면 소비자는 좋은 제품을 싸게 사려고 한다. 서로의 이해가 다르다. 하지만 고집을 피우기 보다 적절하게 타협한다. 그래서 소비자와 생산자가 모두 만족할 수 있는 시장가격이 결정된다. 그걸 끌어내는 힘이 바로 보이지 않는 손이란 게 스미스의 주장이다.

이렇게 시장에서 보이지 않는 손이 조정을 한 지점이 바로 균형점이다. 배추의 판매자와 구매자 간 이해와 요구가 시장에서 오고 가면서 포기당 천 원에 가격이 결정됐다고 가정해 보자. 이 지점이 바로 균형점이다. 보이지 않는 손이 만든 이 같은 균형점에서 자원이 가장 효율적으로 분배된다는 것이 경제학의 설명이다.

| 시장의 배신 |

스미스 씨의 복음처럼 보이지 않는 손이 시장의 모든 문제를 해결했다면 역설적이게도 경제학은 사라졌을 것이다. 더 이상 경제에 문제가 없으니 말이다. 하지만 그의 말은 '감기 환자는 자연 치유력이 있기 때문에 언젠가 낫는다'는 말과 같다. 따라서 감기약은 필요 없다. 그러나 감기 환자에게 중요한 것은 으슬으슬 춥고 온몸이 뻐근한 고통의 시간이다. 또한 폐렴 등 합병증에 걸려 목숨을 잃을 지도 모른다는 우려이다. 고통 속에 있는 사람에게 '언젠가 정상의 몸으로 돌아갈 수 있습니다'라는 말이 과연 얼마나 설득력을 가질 수 있을까.

시장의 메커니즘도 이와 비슷하다. 결국 균형을 찾아가지만, 이에 앞서 홍역을 앓아야 하고 그 시간이 온통 고통이 된다. 대표적인 것이 바로 공황이다.

19세기에서 20세기 초까지 유럽 경제는 10년 정도를 주기로 경제가 바닥으로 떨어지는 공황 때문에 몸살을 앓았다. 예컨대 니트 제조업이 장사가 된다 싶으면 구름처럼 사람들이 몰려들어 공장을 세우기 시작했다. 그 과정에서 경제는 호황을 누리지만, 결국 과잉생산으로 가격이 떨어지고 부실한 기업이 쏟아진다. 수많은 니트 제조 공장들이 문을 닫으면서 경제는 공황의 나락으로 떨어진다(요즈음은 경기가 이상 과열 조짐을 보이거나, 바닥으로 추락할 기미가 보이면 정부가 개입을 한다. 그러나 당시에는 그래야 한다는 생각이 강하지 않았다).

물론 공황에 빠진 경제는 애덤 스미스의 말대로 시간이 지난 뒤 다시 정상으로 돌아왔다. 그러나 그 과정에서 많은 근로자가 일자리를 잃고 기업이 문을 닫는 고통의 시간을 견뎌야 했다. 복지 시스템이 없는 상태에서 길거리에 나앉은 이들의 분노는 커지고, 그 힘이 사회주의 혁명의 원동력이 되었다.

　특히 주기적 공황은 빈부 격차와 함께 시장의 독점도 확대시켰다. 예 컨대 빵을 만드는 회사 10곳이 있다. 그런데 극심한 공황을 겪으면서 경영난을 견디지 못한 5개 회사가 문을 닫는다. 그렇다면 다시 경제가 균형점을 찾았을 때 시장에는 몇 개의 제빵 회사가 남아 있을까. 5개 다. 5개 업체가 이번에는 시장을 장악한다. 그리고 공황이란 태풍이 다 시 몰아치면 남는 숫자는 더 줄게 되고, 결국 1개 기업이 시장을 독점 한다. 독점 기업의 사장은 부자가 되지만, 나머지는 가난한 노동자로 전락한다. 그 과정에서 사회적 빈부 격차도 확대된다.

　19세기 자본주의가 번성하기 시작하면서 이 같은 흐름에 따라 빈익 빈 부익부 현상이 두드러지기 시작했다. 따라서 돈을 갖고 있는 소수 부자에 대한 사람들의 분노가 극에 달했다. 그러면서 '시장'에 대한 회 의가 증가했다. 이에 대한 대안을 마련해야 할 필요성을 느끼는 사람 들이 늘어난 것이다. 여기서 등장한 것이 바로 사회주의다.

　생물학자 가렛 하딘(Garrett Hardin)은 1968년 '공유지의 비극(The tragedy of the commons)'이란 이론을 내 놓았다. 예컨대 어떤 마을 공유지에 질 좋 은 풀이 자라고 있다면 마을 사람들이 전부 이곳에 소를 풀어 놓고, 결국 공유 지는 폐허가 된다. 사람의 이기심이 국부 창출로 이어지는 것이 아니라 지구 를 폐허를 만들 뿐이라는 뜻이다.

보이는 손을 흔드는 사회주의

마르크스 | 생산수단 | 체제 경쟁 | 냉전

| 마르크스, 시장의 대안을 제시하다 |

보이지 않는 손이 해결하지 못한 공황과 자본주의의 문제를 깊숙이 파고들었던 사람 가운데 한 명이 바로 독일의 경제학자 마르크스Karl Marx다. 그는 고국에서 반체제 활동가로 낙인 찍혀 영국으로 망명한 가운데 자본주의 시스템에 관해 깊이 연구한다. 자본주의가 태동하고 애덤 스미스가 살았던 곳에서 스미스의 이론에 대한 반론을 준비한 것이다. 그러면서 왜 시장경제가 빈부의 격차를 심화시키고 주기적으로 공황을 만드는지 연구하기 시작한다. 이 같은 깊은 고민을 바탕으로 쓴 책이 바로『자본론』●이다.

그는 우선 자본주의가 분업을 통해 생산성을 극대화했다는 애덤 스미스의 생각에는 동의했다. 그런데 문제는 생산물의 증가에 기여한 사람들에게 공평한 배분이 이뤄지지 않고 있다는 점이었다. 마르크스는 이런 점이 곧 노동력 착취의 결과라고 말한다. 근로자는 단지 월급을 받고 고용된 생산수단으로 전락했기 때문이다. 예컨대 내가 월급 200

●자본론

『자본론』은 1867~1894년에 걸쳐 출간된 독일의 경제학자 마르크스의 주요 저서이다. 이 책을 통해 자본주의 경제 체제의 붕괴 과정을 서술하고, 노동을 착취하는 자본가와 노동자 간의 갈등 관계를 묘사하고 있다.

만 원을 받고 A회사에 고용이 됐다. 그리고 회사에 20억 원을 벌 수 있는 아이디어를 제공했다. 하지만 나는 월급 200만 원의 근로계약만을 체결했기에 200만 원만을 받는다. 마르크스는 이 과정에서 노동력을 구입한 '자본가'가 노동자들이 만들어 낸 부가가치를 전부 착취하면서 부자가 됐다고 주장한다. 따라서 자본가를 없애고, 생산한 부가가치를 공평하게 나누는 새로운 시스템이 필요하다고 역설한다.

이를 위해서는 이기심과 탐욕에 기반한 사유재산을 없애고 생산수단을 노동자 모두가 공유해야 한다고 말한다. 따라서 개인의 소유권은 인정되지 않는다. 개인의 사적 소유가 착취의 원인이라고 믿었기 때문이다. 더 많이 갖기 위해 상대방을 공격하고 수탈한다는 것이다. 이것이 바로 사회주의다. 이에 따라 공장, 기계, 토지와 같은 모든 생산수단을 국가 혹은 근로자가 공동 소유할 것을 주장했다. 동시에 쌀, 집 등 재화와 서비스는 모든 사람에게 공평하게 분배해야 한다고 역설했다. 함께 생산하고 고르게 나누는 이상적인 방식으로 사회 시스템을 만들려고 한 것이다.

또한 마르크스는 국가가 적극적으로 경제를 계획하면서 자원의 배분에 개입해야 한다고 주장한다. 즉, 시장을 없애야 한다는 것이다. 한 해 니트의 생산량을 얼마로 할지, 사과는 얼마나 생산해야 할지 등을 정부가 계획하고 결정해야 한다는 것이다. 그래야 주기적인 과잉 생산과 가격 폭락, 그리고 공황을 막을 수 있다고 말한다. 이에 따라 언제 어떻게 무엇을 얼마나 누구를 위해 생산할지 정부가 결정을 해야 한다.

결과적으로 사유재산을 없애고 모든 것을 정부가 통제하고 조정해야 한다는 게 사회주의 경제학의 핵심이다. 결국 시장의 기능이 국가의 손으로 옮겨가야 한다는 것이다. 결론적으로 사회주의는 보이지 않는 손대신 인간의 손을 들어준 셈이다. 보이는 손의 최고 정점에 있는 국가 지도자는 객관적 합리성을 갖고 모든 것을 공평하게 처리할 수 있어야 한다. 하지만 사회주의는 결국 붕괴된다. 이는 사회주의에 적합한 지도자를 뽑는 일이 시장에 모든 것을 맡기는 일보다 힘들다는 사실을 반증한다.

●레닌Vladimir Lenin
레닌은 러시아의 혁명가로, 러시아 공산당을 창설해 소련 최초의 국가 원수가 되었다. 마르크스의 이론을 발전시키는 한편, 실천을 통해 마르크스의 이론을 계승해 국제적으로 일어난 사회주의 혁명 운동에 영향을 주었다.

자본주의가 낳은 문제를 파고든 후, 달콤하고 이상적인 사회에 대한 대안을 바탕으로 사회주의는 혁명에 성공했다. 레닌●은 1907년 러시아 혁명을 통해 소련을 사회주의 시스템으로 전환한다. 이후 사회주의 혁명은 동유럽으로 급속히 확산된다. 서유럽에서도 1848년 파리 코뮌 등 공산주의를 향한 거센 흐름이 19세기 초중반까지 이어진다.

그러다 제2차 세계대전이 끝난 뒤 자본주의와 사회주의 간의 체제 경쟁이 본격화했고, 이른바 냉전시대가 개막된다. 자본주의 진영은 시장 메커니즘을 근본적으로 부정하는 사회주의를 적으로 규정하고 탄압했다. 사회주의 역시 사적 소유 철폐와 시장의 폐쇄를 통해 자본주의를 무너뜨려야 민중들이 행복해질 수 있다고 선동했다. 둘의 싸움은 1990년대까지 지속되다가 결국 사회주의의 몰락으로 일단락됐다.

| 사회주의의 몰락과 원인 |

사회주의가 무너진 이유는 계획 경제가 생각만큼 쉽지 않은 탓이 크다. 모든 것을 국가가 정하고 효율적으로 자원을 배분하는 게 거의 불가능했다. 특히 경제 규모가 커지고 복잡해질수록 국가가 자원을 합리적으로 배분하는 게 어려웠다. 예컨대 쌀 하나만을 생산하는 국가라면 생산량과 사람들에게 분배할 몫을 계산하는 게 어렵지 않다. 그러나

쌀, 라면, 국수 등 생산하고 배분해야 할 상품이 늘어나면 머리가 복잡해지기 시작한다. 사회주의 경제는 그래서 시간이 지날수록 발전이 정체되고 퇴보하는 경향을 보였다.

사회주의는 또한 인간의 이기심이 지닌 가치를 정확히 평가하지 못했다. 사유재산이 없어지면 사람들의 이기심도 사라질 것으로 내다봤다. 하지만 열심히 일해도 가져가는 몫이 언제나 동일해지자 사람들의 실망감이 커졌고, 노동에 대한 의욕도 사라졌다. 한 사람이 10개를 생산하고 다른 사람이 6개를 만들어도 똑같이 8개씩 가져가기에, 10개를 만들 수 있는 사람도 결국 8개만 만들게 된다. 결과적으로 전체 생산량도 16개에서 14개로 줄고, 한 사람이 가져가는 몫은 7개로 축소된다. 이러한 악순환이 반복되면서 생산량이 줄어드는 경우가 허다했다. 사회주의 국가는 이 문제를 '애국심' 같은 시민들의 이타적 마음으로 극복하려고 했다. 북한이 했던 '천리마 운동', '고난의 행군'과 같은 캠페인은 사적 동기가 없는 인민들에게 국가와 민족을 위해 헌신할 수 있는 동기 부여의 일환으로 실시했던 측면이 강했다. 하지만 더 많이 벌기 위해 안간힘을 다하는 인간의 이기심에 호소하는 만큼의 생산력 향상을 이루지는 못했다.

반면 '인민의 권력'이라는 이타적 이데올로기로 무장한 사회주의 집권 세력은 가장 이기적인 모습을 보였다. 사회주의 국가는 사유재산을 없애고 형식상 모든 생산수단을 '노동자 계급의 공동 소유'로 전환했다. 그러나 실질적으로 모든 생산수단은 국가 소유였고, 공산당 최고 권력자의 손에 쥐어졌다. 막강한 힘이 생긴 공산당과 공산당의 수장은 부패했고, 권력자는 개인적 축재에 몰두하는 모습을 보이기도 했다. 따라서 역설적이게도 정권의 부패가 가장 심했던 것이 사회주의 국가였고, 그래서 히틀러 등이 이끌던 독재 정권과 유사한 면모를 띠었다. 사회주의 정치 체제를 유지하고 있는 중국 지도자들이 각종 부패에 연루되어 있음을 알리는 보도 역시 이 같은 현실을 반증한다.

사실 냉전 당시 서방 국가는 사회주의 정부를 히틀러보다 훨씬 극악무도한 '독재'로 묘사했다. 80년대 히트했던 만화영화 〈똘이 장군〉에 나오던 '김일성'도 마찬가지였다.

꿩 먹고 알 먹는 수정자본주의의 청사진

수정자본주의 | 복지국가 | 케인스 | 복지병 | 무상교육 | 국유화

| 복지국가의 등장 |

사회주의의 확산, 대공황으로 드러난 시장의 실패. 자본주의는 치명적 위기를 맞았다. 살길을 찾아나서야 했다. 방법은 의외로 간단했다. 사회주의가 주장하는 바를 일부 받아들인 것이다. 그래서 등장한 것이 수정자본주의다. 정부가 경기 변동이나 독점 등 시장 실패뿐만 아니라 국민 복지에 대해서도 적극 개입하기 시작한 것이다.

국가가 어떻게 개입해야 할지에 대한 최적의 솔루션을 제공한 사람이 바로 영국의 대표적인 경제학자 존 메이너드 케인스John Marnard Kevnes이다. 시장의 메커니즘을 부정하는 사회주의 방식이 아닌, 시장 경제를 인정한 가운데 국가의 적절한 개입 방식을 찾아낸 것이다.

그가 전개한 방식은 시장을 중심으로 하되 문제가 생기는 순간 정부가 개입을 하는 것이다. 그는 이를 통해 완벽한 경제 시스템을 만들 수 있다고 이야기했다. 특히 경기가 어려우면 정부가 건설, 복지 등의 지출을 늘려 경제에 활력을 불어넣고, 반대로 과열 양상을 보이면 정부가 돈을 덜 쓰면 된다고 주장했다. 이렇듯 정부가 시장의 기능을 적절

하게 통제하고 조정할 때 가장 효율적인 경제 시스템이 만들어질 수 있다는 뜻이다.

케인스의 정책은 당시 정치인들에게 무척 달콤하게 들렸다. 특히 '경기 침체기에 국가가 돈을 풀면 경제를 살릴 수 있다'는 주장이 귀에 솔깃했다. 경기 침체로 국민의 불만이 커질 경우 케인스의 처방대로 복지, 건설 등에 정부 지출을 확대하면, 경기도 살리고 표도 얻을 수 있기 때문이다.

이러한 케인스의 처방은 20세기 초반에 경제의 선순환을 창출했다. 대표적인 것이 바로 미국의 뉴딜 정책이다. 대공황에 직면한 미국의 루스벨트 대통령은 테네시 강 유역 개발, 공공 복지 서비스 확대 등 대규모 재정 지출로 경제를 살려냈다. 이후 모든 나라가 케인스의 정책을 앞다퉈 따라 하기 시작했다. 그러면서 등장한 것이 복지국가Welfare State이다. 국민들의 생활도 향상시키고 경제도 발전시킬 수 있는 '꿩 먹고 알 먹는' 정책에 반대할 사람은 없었다. 따라서 1943년 영국 정부는 '요람에서 무덤까지'라는 슬로건하에 무상 의료를 포함한 방대한 복지 플랜을 제시하면서, 세계에서 가장 풍요로운 삶을 영위하는 나라를 만들겠다고 선언했다.

그러면서 복지 경쟁이 시작됐다. 각국 정부는 각종 연금제도를 통해 국민의 최저생계비를 보장했다. 일자리를 잃은 사람에게는 넉넉한 실업수당을, 노인에게는 연금을 지급했다. 또한 무상교육을 통해 가난 때문에 학교에 가지 못하고 이에 따라 사회적 소외가 대물림되는 것을 막았다. 많은 사람에게 영향을 미치는 철도, 수도, 전기 등의 산업 시설을 국유화하기도 했다. 이를 통해 국민 생활에 필요한 재화를 안정적이고 저렴하게 공급하고 나섰다.

사실 사회주의자가 예측했듯이 세상은 갈수록 소수의 자본가와 다수의 노동자로 재편되고 있다. 예컨대 삼성과 현대와 같은 대기업은 더 많은 생산수단을 소유하게 됐고, 수십만 명의 근로자를 고용하고 있다. 사회주의자들은 이 같은 기업에서 근로자들이 단결해 소수의 자본가를 몰아내기는 쉬울 것이라고 예상했다. 즉 20만 명의 삼성 근로자가 이건희 일가를 몰아내는 것이 어렵지 않다고 생각한 것이다. 그러나 현재 누구도 자본가 계급을 몰아내기 위한 혁명에 나서지 않고 있다. 기업들은 각종 사내 복지를 통해, 또 국가는 사회 안전망을 통해 노동자 계급의 분노와 고민을 상당 부분 해결해주기 때문이다. 정부와 마찬가지로 기업도 근로자의 복지에 보다 많은 신경을 쓰기 시작한 것이다.

정부가 빈부 격차 해소에 적극 개입하고, 기업들이 사유재산을 몰수하는 혁명을 막기 위해 근로자에게 파이를 조금 더 나눠주면서, 자본주의는 사회주의와의 체제 대결에서 결국 승리를 하게 된다. 그 과정에서 만들어진 것이 바로 복지국가다.

| 복지국가를 병들게 하는 것 |

유토피아를 열어줄 것만 같았던 복지국가 역시 '복지병'이라는 새로운 문제를 낳았다. 쉽게 말해 정부가 많은 것을 책임지면서 사람들이 태만해지고 이에 따라 사회의 활력이 떨어진 것이다. 먹고 살 만큼 정부가 돈을 주는 상황에서 굳이 힘들게 일할 필요를 느끼지 못하는 경우가 많아진 것이다. 예컨대 영국의 경우 대학의 학비를 무상으로 제공하고, 돈을 벌기 어렵다는 이유로 대학생들에게 용돈을 지급했다. 따라서 취직을 하기보다 학교를 전전하는 경우가 생겨났다. 예컨대 A대학 경제학과를 마친 뒤 취직을 하는 대신 B대학 프랑스어학과로 다시 입학을 하는 식이다. 등록금은 무료이고, 국가에서 수당도 지급하는 상황에서 일부 학생들은 굳이 힘들게 일할 필요를 느끼지 못했다. 교육의 기회를 평등하게 제공하고, 편하게 공부에만 전념할 수 있도록 만들었던 복지 제도가 부작용을 일으킨 것이다.

또한 실업수당이 높아지자 일하기보다 놀고먹으려는 사람도 증가했다. 예컨대 일해서 300만 원을 벌어 120만 원을 세금으로 내고, 180만 원의 월급을 받기보다 놀면서 실업 급여로 120만 원을 받는 경우가 늘어난 것이다. 조금 덜 벌어도 편하게 놀고먹을 수 있기 때문이다. 이처럼 실업자를 위한 구제책이 오히려 근로자의 의욕을 떨어뜨렸다.

정부의 비효율성도 증가했다. 복지 서비스 제공을 위해 공무원 숫자가 늘었고, 국유화한 공기업은 민간 기업보다 효율이 떨어졌다. 그러면서 나라 경제 전반에 활력이 줄었다.

많은 문제에도 불구하고, 어쨌든 케인스의 말대로 복지를 위한 지출이 경제 성장의 동력이 된다면 문제는 없을 것이다. 그러나 어느 순간부터 복지 지출이 늘어나도 더 이상 경제가 성장하지 않았다. 돈만 받고 일을 하지 않는 사람이 늘어나니, 경제가 좋아질 수 없었다. 그렇다고 한번 시작된 복지 서비스를 금방 중단할 수는 없다. 시민들의 반발이 두려웠기 때문이다.

그러자 정부는 세금을 올리거나 빚을 내 복지 서비스를 유지했다. 사실 세금을 거둬 복지 서비스를 제공하는 것은 조삼모사의 성격이 어느정도 있다. 부자에게 많은 세금을 거둬 가난한 사람을 지원하는 것은 사회적 불평등 해소에 기여하지만, 중산층의 지갑에서 세금을 걷어 지출하는 것은 결국 내가 직접 지불해야 할 서비스 비용을 국가가 세금으로 걷어 대신 내는 것이나 마찬가지다. 그 과정에서 비효율만 증가한다.

그런데 더 큰 문제는 빚이다. 세금을 걷는 데도 한계가 있게 마련이라, 정부는 급기야 빚을 내 복지 서비스를 유지한다. 복지병의 핵심이 바로 여기에 있다. 누구도 책임지지 않는 빚을 내, 잔치를 벌이는 것이다. 그리스 등 유럽 일부 국가의 경제가 몰락한 데에는 이렇듯 빚잔치를 벌인 지난 수십 년간의 정부 정책이 불러온 역풍도 숨어 있다.

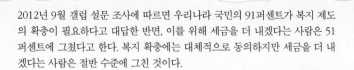

2012년 9월 갤럽 설문 조사에 따르면 우리나라 국민의 91퍼센트가 복지 제도의 확충이 필요하다고 대답한 반면, 이를 위해 세금을 더 내겠다는 사람은 51퍼센트에 그쳤다고 한다. 복지 확충에는 대체적으로 동의하지만 세금을 더 내겠다는 사람은 절반 수준에 그친 것이다.

복지병을 치유하는 열쇠는?

마가렛 대처 | 신자유주의 | 민영화 | 자본주의 4.0

| 신자유주의 정책 |

복지국가 문제가 심각해지자 이를 해결해야 한다는 목소리가 높아지기 시작했다. 특히 한국, 일본 등 동아시아 국가들이 경제적으로 성장하면서, 복지병에 허덕이는 유럽의 불안감은 증가했다. 그러자 이 문제의 해결을 공언하는 정치인이 등장하기 시작했다. 대표적인 인물이 바로 영국의 마가렛 대처Margaret Thatcher이다.

'요람에서 무덤까지'가 만든 영국의 복지병을 치유하겠다며 등장한 대처는 1979년 선거에서 승리한 뒤 이전 노동당 정부가 고수했던 각종 복지 정책을 폐기하기 시작한다. 그는 복지를 위한 공공 지출을 삭감하는 한편 세금을 내리고, 국영기업을 민영화●한다. 또한 노동조합●의 활동을 규제했는데, 노조가 총파업으로 맞서자 더 강경하게 대응했다. 결국 노조가 항복을 했고 대처에게는 '철의 여인'이라는 별명이 생겼다. 아울러

●민영화
민영화는 국가가 운영하던 기업이나 공공의 목적을 위해 설립한 법인의 경영을 민간 경영자에게 넘기는 것이다. 국내에는 제철(포스코), 전기통신(KT) 등이 민영화되어 있다.

●노동조합
노동조합은 자본주의의 발달에 따라 1820년대 초반에 영국에서 가장 먼저 생겨났으며, 노동자의 권리와 이익을 지키기 위한 노동자의 자주적인 조직이다. 노동조합이 대중적으로 자리잡게 된 계기는 사용자(고용자) 측에서 노동조합의 활동을 용인하고, 함께 노동 조건을 개선해가는 편이 더 합리적이고 유리하다고 인식했기 때문이다.

대처 수상은 '금융 빅뱅' 등 보다 자유로운 시장 질서의 확립에 나선다.

이를 통해 영국은 인플레이션을 극복하고 경기를 회복하는 성과를 거두었고, 침체되고 무기력한 영국 경제는 활력을 되찾았다. 이 같은 성공을 목격한 각국이 규제 완화 등을 통해 국가의 역할을 축소하고 시장의 자율성을 확대하는 한편, 정부의 재정지출을 축소하는 신자유주의 경제 시스템을 도입했다. 미국 공화당의 레이건 대통령과 조지 부시 대통령 부자 역시 신자유주의 정책을 추진한 대표적인 인물로 꼽힌다.

1990년대 초반, 사회주의의 몰락과 함께 신자유주의의 물결은 더욱 거세어진다. 각종 복지 정책이 사회주의적 요소이며, 이 같은 정책이 결국 국가를 몰락시킬 것이라는 주장에 힘이 실린 것이다. 신자유주의의 등장과 세계적 유행에는 체제 경쟁에서 승리한 자유주의 진영의 자신감이 담겨 있었다.

| 덜컹거리는 신자유주의 |

신자유주의는 애덤 스미스가 주장했던 '시장'을 강조한 철학이라고 할 수 있다. 정부의 개입을 최소화한 가운데, 모든 것을 시장의 보이지 않는 손에 맡길 때 최적의 경제 시스템이 된다는 것이다. 그런데 신자유주의가 애덤 스미스의 이론과 다른 한 가지 차이점이 있다. 바로 공황과 호황 등 경기 변동에 관해 정부가 보다 적극적인 역할을 해야 한다는 점을 인정한 것이다. 그래서 '신'자유주의가 된다.

그러나 그 방식이 케인스가 이야기했듯이 건설과 복지 등에 대한 정부 지출을 늘리거나 줄이는 방향은 아니었다. 신자유주의는 이자율을 포함해 통화량의 조절을 통해 경기 변동을 보다 쉽게 관리할 수 있다고 주장한다. 이렇듯 돈의 흐름을 통해 경기를 조절하는 방식은 '작은 정부'를 지향하는 자유주의의 정신과 맥이 닿아 있기도 하다. 따라서 경기가 침체될 조짐이 보이면 정부는 복지 예산이나 대형 토목 사업에 나서는 대신, 금리를 내리는 정책을 우선시한다.

같은 맥락에서 신자유주의는 복지 정책에 대해 원칙적으로는 반대한다. 정부가 복지 정책을 펼쳐야 할 하등의 이유가 없다는 것이다. 복지 정책은 자립하려는 인간의 건강한 생각을 병들게 할 뿐이라고 이야기하는 이들도 있다. 그러나 신자유주의를 표방한 정부가 복지 정책 모두를 폐기하지는 못했다. 역시나 시민들의 반발이 심했기 때문이다. 심지어 레이건 대통령의 경우 신자유주의적 원칙에 따라 세금을 깎았으나, 의회의 반발로 복지 지출은 원하는 만큼 줄이지 못해 과거 정부보다 더 심각한 재정 적자에 직면하기도 했다.

| 신자유주의의 몰락과 대안 |

21세기에 들어서면서 신자유주의는 크고 작은 문제를 낳기 시작했다. 특히 2008년을 계기로 미국의 장기 호황이 끝나고, 세계경제가 장기 침체에 빠지며 신자유주의 문제가 도드라졌다. 빈부 격차가 심해지고 사회적 갈등이 증가했다. 노동 시장의 유연성이 강조되며 기업들이 보다 자유롭게 노동자를 해고하자, 일자리가 불안해졌다. 사회 안전망이 축소되고, 의료 서비스가 줄면서 삶의 질이 떨어지기도 했다. 또한 보다 자유로워진 금융 자본이 휘젓고 다니면서 전 세계 금융시장과 실물 경제가 불안해지고 있다.

신자유주의 이후의 대안에 관련하여 '자본주의 4.0'이란 이야기가 자주 나온다. 이는 영국의 경제 평론가 아나톨 칼레츠키가 만든 말로서,

	수정자본주의	신자유주의
국가의 역할	• 국가가 복지 등 국민 생활에 적극 개입	• 시장 자율에 맡김 • 국가는 시장 실패 등에 최소한으로 개입 • 무분별한 복지 남발 자제
국유화	• 철도 등 독점적 기업을 국가가 운영	• 경쟁 체제 도입 • 민영화
조세	• 상위층에서 세금을 걷어 하위층의 복지 예 산으로 사용	• 과도한 세금은 근로 의욕을 감퇴시킴 • 감세와 성장을 통한 소득 증가 필요
노동	• 근로자의 기본권 보장 및 기업 복지 확충	• 노동시장 유연화와 자유로운 해고 보장
대표 국가	• 덴마크, 스웨덴 등 북유럽 국가	• 영국, 미국 등

1단계는 애덤 스미스의 자본주의, 2단계는 케인스에서 시작한 수정자본주의, 3단계를 신자유주의로 보고, 이제는 4단계인 자본주의 4.0이 필요하다고 이야기한다. 4.0체제하에서는 국가와 시장이 조화를 추구해야 한다고 말한다. 그러나 구체적인 실체는 아직 명확히 잡히지 않고 있다고 봐야 할 것이다.

대처가 추진했지만 성공하지 못한 신자유주의 정책 중 하나가 소득세의 누진율 폐지이다. 소득이 많을수록 더 높은 세율을 적용하는 것이 근로 의욕을 떨어뜨린다는 이유로 폐지를 주장했지만 국민을 설득하는 데 실패했다. 미국의 조지 부시 대통령은 상속세 폐지를 들고 나와 미국 전역을 시끄럽게 했는데, 결국 빌 게이츠를 포함한 부자들이 반대해 포기했다.

국민 경제를 이끄는 3대 주체

가계 | 기업 | 정부 | 경제의 육하원칙

| 경제의 주체 |

역사적으로 보면 경제학은 시장의 존재를 발견하면서 시작됐고, 그 시장이 가장 효율적이라는 확신을 갖고 발전해 왔다. 그리고 현재는 시장을 포함한 모든 경제 주체가 보다 효율적으로 자원을 활용하는 방안에 대해 연구하고 있다고 볼 수 있다.

대체적으로 경제라는 링 위에는 주체가 되는 선수 셋이 있다. 바로 가계, 기업, 정부다. 이들을 국민 경제의 3대 주체라고 한다. 가계, 기업, 정부는 판매자인 동시에 소비자로서의 역할을 한다.

먼저 일반 가정을 뜻하는 가계를 보자. 가정은 판매자로서 노동력이라는 상품을 공급한다. 듣기에 다소 거북스러울 수 있으나 시장 논리에 따라 냉정하게 말하면, 자식을 교육하는 것은 좋은 상품을 만드는 과정에 빗댈 수 있다. 즉 질 좋은 상품을 만들면 자식은 고임금을 받게 되고 부모는 보람을 느낀다. 때로는 돈을 버는 자식에게 용돈도 받을 수 있다.

또한 가정은 기업이 생산한 상품을 사용하는 소비자가 된다. 실제 모든 상품의 최종 사용자는 결국 일반 가정이다. 경제가 발전해야 하는 이유는 소비를 통해 일반 가정의 욕망이 보다 더 만족되도록 하기 위해서다.

기업은 공장 설비, 사무실 등을 보유한 경제 주체이다. 설비를 마련하는 과정에서 기업은 소비자가 되고 생산된 제품을 시장에 내놓을 때는 판매자가 된다.

정부는 공공 서비스를 판매하는 곳이라고 할 수 있다. 모든 사람이 자유롭게 이용할 수 있는 도로와 공원을 만들고, 시장을 교란시키는 범죄자를 처벌한다. 이에 대한 대가로 국민들에게서 세금을 걷는다. 한편, 세금으로 서비스에 필요한 제품을 구입하는 과정에서 정부는 소비자가 된다.

경제 주체는 서로 간의 이해관계가 맞물리는 과정에서 협력뿐 아니라 '경쟁'도 한다. 가계는 보다 질 좋은 노동력 공급을 위해 경쟁한다. 자식을 더 좋은 대학에 보내기 위해 애쓰거나, 경제 활동을 하는 배우자의 건강을 위해 힘쓰기도 한다.

기업은 보다 많은 이윤과 점유율 확대를 위해 경쟁한다. 소비자에게 사랑받는 기업은 많은 이윤을 남겨 더 성장하게 된다. 반면 생산한 제품을 판매하지 못하는 기업은 자금 압박에 시달리다 문을 닫게 된다.

가계와 기업은 임금과 제품의 가격을 놓고 노동시장에서 줄다리기를 한다. 가계는 보다 비싼 임금을 요구하고, 기업은 노동력을 저렴하게 구매하려는 경향이 있다. 이들 사이에 임금 인상을 놓고 갈등이 벌어진다. 상품 시장에서는 위치가 역전된다. 기업은 비싸게 팔고자 하고, 소비자는 싸게 구매하려는 경향이 있다.

이 같은 경쟁은 자본주의 발전의 동력인 동시에 문제가 생기는 원인

이기도 하다. 자본주의가 역사상 유례없는 생산력 발전을 이룬 데에는 경제 주체 간의 경쟁이 큰 역할을 했다. 하지만 동시에 주기적인 경기 불황, 독점 등 문제의 원인이 되기도 했다.

| 경제의 육하원칙 |

경제의 기본 문제는 언제, 어떻게, 무엇을, 얼마나, 누구를 위해 생산하느냐다. 한 문장으로 보면 간단하지만 사실은 무척 골치 아픈 문제다.

우선 무엇을 생산해야 할까. 자원은 희소하고 사람들이 원하는 재화나 서비스는 무한하다. 이 가운데 최대 다수가 만족할 수 있는 길을 찾아야 한다. 따라서 기업은 소비자의 만족을 최대한으로 끌어낼 수 있는 제품을 생산하려고 한다. 또한 가계는 자식의 적성을 살릴 수 있는 곳이 의대인지, 공대인지 등을 놓고 고민한다. 정부 역시 고속도로를 건설해야 할지, 도서관을 늘려야 할지를 놓고 판단해야 한다.

상품을 언제 생산할 지도 중요하다. 제과 업체는 여름철 성수기에 바짝 생산량을 늘리고, 겨울에는 줄인다. 방한복을 만드는 의류 회사는 반대이다. 대학생은 취업이 어려운 불황기를 피해 졸업한다. 정부는 반대로 경기가 침체되면 적극적으로 지출을 늘린다. 얼어붙은 경제에 군불을 때기 위해서다.

상품을 얼마나 생산할지도 심각한 고민을 요구한다. 기업의 입장에서 재고가 쌓이면 팔아도 남는 게 없다. 손님이 100명 정도 올 것으로 예상하고 식재료를 준비했는데, 50명만 오게 되면 식당 주인은 큰 혼란에 빠진다.

'어떻게'도 다르지 않다. 최근 우리 기업은 핵심 부품을 중국에 보낸 뒤 노동력이 저렴한 현지 공장에서 완제품을 조립해 수출하는 경우가

● 경제의 육하원칙 ●

언제(시기)	겨울에 만들까? 여름에 만들까?
어디서(장소)	한국에서 만들까? 중국에서 만들까?
무엇을(품목)	빵을 만들까? 떡볶이를 만들까?
누구를 위해(수요)	저가형으로 만들까? 고급스럽게 만들까?
어떻게(방법)	수공업으로 만들까? 기계로 만들까?
얼마나(수량)	100개를 만들까? 200개를 만들까?

많다. 저렴한 비용으로 생산하기 위한 방안을 모색한 결과이다.

누구를 위해 생산할지 결정하는 것도 필요하다. 기업은 주요한 소비자의 취향을 분석해 보고 제품의 디테일을 완성한다. 같은 칼국수도 대상 고객이 서민인지 부자인지에 따라 가격과 재료, 그리고 인테리어가 달라진다. 반대로 무일푼의 노숙자를 위해 '길거리 노숙 세트'를 파는 기업은 없다. 노숙자는 구매력이 떨어지기 때문에, 만들어도 판매가 안된다. 대학생은 더 많은 급여와 성공이 보장된 대기업을 노동력 판매 대상으로 한 뒤 거기에 맞춰 스펙을 관리한다. 유아 용품은 아가들을 위한 것이지만 돈은 부모가 내기에, 기업은 엄마의 입맛에 맞춰 제품을 만든다.

곰곰이 생각해 보면 결국 취업을 앞둔 학생이거나, 직장인이거나, 가정주부이거나, 신분에 상관없이 우리가 매일 하는 고민의 바닥에는 경제의 기본 문제가 깔려 있다. 경제학 안에서 삶의 기본 문제를 이해하고 해결할 수 있는 단서를 찾을 수 있는 것이다.

대체적으로 현대 경제학은 시장(개인, 기업)과 정부 중 한쪽의 역할을 강조하기보다 둘의 조화가 필요하다고 이야기한다. 그러나 양자 간의 조화를 이루기가 쉽지 않고, 나아가 모든 문제를 완벽히 해결할 수 있는 해법도 아니다.

2

일상에서 만나는 경제

생활 곳곳에 숨은 경제 이야기

노약자석이 필요한 이유는 뭘까?

효용 | 한계효용 체감의 법칙 | 한계효용 균등의 법칙

| 효용의 극대화 |

재화와 서비스의 소비는 내 몸과 마음에 있는 욕망을 만족시키기 위한 것이다. 얼음물 한 잔을 마시며 "캬, 시원하다"라고 말하는 순간, 갈증 해소라는 몸과 마음의 욕망이 충족된다. 경제학은 이 같은 욕망이 어느 정도로 만족됐는지 측정하려는 시도를 한다. 이때 만족의 측정치를 '효용'이라고 한다. 즉, 효용은 욕망을 만족시키는 재화의 능력 혹은 주관적 만족의 정도를 뜻한다.

효용의 크기는 개인과 상황마다 다르다. 예컨대 카페에서 5천 원짜리 커피를 마셨을 때 누군가는 만 원의 효용을 느끼는 반면 다른 사람은 돈이 아깝다는 생각을 한다. 자판기 커피면 충분히 만족하는 사람에게 카페라떼를 마시는 일은 추가적인 효용의 증가 없이 돈만 더 쓰는 꼴이 된다. 하지만 카페라떼 한 잔으로 세상이 행복해지는 기쁨을 만끽하는 소비자가 느끼는 효용은 5천 원을 넘는다. 따라서 커피값이 아깝지 않다. 기꺼이 스타벅스에 들어가 커피를 주문한다.

아울러 어떤 상황에 처했는가에 따라서도 효용의 차이가 난다. 이틀

을 굶은 뒤 먹는 밥 한 그릇과 배가 터질 듯 뷔페 음식을 흡입한 뒤에 먹는 밥 한 그릇에 대한 욕망이 같을 수는 없다. 즉, 배고픈 사람의 음식에 대한 효용이 그렇지 않은 경우보다 더 큰 것이다.

여기 효용에 관한 재미있는 이야기가 있다. 지하철 노약자석이 필요한 이유는 뭘까? 우리나라가 '동방예의지국'이라서 그런 것일까? 단지 그것 때문만은 아니다. 노약자석을 두는 것은 지하철 좌석의 효용을 극대화하는 길이기도 하다. 지하철 좌석에서 느끼는 효용은 사람마다 다르다. 서 있기 힘든 노인이나 임산부가 의자에 앉았을 때 느끼는 효용이 젊은 청년보다 크다. 따라서 노약자가 많이 앉을수록 지하철 좌석은 효율적으로 사용되는 것이다.

| 한계효용 체감의 법칙 |

한편 또 하나의 중요한 개념이 있다. 바로 한계효용이다. 재화의 소비량을 연속해서 1의 단위씩 늘릴 때 추가되는 효용의 크기를 한계효용이라고 한다. 일반적으로 소비량을 늘릴 때마다 한계효용은 감소하는 경향이 있다. 예컨대 목마른 상태에서 콜라 한 잔을 마셨을 때 10단위 정도의 욕망이 만족됐다고 가정해 보자. 반면 연속해서 들이킨 두 번째 잔은 5, 세 번째 잔은 2 정도의 만족을 제공한다. 세 잔을 마신 뒤 네 번째 잔은 사실상 고문에 가깝다. 네 번째 잔이 제공하는 한계 효용은 -2 정도가 되지 않을까. 이것이 바로 한계효용 체감의 법칙이다.

따라서 맥도날드에서 5천 원으로 콜라 네 잔을 시켜 마시는 사람은 바보다. 그가 얻은 총효용은 15(10+5+2-2)이기 때문이다. 따라서 뻔한 이야기 같지만 경제학은 콜라만 네 잔을 마시는 것보다 콜라 하나와 햄버거, 그리고 감자 칩을 먹는 편이 더 낫다고 말한다. 이것이 한계효

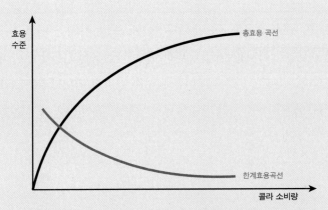

효용
수준

총효용 곡선

한계효용곡선

콜라 소비량

콜라를 한 잔 더 마실 때마다 한계효용이 조금씩 줄어들어, 총효용이 늘어나는 속도가
조금씩 감소한다.

용 균등의 법칙이다. 한계효용이 낮은 콜라 소비를 중단하고 햄버거
세트를 소비함으로써 전체 효용의 크기가 커진다.

경제학에서는 내가 소비하는 모든 재화와 서비스의 한계효용을 모
두 같게 만드는 것이 올바른 경제생활이고 합리적 소비라고 한다. 사
실 내가 소비하는 모든 재화와 서비스의 한계효용을 계산하기는 힘들
다. 그러나 경제학에 대한 기초 지식이 머릿속에 있다면 같은 돈을 무
의식적으로 보다 효율적으로 사용하는 습관이 생긴다. 이 정도만으로
도 경제학은 충분히 배울 가치가 있지 않을까.

한계효용은 부자가 가난한 사람을 도와야 하는 이유를 설명하는 데
도 사용된다. 연봉 10억 원인 사람이 추가적으로 얻은 수입 100만 원
으로 얻을 수 있는 한계효용은 적다. 기분 좋게 하루 술값으로 사용할
수 있는 정도의 돈이다. 그러나 소년소녀가장에게 100만 원은 두 달간

먹고사는 데 쓸 수 있는 무척 큰돈이다. 따라서 연봉 10억 원인 사람의 100만 원을 가난한 소년소녀가장에게 줄 때 사회 전체의 효용이 증가할 수 있다. 이것을 사회적 후생 수준이 증가했다고 말한다. 따라서 '당신의 천 원이 아프리카 아이들의 하루 식량이 됩니다'라는 포스터의 글귀를 '한계효용을 늘려 지구의 후생 수준을 높이자'로 해석할 수 있다.

기부 문화를 확산시키기 위해서는 도덕성의 강조나 조세 혜택뿐 아니라 이렇듯 한계효용 체감의 법칙이 갖는 의미를 이해시킬 필요도 있다. 나의 사소함으로 누군가의 위대함을 만들 수 있다는 점을 강조하는 것이다. 그럼으로써 기부자의 심리적 만족도 늘어난다.

세일 기간에 사람들이 몰리는 이유는?

수요와 공급 | 수요곡선 | 공급곡선

| 가격에 따른 수요량의 변화 |

수요는 경제학의 상식적이고 경험적인 핵심 개념이다. 소비자 행동을 유심히 살펴보니 일반적으로 가격이 떨어지면 더 많이 사고, 오르면 적게 산다는 데서 출발한 것이다.

참외 한 개당 천 원일 때 다섯 개를 사던 소비자가 있다. 그런데 2천 원으로 오르자 이 소비자는 세 개만 구입한다. 가격이 오름에 따라 소비가 줄어든 것이다. 그럼에도 불구하고 참외 구매에 들어간 돈은 6천 원으로 예전보다 늘었다.

반면 참외 가격이 500원으로 떨어지면 소비자는 더 많은 참외를 사게 된다. 가격 때문에 사 먹지 못하던 소비자도 참외를 장바구니에 담게 된다. 이를 보여주는 일반적인 예가 백화점 세일 기간에 평소보다 더 많은 인파가 몰려드는 현상이다. 가격이 내려간 만큼 수요량이 증가했기 때문이다.

이렇듯 가격의 오르내림에 따른 소비자의 구매 욕구 차이를 '수요량의 변화'라고 말한다. 수요량의 변화는 가격을 좌변(왼쪽), 수요량을 우

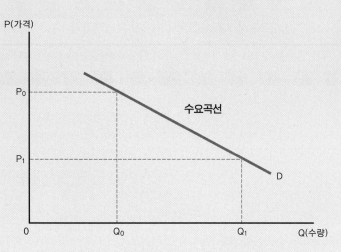

그래프상에서 수요곡선은 우하향하는 모습을 보인다. 가격이 P_0에서 P_1으로 옮길 때 수요량이 Q_0에서 Q_1로 증가하는 게 바로 수요량의 변화이다.

변(아랫쪽)에 놓고 그래프를 그려서 표시한다. 직접 그려보면 위와 같이 왼쪽 위에서 오른쪽 아래로 사선을 그리며 떨어지는 선이 만들어진다. 이것이 바로 수요곡선이다. 수요곡선은 일반적으로 왼쪽 위에서 오른쪽 아래로 미끄럼틀처럼 하강한다.

| 유행에 따른 수요량의 증가 |

가격이 동일한데 수요가 갑자기 폭발적으로 늘어나는 경우도 있다. 유명 연예인이 특정 디자인의 옷을 입거나 가방을 들고 방송에 나오는 경우를 생각해 보자. 유명 연예인을 좋아하는 시청자들에게 모방 심리가 작용하면 특정 제품에 대한 수요가 폭발적으로 증가한다. 제품의 가격이 내려간 것은 아니지만 판매가 증가한다. 즉, 가격과 상관없이

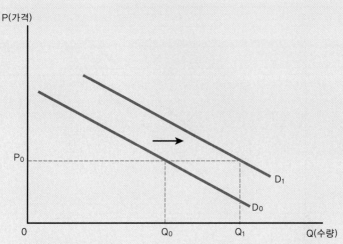

그래프상에서 수요의 변화는 수요곡선이 D₀에서 D₁로 옮겨가는 등의 일이 벌어졌을 때를 말한다. 수요곡선이 D₀에서 D₁로 옮겨가면 가격이 같아도 수요량이 Q₀에서 Q₁로 바뀐다.

수요가 변한 것이다. 제품을 사고 싶어하는 사람의 수가 유행처럼 늘었기 때문이다. 이런 경우 수요곡선은 통째로 오른쪽으로 이동한다. 즉, 미끄럼틀 자체가 움직인 것이다.

그렇다면 이런 현상과 가격 변화에 따른 수요량의 이동은 어떻게 구분될까. 예컨대 애플사가 삼성과 경쟁하기 위해 스마트폰의 가격을 90만 원에서 45만 원으로 할인했다고 해보자. 이에 따라 그동안 비싸다는 생각에 아이폰을 외면하던 고객이 애플 매장으로 달려가기 시작한다. 판매량이 하루 1만대에서 2만 대로 늘었다. 이 경우에는 수요량이 변한 것이다. 따라서 수요곡선이 움직이지는 않는다. 다만 90만 원에 있던 가격이 스르르 내려와 45만 원에 걸터앉은 것이다. 반면 스마트폰 열풍이 불면서 갑작스럽게 아이폰 판매가 급증했다. 예컨대 가격은

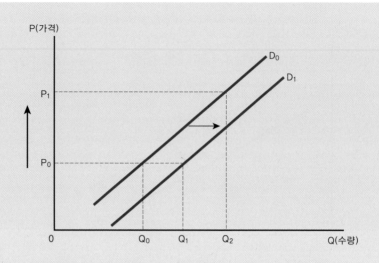

그래프상에서 가격이 P₀에서 P₁로 상승할 때 공급 수량이 Q₀에서 Q₂로 변하는 건 공급량의 변화이다. 하지만 공급곡선이 D₀에서 D₁로 이동할 때 나타나는 것은 공급의 변화이다.

그대로 90만 원인데 하루 판매량이 1만 개에서 2만 개로 늘었다. 이런 경우 수요곡선 전체가 오른쪽으로 한 발 이동한 것이고 제품에 대한 수요가 증가한 것이다.

| 남는 장사에 몰리는 공급량 |

공급은 특정 가격에 기업이 시장에 내놓고 싶어 하는 제품의 양을 말한다. 예컨대 정부가 100그램당 1,200원이던 돼지고기 가격을 3,000원으로 올렸다고 가정해 보자. 그러면 농민들은 신이 난다. 너도 나도 돼지 사육에 나선다. 돼지 사육 두수가 1천만 마리에서 3천만 마리로 급상승할 가능성이 높다. 이렇듯 일반적으로 공급량은 시장가격이 오를수록 증가하는 경향을 보인다.

따라서 수요곡선과 달리 가격을 좌변(왼쪽), 공급량을 우변(아랫쪽)에 놓고 그래프를 그리면 왼쪽 아래에서 오른쪽 위로 비행기가 이륙하듯이 선이 솟아오른다. 그래프에서 가격이 P_0에서 P_1으로 변함에 따라 발생한, Q_0에서 Q_2로의 이동이 공급량의 증가를 의미한다.

가격의 변화가 있는 것도 아닌데 공급이 급증하기도 한다. 예컨대 사과 가격이 특별히 오른 것도 아닌데 풍년이 들면 공급이 크게 늘기도 한다. 이런 경우 공급곡선이 오른쪽으로 이동하게 된다. 시장가격이 오른 것은 아니지만 공급량이 증가한다. 다음 그래프에서 D_0에서 D_1로의 이동이 바로 공급의 변화에 따른 모습이다. Q_0에서 Q_1로의 변화가 이 경우에 해당한다. 반면 흉년이 들어 공급이 절반으로 떨어지기도 한다. 이런 경우에는 공급곡선이 왼쪽으로 힘없이 옮겨간다.

기후와 날씨의 영향을 많이 받는 농작물의 경우, 생산량에 따른 가격의 변동 폭이 큰 편이다. 특히 장마나 태풍에 의한 피해로 배춧값이 크게 인상되면 김장을 하려는 서민들의 부담이 늘어난다. 이 시기에 상추나 배추 등을 금상추, 금배추라고 칭하는 것도 공급량이 모자란 탓에 가격이 몇 배로 오른 상황을 빗댄 말이다.

누구도 손해를 보지 않는 쇼핑은 가능할까?

균형점 | 공급 초과 | 시장가격

| 균형점을 지향하는 시장경제 |

왼쪽 위에서 오른쪽 아래를 향해 미끄러지는 수요곡선과 왼쪽 아래에서 위로 치솟던 공급곡선을 도화지 위에 함께 그려보면 X자를 그리며 한 점에서 충돌한다. 이 점을 '균형점'이라고 한다.

이 X자는 무척 강력한 원심력을 갖고 있다. 수요와 공급이 X자의 접점에 머물러 있으라고 명령하는 사람은 없다. 그러나 만유인력의 법칙에 따라 모든 사물이 땅에 붙어 있듯이 수요와 공급은 자석에 끌리듯 '균형점'을 향한다. 그곳은 수요와 공급이 넘치지도 모자라지도 않은 곳이다. 수요나 공급이 넘치거나 부족한 일이 생기다가도 결국 그곳을 향해 달려간다. 이것이 바로 시장경제가 자랑하는 '균형점'의 힘인 것이다.

예컨대 인위적으로 정부가 20킬로그램에 5만 원인 쌀값을 10만 원으로 두 배 올렸다고 해보자. 입이 벌어진 농민들은 더 많은 쌀을 생산하기 시작한다. 가격 상승으로 공급량이 증가한다. 반면 쌀값이 두 배나 오르자 화가 난 소비자는 밥 대신 라면을 먹기 시작한다. 시장에서

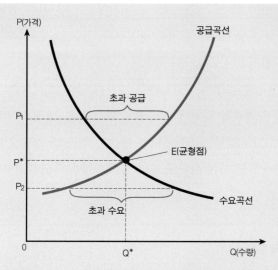

그래프상에서 수요곡선과 공급곡선이 만나는 점 E가 바로 균형점이다. 이때의 가격은 P*이고 수량은 Q*이다. 가격을 P₁으로 올리면 공급 초과가 발생하고 보이지 않는 손에 의해 다시 P*으로 움직인다.

는 어떤 일이 벌어질까. 생산된 쌀은 마트에 넘쳐나는데 소비자는 거들떠보지도 않는다. 쌀은 마트와 농협 창고에 쌓여만 간다. 이런 상황이 바로 공급초과이다. 가격이 균형점보다 위에 있기에 공급 초과가 발생한다. 위 그래프에서 가격을 P₁으로 올리면 수요곡선과 공급곡선 사이에 간격이 생기는데, 이 부분이 바로 초과로 공급된 양이다.

반대로 초과 공급된 쌀을 소비하기 위해 정부가 이번엔 20킬로그램에 2만 원씩 판매하기 시작했다. 그러자 그동안 '밥'에 굶주렸던 소비자들이 너도 나도 쌀을 구매하기 시작한다. 반면 농민들은 쌀 대신 다른 작물을 키우기 시작한다. 이번엔 낮은 가격에 따른 초과 수요가 발생한 것이다.

결국 경제학자들이 '시장으로'를 외치면서 정부의 개입 포기를 요구하고, 대통령이 받아들인다. 그리고 시간이 지남에 따라 원래 둘이 교차하던 균형점에서 다시 가격이 형성된다. 결국 가격은 그래프상의 E에서 다시 결정된다.

결국 균형점은 기업이 공급하려는 제품의 양과, 소비자가 사고자 하는 양이 같은 지점을 뜻한다. 5만 원일 때 농민은 쌀 열 가마니를 공급하려고 하고, 소비자는 열 가마니를 사려고 하는 것이다. 초과 공급도, 물건이 없어서 못 사는 사람도 없다. 경제학자들은 균형점에서 재화와 서비스가 가장 효율적으로 공급된다고 말한다.

| 시장가격의 형성 |

신문에는 가격의 급등과 급락에 관한 기사가 많이 나온다. 신문만 보고 있으면 연일 물가가 춤을 추는 듯 보인다. 하지만 모든 제품의 물가가 이렇게 드라마틱한 곡선을 그리는 것은 아니다.

기사에 오르내리는 것을 제외하고, 대개의 제품은 일정 기간 균형점에서 가격을 유지한다. 이렇게 상당 시간 지속되는 균형점은 언론의 관심 대상이 될 수는 없지만 경제학적으로 미래를 예측할 수 있게 해준다. 가계경제에서 다음 달 생활비 중 부식비의 비중을 예상할 수 있는 이유는 대개의 식품에 가격 변화가 없기 때문이다. 이것을 시장가격이라고 한다. 시장가격이 없다면 모든 제품의 가격이 들쭉날쭉하게 되고 미래 예측은 힘들어진다.

시장가격은 새롭게 가게를 열고 자영업을 할 때에도 중요한 기준이된다. 중국집을 새로 연 주인은 주변 업소의 짜장면 가격을 조사해, 유사하게 가격을 매긴다. 생뚱맞게 너무 낮거나 높은 가격을 제시하지 않는다. 시장가격에 순응하는 것이다. 손님 역시 중국집에 들어가 가격표를 보지 않더라도 짜장면 가격이 4천 원 내외일 것이라 짐작하고 있다. 시장가격이 있기 때문이다. 이런 과정에서 시장가격은 언제나 균형점을 유지한다.

그리고 그 가격을 결정하는 요소는 수요와 공급, 생산자 잉여와 소비자 잉여다. 균형점에서 수요와 공급이 일치하고, 동시에 판매자는 생산자 잉여를, 구매자는 소비자 잉여를 누린다. 이 지점이 이른바 시장가격이다. 수많은 제품들이 거래를 통해 적정한 시장가격을 형성한다.

수요곡선과 공급곡선이 X자를 그리는 간단한 그래프 하나로 경제학의 절반 이상이 설명된다. 그곳이 바로 경제학에서 가장 중요한 '균형'이고 시장가격이 형성되는 곳이다. 보이지 않는 힘이 수요와 공급을 움직이다가 아귀가 맞아떨어지는 곳이 바로 균형점이다.

초과수요 | 균형점의 이동 | 가격 폭락

| 수요에 따른 공급의 변화 |

그래프상에서 수요곡선이 오른쪽으로 이동하면 같은 가격에 더 많은 상품이 팔리게 된다. 그런데 수요와 짝을 지어 움직이는 '공급'이 있기 때문에 상황이 다소 복잡해진다. 때로는 수요가 늘어난 만큼 공급이 증가하지 못하기 때문이다.

지금은 근거 없는 것으로 드러났지만, 한때 사슴의 피가 정력에 좋다는 소문이 돌면서 강한 스테미너를 원하는 남성들의 수요가 증가했다. 수요곡선이 오른쪽으로 움직인 것이다. 예컨대 하루에 필요한 수요량이 100리터에서 200리터로 늘었다. 만일 사슴 피의 공급이 지하수 뽑아내듯 무한정하다면 가격이 오르지는 않은 채 판매량이 두 배 늘어날 것이다. 그런데 문제는 공급에서 발생한다.

사슴 피의 공급이 하루아침에 두 배로 증가하지는 않는다. 더 많은 사슴을 키우는 데 시간이 필요하기 때문이다. 수요는 늘었지만 공급은 변화가 없다. 결국 공급곡선이 그대로인 상황에서 수요곡선만 오른쪽으로 이사를 한다. 그러면 어떤 일이 벌어질까. 과거보다 더 높은 곳에

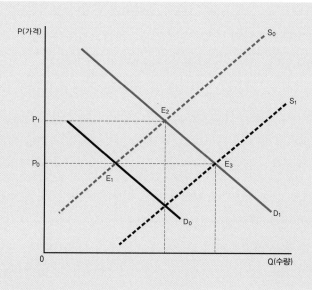

서 충돌한다. 즉, 더 높은 가격에서 균형점이 만들어진다. 그래프상에서 균형점 E_1에서 E_2로 움직인다.

그러다 사슴을 키우는 농가가 늘고, 더 많은 사슴 피가 생산되기 시작하면 이번엔 공급곡선이 오른쪽으로 이동한다. 수요 변화에 따라 공급이 시차를 두고 적응한 것이다. 결국 가격은 예전의 균형가격을 찾아갈 확률이 높다. 즉, 균형점이 E_2에서 E_3으로 이동한다.

| 공급에 따른 수요의 변화 |

수요곡선이 왼쪽으로 이동하면 어떨까. 예컨대 구제역 파동이 벌어지면 사람들은 돼지고기를 먹지 않는다. 수요곡선이 왼쪽으로 이동하는 것이다. 하지만 이미 돼지를 키우고 있던 농가의 공급량은 수요에 맞

춰 줄어들지 않는다. 이에 따라 가격이 폭락하는 현상이 벌어진다. 구제역 파동이나 조류독감이 유행하면 돼지고기, 닭고기 값이 떨어지는 이유가 여기에 있다. 그래프상 균형점이 E_2에서 E_1로 바뀐다.

공급곡선의 이동도 비슷한 길을 걷는다. 예를 들어 배추가 흉작이라 생산량이 하루 1,000톤에서 500톤으로 감소했다고 해보자. 같은 가격에 팔리는 양이 줄어드는 것이다. 그런데 수요곡선이 존재함에 따라 마찬가지로 복잡해진다. 종이에 그려보면 쉽게 이해할 수 있다.

그래프상에서 공급곡선이 S_1에서 S_0으로 이동할 경우 가격 역시 P_0에서 P_2로 상승한다. 균형점이 E_3에서 E_2로 움직인다.

예전보다 더 높은 가격에서 수요곡선과 충돌한다. 즉, 배춧값이 오르는 것이다.

따라서 한파로 배추 생산량이 급락하면 가격이 두 배, 세 배 뛰기도 한다. 배춧값은 높아진 상태에서 한동안 새로운 균형점을 형성한다. 그러다 농부들이 더 많은 배추를 심기 시작하면 원래의 균형점을 찾는다. 때로는 너무 많이 재배해 공급곡선이 오른쪽으로 지나치게 이동한다. 균형가격이라고 할 수 있는 3천 원보다 배춧값이 더 떨어지기도 한다.

수요와 공급에 관한 이야기가 복잡하고 머리가 아플 수 있다. 이해가 안 되면 간단하게 생각하면 그만이다. 소비자가 많이 사고 싶어 하면 가격이 뛰고, 외면하면 가격이 떨어진다. 물량이 넘치면 똥값이 되고, 부족하면 금값이 되는 것이다. 결국 수요와 공급의 변화는 이 간단한 현상을 복잡하게 설명한 것이다.

| 수요와 공급의 가격탄력성 |

정부가 모든 제품의 가격을 일괄적으로 10퍼센트 내렸다. 국민들은 환호하며 시장으로 달려간다. 하지만 쌀, 과자, 돼지고기, 자동차 등 모든 제품의 판매량이 일률적으로 10퍼센트 늘지는 않는다. 더 많이 늘어나는 게 있고, 그렇지 않은 품목이 있다. 예컨대 가격을 내렸다고 소비자가 이발소에 더 자주 가거나 건강을 무시한 채 밥을 더 먹지는 않는다. 하지만 돼지고기 혹은 소고기는 다르다. 비싸서 못 먹던 소비자도 구매에 나서고, 600그램을 사던 고객도 싼 맛에 조금 더 사게 된다. 이렇듯 상품마다 가격 변화에 따른 수요량 변화에 차이가 있다. 이것을 수요탄력성 혹은 수요의 가격탄력성이라고 한다.

가격탄력성을 수치로 표현할 때는 가격이 1퍼센트 변했을 때 수요량이 몇 퍼센트 변하는지를 통해 나타낸다. 가격이 1퍼센트 올랐는데, 수요가 1퍼센트 줄었다면 가격탄력성은 1이 된다. 이를 '단위탄력적'이라고 한다. 예컨대 천 원이던 오이가 10퍼센트 내려 900원에 판매된다고 해보자. 그런데 판매량이 1천 개에서 1천100개로 똑같이 10퍼센트 늘었다. 그러면 매출은 100만 원에서 99만 원으로 큰 변화가 없다. 이런 경우 단위탄력적인 것이다. 가격을 굳이 올리거나 내릴 필요가 없다.

반면 수치가 1보다 큰 상품은 탄력적elastic이라고 한다. 예컨대 가격을 10퍼센트 내리자 오이 판매량이 1천200개로 20퍼센트 늘었다고 가정해 보자. 이 경우 오이는 수요탄력적인 상품이고, 탄력성은 2가 된다. 매출 역시 108만 원으로 증가한다. 이처럼 탄력성이 좋은 상품에 대해서는 가격을 내리는 편이 더 유리하다.

반면 가격을 10퍼센트 내렸는데 오이가 고작 10개 더 판매되는 데 그쳤다면 어떨까. 이 경우 가격탄력성은 0.1이다. 이처럼 가격탄력성이 1보다 작은 경우는 비탄력적inelastic이라고 규정한다. 10개 더 팔리긴 했으나 매출이 90만 9천 원으로 크게 줄어든다. 가격 인하로 인해 자기 무덤을 판 것이다. 이렇듯 비탄력적인 제품은 굳이 가격을 내릴 필요가 없다. 반면 가격을 올리면 정반대 현상이 벌어진다. 판매가를 1,100원으로 올려도 판매량이 990개로 고작 10개 줄어드는 데 그친다. 하지만 매출은 100만 원에서 108만 9천 원으로 크게 증가한다.

따라서 비탄력적인 제품을 생산하는 기업은 가격을 인상하고 싶은 유혹에 쉽게 빠진다. 가격이 올라도 수요는 크게 줄지 않지만 매출은 증가하기 때문이다. 한국 전력이 전기 요금을 올리려 하고, 국민들은 반대하는 이유가 여기에 있다. 전기는 가격이 올라도 꼭 사용해야 하는 비탄력적인 제품이다. 따라서 전기 요금을 올리면 판매자의 수입은 늘고, 소비자는 지출이 증가한다.

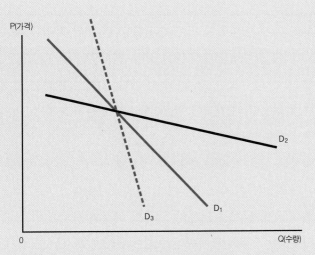

그래프상에서 45도 각도로 떨어지며 기울기가 1일 때인 D₁은 단위 탄력적인 제품의 수요곡선이다. 기울기가 1보다 작은 D₂는 가격 탄력적인 제품의 곡선이고, D₃은 비탄력적인 제품의 수요 그래프다.

| 가격탄력성에 영향을 주는 요소 |

제품 가격이 비싸질수록 탄력성도 높아진다. 100원짜리 지우개 가격은 10퍼센트 올라도 110원이다. 소비자들은 많이 올랐다고 느끼지 못한다. 반면 자동차나 주택 가격이 10퍼센트 정도 변하면 수요가 요동을 치게 된다.

소득수준이 탄력성에 영향을 미치기도 한다. 휘발유 가격이 20퍼센트 올랐다고 해보자. 100억 원대 부자와 서민의 반응은 다르다. 100억대 부자가 비싼 기름값 때문에 자가용을 주차장에 세워두지는 않는다. 일부 부자들은 기름값을 더 올려 차가 적게 다니도록 해 교통 체증을 해결해야 한다고 말하기도 한다. 반면 서민들은 인상된 기름값에 민감하게 반응한다. 자가용을 집에 두고 대중교통을 이용하는 일이 잦아진다.

같은 제품에 대해 백화점이 마트보다 조금 더 비싼 가격을 매기는 이유 역시 고객의 소득수준과 연관이 깊다. 백화점을 찾는 고객은 대체로 마트를 찾는 고객보다 소득수준이 높다. 그래서 백화점 고객은 마트를 찾는 고객에 비해 가격에 비탄력적으로 반응하고, 다소 비싸도 구매를 하는 경향이 있다.

공급 탄력성은 상품 가격이 변할 때 공급량이 어느 정도 바뀌는지 보여준다. 수요와 마찬가지로 가격이 10퍼센트 올랐다고 모든 제품의 공급이 같은 비율로 늘지는 않는다. 제품의 특성과 상황에 따라 유동적으로 변하게 된다. 예컨대 가격이 오르면 반도체 회사는 24시간 철야를 해서라도 더 많은 제품을 찍어낼 것이다. 따라서 공장을 풀가동할 수 있는 상황까지 공급은 상당히 탄력적이다.

하지만 모든 공장이 풀가동한 상태라면 공급이 비탄력적이 된다. 더 많은 반도체를 생산하기 위해서는 공장을 새로 지어야 한다. 무척 긴 시간이 필요하다. 배추 역시 가격이 올라도 배추를 키워 시장에 내놓는 순간까지 시간이 필요하다. 물론 같은 농산물이라도 저장이 가능한 제품은 탄력성이 크다. 예컨대 쌀의 경우 정부가 물가 안정을 위해 일정 물량을 비축해놓고 있다. 가격이 오르면 비축미를 방출해 값을 안정시키고, 떨어지면 비축량을 늘려 시장에 공급되는 양을 조절한다.

프랑스산 와인과 같은 상품은 생활에 꼭 필요한 품목이 아니기에 탄력성이 크다. 가격이 싸면 많이 마시고, 오르면 적게 마시거나 다른 술로 대체한다. 경기가 좋지 않아 소비자의 주머니가 얇아지면 이런 사치품 소비부터 줄어든다.

돈 버는 장사와 돈 버리는 장사의 차이점

소비자잉여 | 생산자잉여 | 이윤율의 경향적 저하 법칙

| 소비자잉여 |

이삿짐 센터에 전화를 건다. 전화를 걸기 전에 50만 원이면 계약하겠다고 생각했다. 그런데 막상 업체가 제시한 가격은 40만 원. 소비자는 속으로 쾌재를 부르며 싸다는 생각에 즉시 계약한다. 그리고 10만 원을 벌었다고 기뻐한다.

이렇듯 지불한 돈보다 더 많은 기쁨을 얻으리라고 기대할 때 소비자는 지갑을 연다. 40만 원을 써서 50만 원의 가치를 누린다고 생각하기에 기꺼이 이삿짐 센터와 계약을 한다. 즉, 가치의 '잉여'를 느끼는 것이다. 이것이 바로 소비자잉여다.

소비자잉여는 '소비자가 그 물건 없이 지내기보다는 그 정도의 돈을 지불해서라도 사야 되겠다고 생각하는 가격과, 실제로 지불하는 가격 간의 차액'이다. 전화를 걸기 전에 생각한 가격 50만 원과 실제 가격 40만 원의 차액 10만 원이 바로 소비자잉여다.

소비자잉여가 크다는 것은 결국 적은 돈으로 많은 가치를 누린다는 뜻이다. 미국의 한 설문 업체에서 조사를 한 적이 있다. 텔레비전 수신

기 가격이 얼마까지 올라도 구입하겠느냐는 질문이었다. 당시 100만 원이 넘던 수신기를 2천만 원이 되도 사겠다는 사람들이 상당수 있었다. 이들에게는 텔레비전 수신기가 주는 소비자잉여가 1천900만 원이라고 볼 수 있다. 2천만 원 정도의 가치가 있다고 생각한 텔레비전 수신기를 100만 원에 산 것이기 때문이다. 이렇듯 합리적 소비는 같은 금액으로 더 많은 소비자 잉여를 누리는 것이라고 할 수 있다.

반대로 효용이 적은 상품을 억지로 소비하면 돈이 아깝다는 생각이 든다. 예컨대 50만 원이면 이용하겠다는 마음을 갖고 있는 상태에서 80만 원에 이사를 하게 되면 비싸다는 생각이 들고 소비자잉여는 마이너스 30만 원이 된다.

| 생산자잉여 - 이윤율의 경향적 저하 법칙 |

반대로 기업은 생산자잉여를 누린다. 생산자잉여는 상품 판매에서 얻은 수입 가운데 받아야겠다고 생각한 최소한의 금액 이상을 말한다. 쉽게 말해 생산 비용보다 큰 부분, 즉 이윤을 뜻한다. 이윤이 클수록 기업의 수익은 많아진다.

미적 감각이 뛰어난 한 여성이 재료를 구입해 쥬얼리 세트를 만들어 판다. 재료비와 인건비를 따져보니 개당 1만 원 정도의 비용이 들어갔다. 그리고 1만 2천 원 정도에 팔면 되겠다고 생각을 하고, 온라인 쇼핑몰에 올린다. 2천 원의 생산자잉여를 누리겠다고 결정한 것이다.

생산자잉여는 기업마다 차이가 있다. 예컨대 보석 재료를 더 싸게 구입하거나, 더 빨리 만들 수 있다면 생산자잉여는 커진다. 재료비와 인건비가 줄어들기 때문이다.

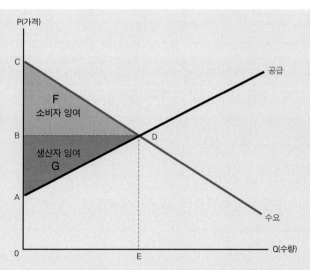

P(가격)

C

F
소비자 잉여

B   D

생산자 잉여
G

A

0   E   Q(수량)

공급

수요

그래프상에서 D가 균형점이고, B가 균형가격이라고 했을 때 결국 F 부분은 소비자 잉여, G 부분은 생산자 잉여가 된다. 균형가격에서 생산자와 소비자 모두 잉여를 획득하고 있다고 볼 수 있다.

그런데 치열한 경쟁 탓에 생산자잉여는 지속적으로 감소하는 경향이 있다. 많이 팔고자 하는 기업은 수익을 줄여 제품을 싼값에 제공한다. 예컨대 쥬얼리 세트를 1만 2천 원이 아닌 9천 원에 판매하는 것이다. 앞서 예를 든 여성의 입장에서는 초기 제작 비용에도 미치지 않는 돈이다. 그러면 쥬얼리 세트를 팔지 않는 편이 낫다.

"팔아봤자 남는 것도 없고 몸만 힘들어."

누군가 이런 충고를 했다면, 이미 쥬얼리 온라인 판매 시장의 생산자 잉여가 크지 않다는 뜻이다. 이렇듯 기업 전체의 생산자잉여가 줄어드는 현상을 '이윤율의 경향적 저하 법칙'이라고 한다. 오래된 산업 분야일수록, 제3자의 신규 참여가 쉬울수록 수익은 적고 경쟁이 치열해지면서 이윤율이 떨어지는 레드오션이 될 확률이 높다.

반면 소비자잉여를 크게 함으로써 생산자잉여도 늘어날 수 있다. 즉, 소비자에게 큰 만족감을 주는 서비스를 통해 더 비싼 가격에 팔 수 있는 것이다. 카페에서 판매하는 커피의 원가는 500원이 채 안 된다. 그럼에도 불구하고 5천 원이 넘는 가격에 팔린다. 소비자가 느끼는 만족감이 크기 때문이다. 언론에서 폭리를 취한다는 보도를 해도 커피 전문점들의 매출에 크게 지장이 없는 이유가 여기에 있다. 비록 원가는 500원이지만 커피 한 잔에서 느끼는 소비자잉여가 판매하는 가격 이상이다. 커피 전문점을 방문하는 고객은 커피뿐만 아니라 그 이상의 서비스를 함께 구매하는 것이다.

기업이 '블루오션'에 열광하는 이유도 생산자잉여가 크기 때문이다. 블루오션은 현재 없거나 알려지지 않아 경쟁자가 없는 시장을 말한다. 높은 수익과 빠른 성장이 가능하고, 경쟁은 의미가 없는 곳이 블루오션이다.

효용 | 차익 거래 | 가격 차별

| 가격과 효용 |

수요와 공급의 법칙은 일물일가 物─價를 가정하고 있다. 즉 같은 상품에는 하나의 가격만이 적용된다는 원칙이다. 만약 동일 상품이 다른 가격에 판매된다면 사람들은 싼 곳에서만 해당 상품을 사게 된다. 예를 들어 A마트는 상추 100그램을 천 원에 팔고 B마트는 2천 원에 판다고 가정해 보자. 사람들은 A마트로 몰려간다. 결국 B마트는 가격을 내린다. 두 마트의 가격은 결국 같아지게 된다.

차익 거래가 가격차이를 없애기도 한다. 예컨대 금 1온스가 뉴욕에서는 800달러, 런던에서는 900달러에 팔린다고 가정해 보자. 이렇게되면 뉴욕에서 금 1온스를 구입한 뒤 런던에서 되팔아 100달러의 이득을 취하는 일이 가능하다. 누군가 재빠르게 차익 거래에 나서고 따라서 가격차이는 금방 사라진다. 그래서 수요와 공급이 만나는 접점은 늘 한 곳이 된다.

하지만 현실은 이보다 훨씬 복잡하다. 이론이 그대로 적용되지 않고 다양한 가격이 존재한다. 이는 곧 균형점이 하나가 아니라는 뜻이기도 하다. 예컨대 마트에서는 800원에 팔리는 콜라가 10미터 떨어진 편의점에서는 1,100원에 판매된다. 일물일가의 원칙에 따라 합리적 인간은 편의점 콜라를 무시하고 구매를 중단해야 한다. 하지만 여전히 편의점에서도 콜라는 팔린다.

가격이 비싸도 소비자가 느끼는 효용이 1,100원보다 크기 때문이다. 예컨대 1,500원이어도 마시겠다는 소비자가 있다면, 소비자잉여가 400원 발생한다. 800원에 구입해 소비자 잉여를 700원으로 늘리려는 욕망이 적을 수밖에 없다. 콜라 가격이 2천 원이어도 마찬가지다. 분명 수요는 줄겠으나 여전히 구매자는 있다. 효용이 그 이상이라고 판단하는 소비자가 있기 때문이다.

나아가 대기업의 회장처럼 큰돈을 운용하는 소비자에게는 천 원이나 800원이나 큰 차이가 없다. 아무 곳이나 눈에 띄는 곳에서 사서 마시면 그만이다. 설사 주관적으로 느끼는 효용이 마이너스 300원이 되더라도 재력가에는 신경써야 할 만큼 큰돈이 아니다.

| 합리적인 경제학, 비합리적인 인간 |

경제학은 모든 곳의 가격을 종합 분석한 뒤 가장 저렴한 곳을 찾아 이동하는 합리적 인간을 가정한다. 이 같은 가정하에 이뤄진 분석이 현실을 이해하는 데 큰 도움을 주고 있다. 그러나 백 퍼센트 그 원칙에 따라 사람들이 움직이지는 않는다. 10미터만 걸어가면 300원을 아낄수 있지만 귀찮아서 그냥 편의점에서 콜라를 사 마신다. 10미터 옆에 마트가 있는지조차 모를 수도 있다. 이처럼 경제학이 어렵게 느껴지는 이유 중 하나는 합리적 인간을 가정한 경제학의 추상적인 논리와는 달리, 현실을 사는 인간의 행동은 비합리적인 경우가 많기 때문이다.

때로는 기업이 마케팅 차원에서 가격을 차별화하기도 한다. 대표적인 예가 조조할인이다. 같은 영화관에서 동일한 영화를 상영하지만 시간대에 따라 가격이 다르다. 그렇다고 싼 가격에 제공하는 아침 시간에만 손님이 몰리는 것은 아니다. 따라서 같은 상영관 내의 동일한 영화에 대한 가격 차별이 발생한다. 한편 제주도의 한 커피숍은 커피 가격이 따로 정해져 있지 않다. 손님이 만족한 만큼 자유로운 액수의 돈을 지불하도록 되어 있다. 이런 경우 가격은 손님마다 전부 다를 수 있다. 그런데 주인에 따르면 통상 다른 커피숍에서 지불되는 금액 정도를 내는 경우가 많다고 한다.

과거 우리나라 자동차 회사는 내수용을 수출용보다 비싸게 판매하는 가격 차별 정책을 펼쳤다. 국내 시장과 해외 시장의 구분이 명확했고, 외국에서 구입해 들여오기에는 운송비와 관세가 많이 소모되기 때문에 가능한 정책이었다.

소주 가격이 오르면 맥주 회사가 웃는다?

대체재 | 보완재 | 교차탄력성

| 대체재와 보완재 |

서로 대체 가능한 상품이 있다. 예컨대 우리는 종종 밥 대신 라면을 끓여 먹거나 짜장면을 시켜 먹는다. 밥, 라면, 짜장면이 배고픔의 해소라는 동일한 욕구를 만족시켜 주기 때문이다. 이때 밥 대신 먹는 라면이나 짜장면을 밥에 대한 대체재라고 한다. 이 같은 대체재의 경우 한 제품의 가격이 오르면 다른 제품의 판매가 증가하는 경향이 있다.

콜라의 가격이 두 배로 뛰면 소비자는 콜라 대신 사이다를 마실 것이다. 소고기 가격이 크게 오를 경우 돼지고기를 통해 대리 만족을 느끼는 소비자가 증가한다. 가격을 내리면 반대 현상이 벌어진다. 콜라 가격이 절반으로 떨어지면 사이다를 마시다가 콜라를 택하는 사람이 늘어난다. 이런 경우에 소고기와 돼지고기, 콜라와 사이다는 서로가 대체 관계에 있다.

이와는 달리 한쪽의 소비가 늘면 다른 쪽의 소비도 증가하는 제품군이 있다. 커피와 설탕, 자동차와 휘발유, 구두와 양말, 바늘과 실 등이 그것이다. 커피 소비량이 늘면 커피를 만드는 데 필요한 설탕의 판매

구분	특징	제품
대체재	• 한 제품이 잘 팔리면 다른 제품의 판매가 감소함	• 콜라와 사이다 • 쌀과 라면
보완재	• 한 제품이 잘 팔리면 다른 제품의 판매도 증가함	• 커피와 설탕 • 자동차와 휘발유 • 바늘과 실
대제재이자 보완재	• 서로가 대체재이기도 하고 보완재이기도 함	• 맥주와 소주 • 도매시장

도 증가하고, 자동차 판매 대수가 오를수록 연료가 되는 휘발유 판매량도 증가한다. 두 가지 재화가 섞여야 제대로 효용을 발휘할 수 있기 때문이다. 이런 경우는 서로에게 보완재가 된다.

이렇듯 상품 자체의 가격만이 아니라 다른 제품의 가격에 영향을 받아 수요량이 변하는 것을 교차탄력성cross elasticity이라고 한다. 교차탄력성이 플러스이면 대체재이고 마이너스면 보완재이다.

예컨대 커피 가격이 떨어져 수요량이 두 배 늘었다고 가정해 보자. 하루 100톤 팔리던 게 200톤씩 나간다. 그러면 덩달아 설탕 소비도 하루 30톤씩 증가한다. 이럴 때 커피와 설탕의 교차탄력성이 플러스가 된다. 반면 커피가 잘 팔리면서부터 녹차 판매량은 하루 20톤씩 줄었다. 소비자가 녹차 대신 커피를 마시기 시작한 것이다. 이럴 경우 둘의 교차 탄력성이 마이너스가 된다.

| 대체재와 보완재를 이용한 마케팅 |

대체재나 보완재 파악은 시장을 평가하고 만들어 가는 데 중요하다. '나이키의 경쟁 상대는 아디다스가 아닌 닌텐도'라는 말이 있다. 닌텐도 가격이 하락해 수요가 폭발하면 아이들이 밖에 나가지 않고 실내에서 게임을 즐기게 된다. 그러면 운동화를 신을 일이 줄게 되고 보다 천천히 운동화가 닳을 것이다. 따라서 나이키 신발의 판매가 줄어들 가능성이 높다. 나이키 신발과 닌텐도가 대체 관계에 있는 셈이다. 따라서 신발 업체는 동종 업체뿐만 아니라 게임 업계의 움직임도 면밀히 관찰해야 하는 과제가 주어진다.

중국집에서 짜장면과 탕수육은 보완적 성격이 짙다. 따라서 둘 중 하나의 가격을 내리면 다른 제품의 판매량이 늘어난다. 탕수육 세트 메뉴는 사실상 짜장면 가격을 내린 것과 같다. 따라서 탕수육의 판매가 증가한다.

고깃집에서 소주를 천 원에 판매하는 경우도 마찬가지다. 소주 가격이 싸서 많이 마시면 삼겹살을 조금 더 먹게 된다. 이렇듯 보완재가 무엇인지 파악해 활용하면 다른 제품의 판매량을 늘릴 수 있다.

수입이 증가함에 따라 대체 효과가 일어나기도 한다. 소득이 높을수록 무궁화 열차 대신 KTX를 이용한다. 이런 경우 무궁화 열차와 KTX 사이에는 대체 효과가 있다. 아파트가 늘어난 것 역시 소득이 증가함에 따라 더 편리한 주거 공간을 찾아 사람들이 이동한 결과이다. 이 경우 아파트와 주택은 서로가 대체재 관계에 있다.

| 대체재와 보완재의 유동성 |

상품 간의 관계가 복잡 미묘한 경우도 많다. 예컨대 소주와 맥주는 언뜻 보기에 대체재이다. 맥주 가격이 급등하면 소주 판매량이 늘어날 가능성이 높다. 맥주 대신 소주를 마시는 경우가 늘기 때문이다. 아울러 경기가 어렵고 주머니가 얇아지면 맥주 대신 소주를 택하기도 한다. 실제 이를 증명하는 통계도 있다.

하지만 둘은 대체재임과 동시에 보완재이다. 커피와 설탕처럼 소주와 맥주를 섞어 마시는 소비자도 많고, 1차로 참이슬을 즐겼다면, 2차로는 입가심을 위해 호프집을 찾는 경우도 쉽게 볼 수 있다.

도매시장도 마찬가지다. 충무로 일대에는 서로 라이벌 관계인 인쇄업체들이 다닥다닥 붙어 있다. 사실 그 가운데 한 집이 가격을 내리면 손님이 그쪽으로 몰려간다. 업체들은 서로 대체재 관계이다. 그러나 동시에 '인쇄 하면 충무로'라는 인식을 만들어 상호 보완의 기능을 하기도 한다. 결과적으로 대체와 보완은 상황과 환경에 따라 변화한다.

최근 모 주류 회사는 '소맥' 자격증이라는 것을 발급하고 있다. 소주와 맥주의 보완적 성격을 강조하기 위한 것으로 보인다. 이를 통해 소주와 맥주를 동시에 소비하도록 하면서, 맥주 가격이 올라도 소주로 '대체'하는 고객을 줄이려는 의도일 것이다.

월급은 그대로인데 물가는 춤을 춘다?

인플레이션 | 명목소득 | 실질소득

| 인플레이션과 화폐의 가치 |

인플레이션inflation이란 물가가 지속적으로 상승하는 현상을 말한다. 정부는 인플레이션을 근본적으로 없애는 것이 힘들다고 보고, 적정한 선에서 관리를 하고 있다. 현재 한국은행은 2.5퍼센트에서 3.5퍼센트 선에서 더는 물가가 치솟거나 추락하지 않도록 조정하고 있다.

인플레이션의 주요 원인은 수요의 증가다. 경기 호황 등으로 수요가 늘면 공급이 이를 따라가지 못해 가격이 오른다. 그 뒤 가격이 균형점을 찾아가야 하지만 여러 변수가 작용해 떨어지지 않는다. 예를 들어 수요 증가로 가격이 오르면 시차를 두고 임금이 오르는데, 한번 오른 임금은 잘 하락하지 않는다. 임금이 상승한 상태에서 일정 기간이 흐르면 생산비가 증가하고, 따라서 제품의 가격 역시 상승한 채로 떨어지지 않는다.

화폐의 통화량이 늘어 물가가 오르기도 한다. 시중에 돈이 만 원이 있고, 살 수 있는 물건이 딱 10개 있다고 가정해 보자. 그리고 소비자는 그 물건을 꼭 사야 한다. 이때 판매자는 개당 천 원에 물건을 팔게 된다. 시중의 만 원을 전부 손에 쥘 수 있기 때문이다. 그런데 돈이 2만 원으로 늘면 판매자는 머리를 굴리고 계산기를 두드린다. 그리고 가격을 2천 원으로 올린다. 소비자는 꼭 사야 하기 때문에 개당 2천 원을 주고도 산다. 이럴 경우에도 물가가 오른다. 재화와 서비스가 늘지 않은 상태에서 돈을 마구 찍어내면 이 같은 인플레이션이 발생한다.

물가가 오른다는 것은 화폐의 가치가 떨어진다는 뜻이다. 즉, 돈을 쥐고 있는 사람이 손해를 본다. 예컨대 100만 원을 지갑에 고이 보관하고 있는 사람이 있다. 1년 뒤에도 그대로 100만 원이 있다. 그런데 1년간 물가가 올라 100만 원이던 냉장고가 110만 원으로 상승했다고 치자. 현금을 가지고 있던 사람은 냉장고 구입이 불가능해진다.

| 음모론과 빈익빈 부익부 현상 |

결과적으로 인플레이션은 서민들에게 불리하다. 대개의 서민은 월급을 받아 생활하는 근로자이기 때문이다. 지난해와 월급이 똑같다 하더라도 물가가 10퍼센트 상승하면 사실상 임금이 10퍼센트 떨어진 것과 같다. 시차를 두고 임금이 상승하겠지만, 임금이 오른 만큼 또다시 물가가 오르면 여전히 소득은 물가 상승의 속도를 따라가지 못한다.

따라서 인플레이션을 음모론으로 보는 시각도 있다. 즉 근로자의 임금을 은밀하게 깎기 위한 자본가 계급의 수단이라는 것이다. 굳이 임금을 줄이지 않아도 물가가 상승하면 사실상 월급은 줄어들기 때문이다.

반면 물가가 오르면 부동산 등을 보유한 자산가는 득을 본다. 집을 포함한 자산 가격이 상승하기 때문이다. 기업도 근로자에게 같은 임금을 지급하면서 제품을 더 비싸게 팔 수 있다. 이에 따라 인플레이션이 발생하면 돈이 있는 사람은 더 벌고, 없는 사람은 더 가난해진다. 그로 인해 빈부 격차가 심해지고 서민들의 불만이 커질 가능성이 높다.

| 명목소득과 실질소득 |

물가 상승으로 근로자가 받는 임금의 가치가 하락하는 문제 때문에, 명목소득과 실질소득의 증가를 구분하기도 한다. 명목소득은 숫자로 찍히는 임금이고, 실질소득은 물가 상승분을 뺀 액수이다. 예컨대 200만 원을 받는 근로자가 명목상 임금이 5퍼센트 올라도, 물가가 10퍼센트 상승했다면 실질소득 증가율은 마이너스 5퍼센트가 된다.

국가 간의 임금 비교에는 명목소득보다 '구매력 평가 기준'이라는 실질소득 지표가 사용되기도 한다. 구매력 평가 기준은 얼마를 받느냐가 아닌 그 돈으로 어느 정도의 상품을 구입할 수 있느냐를 따져 임금을 계산한다. 명목상 임금은 많아도 높은 물가 때문에 실제 구매할 수 있는 재화와 서비스는 적을 수 있다. 이를 보여주는 대표적인 경우가 한국과 일본의 소득 비교이다.

경제협력개발기구OECD에 따르면 2011년 한국의 경우 근로자 1인당 평균 명목소득은 2만 9천53달러였고, 일본은 5만 1천613달러다. 일본이 두 배 더 높다. 그런데 구매력 평가 기준으로 따지면 같은 해 우리나라 정규직 근로자의 1인당 평균 연봉은 3만 5천400달러, 일본은 3만 5천143달러다. 일본의 비싼 물가 탓에 실질소득은 오히려 우리가 높다.

한편 기대 인플레이션은 6개월 뒤 물가가 얼마나 오를지 예상한 수치이다. 기대 인플레이션이 높으면 실제 인플레이션도 올라갈 확률이 크다. 모든 사람이 6개월 뒤 6퍼센트 정도의 물가 인상을 예상한다면

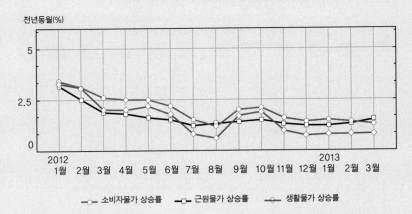

●월별 소비자물가, 근원물가, 생활물가 상승률●

전년동월(%)

소비자물가 상승률 ── 근원물가 상승률 ── 생활물가 상승률

식당이나 근로자, 기업 모두 제품 가격이나 임금을 그 이상이 되도록
경쟁적으로 올리려 하기 때문이다. 따라서 정부는 기대 인플레이션이
높아지지 않도록 애를 쓴다.

소비자물가지수와 달리 생활 물가라는 것이 있다. 소비자들이 주로 사용하는
제품으로만 범위를 좁혀 뽑은 통계다. 생활 물가지수는 기본 생필품과 자주
구입하는 품목을 대상으로 작성된다.

더 싸게 살 수 있는 때를 노린다

디플레이션 | 스태그플레이션 | 오일쇼크 | 애그플레이션 | 피시플레이션

| 디플레이션의 원리 |

인플레이션과 반대로 디플레이션deflation은 지속적으로 물가가 하락하는 현상을 뜻한다. 제2차 세계대전 이후 1980년대까지 세계경제의 주요한 골칫거리는 인플레이션이었다. 그런데 1990년대에 접어들면서부터 일본이나 유럽에 관한 경제 기사에 디플레이션이라는 단어가 자주 등장하기 시작했다. 과거와는 반대로 물가가 지속적으로 하락하는 일이 벌어졌기 때문이다.

디플레이션이 발생하는 이유는 경기 침체에 따른 수요 감소 때문이다. 경기가 나빠지면 사람들은 더 적게 소비한다. 쓸 돈이 없는 탓이다. 즉, 수요곡선이 왼쪽으로 이동한다. 따라서 가격이 떨어진다. 가격이 떨어지면 기업 이익이 줄고, 임금은 감소한다. 소득이 줄어든 근로자는 더 적게 소비한다. 이에 수요곡선은 조금 더 왼쪽으로 움직이는 악순환이 발생한다. 물가 하락이 지속되고 심화되는 것이다. 최근까지 일본 경제가 보여주는 모습이 이와 같았다.

디플레이션은 현금 보유자에게 유리하다. 예컨대 100만 원을 현금

으로 들고 있는 사람이 있다고 해보자. 올해 냉장고 가격은 100만 원이다. 그런데 내년에는 디플레이션으로 인해 가격이 90만 원으로 떨어질 것으로 예상되고 있다. 따라서 100만 원을 그대로 가지고 있으면 내년에는 10퍼센트 더 싸게 살 수 있다. 그래서 소비자들은 물건을 사기보다 값이 더 떨어지기를, 디플레이션이 더 심화되기를 기다린다. 2012년 우리나라의 부동산 시장이 이와 같았다. 이렇게 소비를 유보하게 되면 가격은 더 하락한다.

디플레이션이 발생하면 기업 역시 투자에 나서지 않는다. 지금 10억 원을 투자해 공장을 짓고 1년 뒤 본격적으로 공장을 가동하는 순간 제품 가격은 더 떨어지기 때문이다. 100만 원을 들여 만든 제품이 물가 하락 때문에 90만 원에 팔릴 위험이 생긴다. 그렇다면 차라리 현금을 보유하고 있는 편이 더 낫다. 돈이 있는 부자와 기업이 투자보다는 현금 보유에 집중하면서 경기는 더 침체되고 물가는 지속적으로 하락하게 된다. 이것이 바로 디플레이션이다.

| 총체적 난국, 스태그플레이션 |

소비가 위축되어 전반적으로 경기가 침체된 상황에서 물가마저 지속적으로 높아진다면? 이런 난감한 현상을 스태그플레이션stagflation이라고 한다. 물가가 오른다는 점에서는 인플레이션과 같지만, 경기가 침체된 시점에서 나타난다는 게 차이점이다. 즉 경기 침체와 물가 상승이 동시에 발생하는 것이다. 스태그플레이션의 가장 큰 원인으로는 제품의 원가 상승을 꼽을 수 있다.

대표적인 예가 1970년대에 벌어진 오일쇼크oil shock다. 당시 중동 국가들은 담합을 통해 공급량을 줄여 원유 가격을 올렸다. 공급곡선을 왼쪽으로 이동시킨 것이다. 따라서 에너지를 바탕으로 만들어야 하는 모든 제품의 생산 비용이 증가했고 가격이 올랐다. 이에 따라 소비자들의 제품 구매가 힘들어졌고, 경기가 침체에 빠졌다.

수요가 줄면 다시 원유 가격이 하락해야 한다. 하지만 중동 국가들은 공급량을 더 줄임으로써 높은 가격을 유지했다. 경기는 침체된 상황에서 공급곡선이 또 다시 왼쪽으로 이동해 물가는 지속적으로 상승했다. 특히 원유는 비탄력적인 제품이다. 가격이 오르더라도 반드시 써야 하기 때문이다. 그 때문에 세계경제가 큰 타격을 입었다.

1980년대 초에는 높은 기대 인플레이션으로 임금 인상의 폭이 높아 스태그플레이션이 발생하기도 했다. 유럽과 미국에서 벌어진 일이다. 이들 국가의 근로자는 이미 70년대 유가 상승에 따른 물가 상승을 경험했다. 그러나 임금이 물가 상승폭만큼 오르지는 않았다. 실질 임금이 감소한 것이다. 이를 경험한 근로자들이 80년대 들어 높은 수준의 임금 인상을 요구했다. 물가가 70년대처럼 10퍼센트 이상 오를 것으로 예상한 근로자가 그 이상의 임금 인상을 요구하고 나선 것이다. 기업은 임금을 올려줬고, 그만큼 생산비는 증가할 수밖에 없었다. 따라서 제품을 비싸게 팔아야 했고, 판매량이 줄었다. 늘어난 비용 탓에 판매가 부진해도 가격을 내릴 수는 없었다. 결국 경기가 불황인 가운데 물가가 오르는 스태그플레이션이 발생했다.

| 애그플레이션에 대한 불안 |

2012년에는 스태그플레이션의 변종인 애그플레이션이 기사에 자주 등장했다. 애그플레이션agflation은 농업agriculture과 스태그플레이션stagflation의 합성어이다. 미국에서 발생한 가뭄 등 이상기후로 곡물 가

격이 급등하고, 이를 원재료로 하는 생필품 가격이 오르는 현상을 뜻한다. 예컨대 밀의 가격이 오르면서 빵, 국수 등의 가격이 연쇄적으로 오르는 것이다. 2012년 우리나라에서도 모든 제과 업체들이 원자재 가격 상승을 이유로 가격 상승을 시도한 바 있다.

특히 이러한 곡물 가격의 급등이 경기가 침체된 가운데 발생했기 때문에 그렇지 않아도 팍팍한 살림살이에 더 깊은 주름이 지게 되었다. 이 외에 피시플레이션fishflation이라는 말도 등장했다. 생선fish과 스태그플레이션stagflation의 합성어이다. 어획량이 줄어들면서 생선 가격이 뛰고 이것이 물가 상승을 일으킨다는 것이다.

사실 이렇게 따지면 수년 전 벌어진 배추 파동도 일종의 애그플레이션이라 할 수 있다. 배추 한 포기 가격이 만 원을 넘어서면서 김장을 포기하는 가정이 늘기도 했다.

애그플레이션, 피시플레이션은 경제학적인 개념이라기보다는 영리한 일부 전문가와 따끈따끈한 기사를 원하는 언론사가 만들어낸 합작품이 아닐까 싶다. 특히 70년대 오일쇼크에 대한 공포감이 남아 있기 때문에, 혹시나 애그플레이션이 70년대 스태그플레이션처럼 심각한 고통을 몰고 오는 건 아닌지 막연한 불안감을 느끼게 된다. 자라 보고 놀란 가슴 솥뚜껑 보고 놀라는 것이다. 따라서 애그플레이션의 심각성을 주장하는 기사에 주목할 수밖에 없다.

애그플레이션, 피시플레이션처럼 유행에 따라 꼬릿말로 자주 사용되는 개념이 있다. '노믹스'가 대표적이다. 새롭게 대통령이 선출될 때마다 사용되는데, 아베노믹스, 근혜노믹스, MB노믹스 등이 있었다. 사람의 이름과 이코노믹스를 결합한 말이다.

영화가 너무 지루할 때, 당신의 선택은?

경제적 선택 | 기회비용 | 매몰비용

| 선택과 기회비용 |

당신에게 어쩌다 5만 원이 생겼다. 그 돈으로 50퍼센트 세일하는 옷을 사고 싶기도 하고, 추위를 몰아낼 전기난로를 구입하고 싶기도 하다. 그러다 결국 고심 끝에 옷을 사기로 했다. 이럴 경우 구입하지 못한 전기난로가 바로 5만 원에 대한 기회비용이다. 한편 일요일 오전에 즐기던 축구 모임과 5만 원짜리 아르바이트 중에서 하나를 선택해야 한다고 가정해 보자. 고민 끝에 축구 모임에 갔고, 아르바이트는 포기했다. 축구 모임에 대한 기회비용은 아르바이트를 가지 않아 벌지 못한 5만원이 된다.

이렇듯 기회비용은 여러 선택 앞에서 하나만을 골라야 할 때 발생한다. 하나를 선택함으로써 포기해야 하는 또 다른 선택의 가치 또는 이득이 바로 기회비용이다. 만일 선택의 종류가 세 가지 이상이라면 포기한 것 가운데 가장 이득이 큰 것이 바로 기회비용이다.

기회비용은 상황마다 크기가 다르다. 만일 일요일 오전 아르바이트를 했을 때 50만 원의 수입을 올릴 수 있다면, 축구를 선택하는 데 따르는 기회비용은 50만 원이 된다. 그렇다면 축구 모임보다는 아무래도 아르바이트를 선택할 가능성이 크다. 반대로 아르바이트가 없다면 고민할 필요 없이 당연히 축구 모임에 참석한다. 기회비용은 '일요일 오전 늦잠을 자는 것' 정도가 되기 때문이다.

사람에 따라서도 차이가 있다. 시간당 10만 원을 버는 변호사가 문서를 복사하는 데 한 시간을 사용한다고 가정해 보자. 그렇다면 변호사의 복사에 따른 기회비용은 10만 원이다. 한 시간 동안 복사를 하면서 10만 원을 벌 기회를 놓쳤기 때문이다. 그런데 본인이 직접 하는 대신 시급 5천 원인 아르바이트생을 고용해 복사를 시켰다고 해보자. 변호사의 기회비용은 5천 원 정도다. 5천 원짜리 아메리카노 커피를 마시는 것을 포기하는 대신 아르바이트생을 고용했기 때문이다.

따라서 기회비용이 큰 사람일수록 이것저것 더 많은 것을 따지게 된다. 무명 시절일 때는 매일같이 친구가 운영하는 호프집에 놀러오던 배우가 인기를 얻으면 잘 나타나지 않게 되는 이유는 뭘까. 친구의 호프집에 가는 데 따른 기회비용에 변화가 생겼기 때문이다. 인기를 얻은 뒤 친구가 변한 이유는 술을 마시는 대신 집에서 운동을 하거나 연기 연습을 해서 이미지를 보다 잘 관리하는 편이 낫다는 기회비용에 대한 판단 때문일 가능성이 크다.

이렇듯 경제활동에서는 늘 기회비용이 발생한다. 합리적 경제생활을 즐기기 위해서는 기회비용을 최소화하고, 기회비용보다 이득이 큰 선택을 해야 한다.

| 매몰비용의 함정 |

영화를 보는데, 영화가 정말 너무너무 재미가 없다. 그렇다면 경제학자들은 다음 중 어떤 선택을 하라고 이야기할까?

1. 낸 돈이 아까우니 끝까지 봐야 한다.
2. 그 안에서 재미있는 요소를 찾아 즐길 수 있어야 한다.
3. 과감히 영화관을 박차고 나온다.
4. 영화관 측에 항의를 하고 환불을 받는다.

정답은 3번이다. 여기에서 영화관 입장료는 매몰비용이다. 상영관 안으로 들어가 영화가 시작되는 순간 그 돈은 돌아오지 않는다. 경제학자들은 영화관 입장료가 이미 엎질러진 물이기 때문에 거기에 연연하지 말고, 영화관을 빠져나와 아까운 시간이라도 절약하라고 말한다. 그런데 많은 이들은 1번처럼 행동한다.

환불하기 어려운 모든 지출을 사실상 매몰비용으로 볼 수 있다. 매몰비용은 이미 사라져 되돌릴 수 없는 비용을 뜻한다. 편의점에서 빵을 사서 봉지를 뜯는 순간 빵값은 매몰비용이 된다. 입맛에 맞지 않아도 억지로 먹든지, 누군가를 줘야 한다.

그런데 이 매몰비용이 때로는 인간의 합리적 선택을 마비시킨다. 이미 투자한 시간과 비용 때문에 주저하게 되는 것이다. 그 결과 돈이 아깝다는 이유로 재미없는 영화를 계속 본다. 이것이 바로 매몰비용의 함정이다.

정부 정책에서도 매몰비용에 따른 문제가 자주 발생한다. 서울시는 2조 원을 넘게 들여 한강에서 김포까지 수상 물류 루트인 아라뱃길을 만들었다. 그런데 물류 수단으로서 거의 쓸모가 없다. 그럼에도 불구하고 그동안 투자한 돈이 아까워서 매년 100억 원 가까운 유지비를 지출하고 있다.

매몰비용 때문에 재개발이나 재건축 허가를 취소하지 못하는 경우도 많다. 최근 수익성이 악화된 뉴타운 지정의 해제를 원하는 조합은 많지만 실제 해체를 결의하는 경우는 적다. 조합을 결성하고 설계도면을 그리고, 또 정부의 인·허가 절차를 밟는 과정에서 돈이 들었는데, 이 비용이 많은 경우 1인당 2천만 원 가까이 된다고 한다. 그 돈을 부담하기가 힘들고 아까워 해제를 못하는 것이다.

기업 활동에서도 매몰비용이 많이 발생한다. 태양광 사업에 진출한 어느 기업에서 생각만큼 매출이 오르지 않았다. 사업을 축소하거나 접어야 했는데, 아쉬운 마음에 계속 투자하다 결국 기업 전체가 무너졌다. 조금만 더 투자하면 해뜰 날이 올 것 같은, 100억 원만 더 투자하면 그동안 투자했던 1000억 원이 빛을 발할 것 같은 기대감이 신규 산업에 대한 포기를 막았다. 그러다 결국 잘나가던 기업 전체를 궁지로 몰아넣은 것이다.

매일 싸우면서도 그동안 쌓은 인연과 투자한 비용 때문에 헤어지지 못하는 연인들에 대한 경제학적 처방은 단순 명료할 듯싶다.
"매몰비용에 연연하지 말고, 당장 헤어지세요."

경제의 흥망성쇠, 경기는 네 구간을 순환한다

| 경기 순환의 네 가지 국면 |

어려운 일을 겪는 친구에게 사람들은 힘든 시간이 지나면 좋은 날이 올 것이라고 말한다. 반대로 권불십년權不十年이라는 사자성어도 있다. 아무리 대단한 권력도 10년을 넘기기 어렵다는 뜻이다. 결국 인생은 좋을 때가 있으면 나쁠 때가 있고, 나쁠 때가 있으면 좋을 때가 있는 법이다. 그리고 그보다 더 오랜 시간을 평범하게 보낸다.

경제도 사람의 인생과 마찬가지로 오르막과 내리막을 반복한다. 오르막에서는 큰돈을 번 부자가 생기고, 내리막에서는 직장과 돈을 잃고 나락으로 떨어지는 이들이 생긴다. 그래서 사람들은 늘 경기가 언제 좋아질지, 혹은 나빠질지에 관심이 많다. 정부 역시 경제를 좋은 상태로 유지하기 위해 노력하고, 바닥으로 떨어지는 일이 없도록 안간힘을 쓴다. 경제학에선 이러한 경기의 변동을 회복, 호황, 후퇴, 불황의 네 국면으로 나눈다. 인생과 크게 다르지 않다.

첫 번째 단계인 회복은 경기가 바닥을 치고 조금씩 나아지는 때를 의미한다. 추운 새벽이 걷히고 햇살이 돋아나는 순간이다. 아직 사방은 춥지만 조금씩 희망의 싹이 움튼다. 침체되었던 생산과 소비, 그리고 투자가 살아나기 시작한다. 각종 경기 선행 지수가 회복 조짐을 보이는 시기도 이 즈음이다.

호황은 회복 국면을 지나 성장 속도가 빨라지고 경제활동이 활발해지는 때이다. 잠재성장률 이상으로 경제가 몸집을 키우면서 거품이 조금씩 끼어들기 시작한다. 서점가에 부동산이나 주식으로 부자 되는 법에 관한 책이 늘어나는 때이기도 하다.

호황이 최고점에 도달했을 때 자주 퍼지는 착각이 경제 성장이 끝없이 이어질 것이라는 낙관론이다. 2000년대 미국이 장기 호황을 누릴 때도 마찬가지였다. '신경제'를 연 미국의 경기는 끊임없이 상승할 것으로 기대됐다. 사람들은 '이번만은 다르다'며 경제가 과거처럼 후퇴하는 일은 없을 것이라고 말을 했다. 그러나 역시 2008년 이후 미국의 경기가 하락하기 시작하면서 지금까지도 침체 국면을 벗어나지 못하고 있다. 이렇듯 끝없이 솟구칠 것 같던 경제성장률은 땅을 향해 다시 고개를 숙이기 시작하는 데, 이때가 바로 후퇴 국면이다.

경기 하강은 순환 곡선이 정점을 지나 평균적 수준으로 떨어질 때까지이다. 이때쯤 기업가의 상당수는 '어렵다'는 말을 이미 입에 달고 살기 시작한다.

대체로 경제에 충격을 주는 사건이 경기 하락의 도화선이 되는 경우가 많다. 2008년 미국에서는 서브 프라임 모기지 사태가 발단이 됐다. 미국의 주택 가격이 폭락하자 대출금을 갚지 못하는 사람이 늘었고, 급기야 주택담보대출을 갖고 사업을 벌였던 투자은행 리먼 브라더스가 도산을 했다.

하강기의 성장률은 내려가기는 하지만 평균보다 위쪽에 있다. 예컨

경기 상승	회복	• 저점에서 경기가 조금씩 나아지는 때
	호황	• 상승 속도가 빨라지면서 경제활동이 활발해진다. • 잠재성장률 이상으로 경제가 몸집을 키우면서 거품이 조금씩 끼어들기 시작한다.
경기 후퇴	하강	• 경기가 정점을 지나 평균적 수준으로 떨어질 때
	불황	• 잠재성장률보다 더 낮은 수준으로 경제성장률이 떨어지는 때

대 경제성장률이 연 5퍼센트에서 4퍼센트대로 떨어지는 것이다. 그래서 경기가 나빠지는 것을 피부로 실감하지 못하는 경우도 있다. 하강 조짐이 보인다는 보도가 나오는 데 반해, 실물경제는 활황세를 이어가기도 한다. 특히 경기에 후행하는 부동산 시장에서는 이때 과열 조짐이 나타나기도 한다. 산업이나 금융시장에 있던 돈이 부동산으로 쏠리면서 마지막 불꽃을 태우는 것이다.

경기가 정말 어렵다는 것을 많은 이들이 피부로 느끼는 시간이 바로 불황이다. 경기 하강이 이뤄지다 잠재 성장률보다 더 낮은 수준으로 경제성장률이 떨어지는 때이다. 불황은 때론 순간적인 패닉으로 다가온다. 1997년 우리나라가 IMFInternational Monetary Fund, 국제통화기금의 관리를 받던 때가 그랬다. 경제의 버팀목이었던 제조업의 수출 증가율이 최저 수준으로 추락하고 민간 소비, 설비 투자 등 대부분의 지표가 최악의 수준으로 나타났다.

불황과 더불어 자주 등장하는 말이 경기 침체이다. 경제학적으로 경기 침체는 경기 하강의 정도가 심해 경기 후퇴 속도가 급격히 진행되는 경우를 말한다. 잠재성장률 수준이 2퍼센트대에 불과한 선진국의 경우 실질 GDP가 마이너스인 구간이 2분기를 넘을 경우 경기 침체라고 한다.

한국의 경우 선진국에 비해 잠재성장률이 높기 때문에 실질 GDP 자체가 감소하는 일이 많지 않다. 우리의 경우 2분기 연속 마이너스 성장을 기록한 것은 세 번이다. 지난 79년 3분기부터 18개월간, 97년 4분기부터 12개월간이 해당된다. 2008년 4분기에 이어 2009년 1분기 역시 마이너스 성장을 기록하기도 했다.

| 서브 프라임 모기지 사태 |

2008년에 벌어진 서브 프라임 모기지 사태는 호황이라는 잔치와 그것이 끝난 뒤 벌어지는 비극을 여실히 보여주는 사건이라고 할 수 있다. 21세기 들어 장기 호황을 누리면서 미국의 집값은 크게 오르기 시작했다. 따라서 집을 담보로 대출을 받는 경우가 늘었는데, 집값의 거의 100퍼센트까지도 대출이 가능했다. 미래에 집값이 더 오를 가능성이 높기에 그 정도까지 빌려줘도 안전하다고 생각한 것이다.

동시에 신용도가 떨어지는 사람에게도 대출을 해줬다. 심지어 직장이 없고 소득이 없는 사람에게도 대출이 이뤄졌다. 이유는 '자산유동화증권'이라는 새로운 상품을 개발했기 때문이다. 은행은 대출을 하면서 확보한 '담보 문서'를 금고에 보관하는 대신 월 가의 J.P. 모건 등 투자은행에 팔아 버린 것이다. 즉 2억 원을 대출해 주고 받은 담보 문서를 2억 원보다 조금 저렴하게 판 것이다. 따라서 은행은 고객에게 빌려준 원금을 확보하면서도 동시에 이자를 챙길 수 있었다. 시중 은행에게는 리스크가 크지 않았기에 신용도가 낮은 사람에게도 대출이 가능했다. 그리고 월 가의 투자은행은 이렇게 확보한 담보 문서를 대량으로 모은 뒤 '자산유동화 증권'이라는 상품을 만들어 전 세계에 뿌려 짭짤하게 돈을 벌었다.

그런데 이 같은 모델이 지속되기 위해서는 하나의 전제가 있다. 미국의 집값이 지속적으로 오르면서 대출금을 갚지 못하는 사람이 적어야 한다는 것이다.

그런데 호황이 영원히 지속될 것이라는 착각에 빠져 있던 순간 경제는 어김없이 고꾸라지기 시작했다. 대출금을 갚지 못하는 사람들이 증가하기 시작한 것이다. 특히 신용도가 떨어질수록 대출금을 갚지 못하는 경우가 많았는데, 이들이 바로 '서브 프라임 모기지'를 받은 사람들이다. 이에 따라 서브 프라임 모기지를 근거로 투자은행이 만든 파생상품이 부실해지면서 천문학적인 투자 손실이 발생했고, 공격적으로 '담보 문서' 사업에 뛰어들었던 리먼 브라더스가 도산하면서 전 세계 금융시장과 실물경제가 무너졌다. 그 파장은 지금까지도 이어지고 있다.

프라임 등급이 우량한 고객을 뜻한다면 서브 프라임 등급은 그보다 덜 우량한 고객이라고 할 수 있다. 서브 프라임 모기지는 신용도가 일정 기준 이하인 저소득층을 상대로 한 미국의 주택 담보 대출을 말한다.

카드 결제를 환영하지 않는 사람들

지하경제 | 검은 시장 | 탈세 | 불법 자금

| 지하경제의 정의 |

지하경제는 정부나 국세청에 포착이 안 돼 탈세가 이뤄지는 거래이다. 정부는 이 같은 지하경제를 '지상'으로 양성화해 보다 많은 세금을 걷으려고 한다.

우선 뇌물, 범죄, 매춘 등 불법적인 산업은 당연히 포착이 안 된다. 이런 맥락에서 불법적인 산업도 지하경제의 일부로 본다. 다만 양성화 대상은 아니다. 마약 거래를 양성화하고, 남대문 시장에 정식으로 가게를 열도록 한 뒤 세금을 걷을 수는 없다. 이런 문제 때문에 경제협력개발기구 OECD의 기준에서는 이런 영역을 지하경제가 아닌 '검은 시장'으로 분류하기도 한다.

이 외에도 동네 칼국수 집 할머니가 칼국수 한 그릇을 팔고 4천 원을 받았는데, 세무 당국에 매출을 신고하지 않으면 이 역시 지하경제가 된다. 영업 허가를 받지 않은 노점상도 마찬가지다. 대부분이 현금 거래인 데다가 과세 당국으로서는 노점상들이 얼마나 버는지 정확히 알기가 어렵다. 그런데 이런 것까지 양성화하기 위해 세무서 직원이 일

일이 조사해서 세금을 물릴 수는 없다. 그래서 어느 나라든지 국내총생산GDP에서 10퍼센트 내외의 지하경제는 존재한다.

| 현금으로 이뤄지는 지하경제 |

현금이 오고가는 거래는 지하경제가 될 가능성이 높다. 불륜 남녀가 숙박 업소에 들어갈 때 대개 현금으로 결제를 한다고 한다. 흔적을 남기는 게 께름칙해서가 아닐까. 그런데 만일 숙박 업소에서 현금으로 돈을 받고 그 수익을 세무서에 신고하지 않으면 그 순간 지하경제로 돈이 빨려 들어간 것으로 볼 수 있다.

부동산에도 지하경제가 있다. 상가 권리금, 아파트 입주권 프리미엄(웃돈) 등이다. 권리금은 현행 법체계에는 없는 개념이지만 세입자가 상권을 이어받는 대가로 이전 세입자에게 관행적으로 내는 돈이다. 아파트 입주권 프리미엄은 실제 거래 가격과 분양 가격 간의 차액이다. 두 가지 모두 개인 간에 거래되고 있으며 과세 당국이 정확한 실태를 파악하기 어렵다.

축의금·부의금도 현금 거래로 발생하는 지하경제의 일종이다. 엄밀히 따지자면 축의금의 일부는 현행법에서도 과세 대상이다. 1999년 서울행정법원은 신랑·신부 본인이 아닌 부모와 친한 사람들이 낸 축의금은 부모가 신랑·신부에게 증여한 것으로 보고 증여세를 내는 것이 맞다고 판결한 바 있다. 하지만 그동안 과세 당국은 사회 통념에 따라 관행적으로 축의금·부의금에 대해 세금을 매기지 않았다.

지하경제에서 정작 문제가 되는 것은 규모가 큰 것들이다. 예컨대 100억 원짜리 건물을 지으면서 탈세를 위해 서류상 계약서에 90억 원을 기재한 경우가 여기에 들어간다. 차액 10억 원은 현금으로 은밀하

지하경제의 사례	• 뇌물 수수, 매춘 등 탈법 산업
	• 공사 입찰시 다운 계약서 작성
	• 조세 포탈 지역을 통한 위장 거래
	• 제1금융권과 제2금융권을 제외한 고금리 사채업
	• 상가 권리금에 붙는 아파트 프리미엄
	• 현금이 든 봉투로 내는 결혼식 축의금
	• 작은 상가에서 현금만 받고 세무 당국에 신고를 안하는 경우

게 테이블 밑으로 건넨다. 이렇게 건넨 돈은 세금을 내지 않는 지하경제에 속하게 된다. 변호사 같은 전문직 종사자들이 성공 보수나 수임료로 몇 억원을 받고도 세무 당국에 신고하지 않는 경우도 지하경제가 된다. 고금리 사채업도 세무 당국에 신고하지 않는 지하경제다. 세금을 내지 않기 위해 조세 피난처*를 이용한 대기업의 행태 역시 조세 회피이고 지하

●조세 피난처tax haven
조세 피난처는 소득에 대한 세금을 부과하지 않거나 15퍼센트 이하의 낮은 세금을 매기는 국가나 지역이다. 주로 말레이시아, 중남미 등에 집중되어 있으며, 금융 거래시에 익명성이 보장되기 때문에 탈세의 온상이 되기도 한다. 2000년대 이후에는 세계적으로 조세 피난처에 대한 규제의 움직임이 일고 있다.

경제로 들어간다. 동네 칼국수집의 수십 억배에 달하는 거대한 지하경제가 형성된 곳이 바로 여기다. 우리나라의 지하경제 규모는 290조 원 정도로 국내총생산의 23퍼센트 정도가 된다고 한다. 이와 같은 규모의 지하경제는 다른 나라와 비교해도 다소 높은 편이다.

 지하경제의 특징은 앞서 본 것처럼 현금 거래이다. 따라서 정부가 지하경제를 양성화하는 중요한 루트는 현금 흐름의 조사이다. 거액의 현금이 오고갈 경우, 그 돈이 합당하게 세금을 낸 거래인지 확인하겠다는 의도이다.

우리나라의 경우 은행 계좌를 통해 2천만 원 이상의 현금 거래가 이루어지면 금융정보분석원에서 모니터링을 하게 되어 있다. 도박, 마약 등 불법 거래가 이뤄지는 돈인지 여부를 감시하기 위해서다. 이것을 국세청과 공유해 불법 자금뿐만 아니라 지하경제로 움직이는 돈을 면밀히 관찰하겠다는 게 정부의 생각이다. 예를 들어 한 변호사의 계좌로 갑자기 2억 원이 들어간다든지 하는 식으로 지하경제로 돈이 흘러간 정황이 포착되면, 이 돈을 양지로 끌어 올려 세금을 물리겠다는 것이다.

박근혜 대통령이 지하경제 양성화를 지하경제 활성화로 잘못 말해 곤욕을 치른 적이 있다. 없애야 할 지하경제를 더 늘리겠다고 말을 한 것이기 때문이다. 사실 활성화하면 좋을 지하의 경제도 있다. 지하상가, 지하철과 같은 것이 아닐까. 물론 이는 전혀 다른 의미에서의 지하경제다.

3

화폐의 역사와 미래

돈은 어떻게 경제를 움직이는가

중앙은행 | 한국은행 | 하이퍼인플레이션 | 유로시스템 | 유로화

| 화폐 발행의 원리 |

화폐의 1차 생산자는 중앙은행이다. 중앙은행은 돈을 찍어 대출의 형태로 시중은행에 공급한다(일반인들이 한국은행과 직접 거래하는 경우는 손상된 화폐를 교환하거나 기념 화폐를 구입할 때다). 중앙은행이 돈을 그냥 공급하지는 않는다. 이자를 받고 빌려 준다. 이때 사용되는 금리가 바로 기준금리다. 2011년 한국은행이 이를 통해 거둔 이자 수입이 무려 12조 원. 그래도 우리나라는 한국은행이 무자본 특수법인이라는 공공성이 강한 형태로 존재한다. 하지만 미국의 연방준비은행FRB, Federal Reserve Bank은 시중은행이 주주로 참여한 사적 금융기관일 뿐이다. 달러를 찍어 이자를 받고 장사를 하는 곳이다. 알고 보면 일개 은행이 세계 금융시장을 지배하고 있는 셈이다. 세계 금융시장의 대주주는 이른바 월가의 자본가들이다.

그렇다면 중앙은행은 왜 돈을 마구 찍지 않을까. 만일 돈을 지금보다 두 배 더 찍는다면 수입 역시 두 배 더 증가할 수 있기에 충분히 유혹에 빠질 확률이 있다. 하지만 돈이 너무 흔해지면 가치가 떨어진다. 이

것이 바로 인플레이션이다. 물가가 오르는 인플레이션은 결국 화폐가 치가 떨어지는 것과 같다. 배 하나의 가격이 2천 원에서 4천 원으로 올랐다면 2천 원은 배 반쪽을 살 수 있는 가치밖에 지니지 못한다.

이렇게 되면 화폐에 대한 신뢰감이 떨어진다. 돈을 믿지 못하게 되면 정부는 국민들의 신임을 잃게 된다. 이러한 혼란을 방지하기 위해 정부와 중앙은행은 철저하게 물가를 관리한다. 인플레이션 억제는 서민들이 겪어야 할 물가 상승의 고통을 막는 역할도 하지만 동시에 돈에 대한 신뢰감을 유지하는 기능도 한다.

| 하이퍼인플레이션 발발 |

모든 정부와 중앙은행은 언제나 화폐를 남발할지도 모르는 일종의 개연성을 갖고 있다. 이들 역시 돈에 대한 유혹은 쉽게 버릴 수 없기 때문이다. 현재 미국과 일본에서 화폐량이 급증하고 있는데, '양적 완화'라는 명목으로 달러와 엔화를 마구 찍어내고 있는 것이다. 그럴수록 두 화폐의 가치와 신뢰도는 하락할 수밖에 없다.

실제로 화폐 발행을 남발해 물가가 백 퍼센트, 심지어 천 퍼센트가 넘게 상승한 경우도 있다. 독일은 제1차 세계대전에서 패한 뒤 승전국에 대한 전쟁 배상금과 더불어 국가 재건을 위한 돈이 필요하자, 마르크화를 남발하기 시작했다. 그래서 발생한 것이 하이퍼인플레이션 hyperinflation이다. 마르크화를 리어카로 한가득 싣고 가야 간신히 빵한 조각을 살 수 있는 지경에 이르기도 했다. 어제까지 1억 마르크였던 빵이 다음날엔 2억 마르크로 뛰기도 했다. 아프리카의 일부 국가는 지금도 이러한 화폐 남발로 하이퍼인플레이션을 겪고 있다.

위조지폐를 엄하게 처벌하는 이유도 화폐의 신뢰감과 연관되어 있

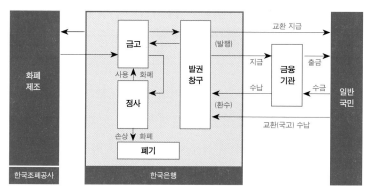

●화폐의 순환과정●

출처: 한국은행

다. 사실 컬러 복사기로 만 원짜리 몇 장을 인쇄해 사용하는 게 그리
큰일이 아닐 수도 있다. 정부의 통화 정책에 미치는 영향도 미미하다.
하지만 계속 방치할 경우 유통화폐를 믿지 못하게 돼 장기적으로는 화
폐에 대한 신뢰감을 떨어뜨린다.

화폐 발행은 중앙은행이 독점하고 있으며, 대개의 국가는 고유의 화
폐를 가지고 있다. 또한 화폐를 주권의 상징처럼 여기기도 한다. 각국
에서 화폐 도안에 자국의 가장 존경스러운 인물을 새겨 넣는 이유가
바로 이런 맥락이다.

드물게 이웃 나라의 통화를 빌려 쓰는 경우도 있고, 한 국가에서 두
종류 이상의 화폐가 유통되기도 한다. 멕시코는 달러화를 거의 자국
화폐처럼 사용한다. 영국에 가면 잉글랜드 중앙은행이 발행한 화폐와
스코틀랜드 중앙은행이 발행한 화폐가 동시에 유통된다. 전자는 잉글
리시 파운드, 후자는 스코티시 파운드이다. 유럽연합 국가 가운데 이
른바 '유로존Eurozone'에 속한 나라들은 유로화라는 공통 화폐를 사용
하고 있다.

| 유로화에 감춰진 비밀 |

유로화는 미 달러화에 대항할 수 있는 강력한 화폐를 만드는 동시에 유럽 경제를 하나로 통합하고자 탄생했다. 이 같은 유로화의 발행을 책임지고 있는 곳이 유럽중앙은행ECB, European Central Bank이다. 유럽 중앙은행은 독일 프랑크푸르트에 위치해 있으며, '물가 안정'을 최우선 목표로 하고 있다. 그런데 유럽중앙은행은 단일 조직이 아니다. 우리에겐 다소 생소한 '유로시스템Eurosystem'의 일부다. 유로시스템은 유럽 중앙은행과 17개 회원국 중앙은행으로 구성되어 있다. 그렇다면 미국, 한국 등 다른 나라와 무슨 차이가 있을까. 유럽중앙은행이 생겼는데, 왜 각국은 독자적인 중앙은행을 아직까지 보유하고 있을까. 독자적인 화폐를 찍지도 못하는데 말이다.

그 이유는 유럽중앙은행이 발행한 유로화를 각국 중앙은행을 통해 시중에 뿌리기 때문이다. 이것이 유로시스템이다. 유럽중앙은행은 화폐를 찍어서 17개 중앙은행에 공급하고, 각국 중앙은행이 시중은행에 유통을 시킨다. 유럽중앙은행이 기준 금리 결정 등 중요한 정책 결정을 담당하지만, 짭짤한 수익의 화폐 유통은 각국 중앙은행이 담당한다. 또한 가장 중요한 의결 기구인 정책 이사회에도 유럽중앙은행 총재와 한 명의 부총재, 그리고 네 명의 이사와 더불어 회원국 중앙은행의 총재들로 구성되어 있다. 각국 중앙은행장의 입김이 강할 수밖에 없다.

화폐는 외형상 크게 지폐와 주화(동전) 두 종류로 나누어볼 수 있다. 주화는 지폐의 보조 단위로 사용된다. 그런데 영국에서는 새로운 화폐 개발을 준비하고 있다. 바로 플라스틱 화폐. 지폐보다 내구성이 좋고 위조가 어렵다고 한다.

돌고 도는 돈의 종류

화폐의 기능 | 금화 | 기축통화 | 뱅크런

| 화폐의 기능 |

시중에 돌고 있는 화폐의 첫 번째 기능은 가치척도measure of value이다. 편의점 아르바이트생이 고등학교 친구와 자신의 가치를 비교 평가하는 가장 중요한 기준은 월급, 즉 돈이다. 명품 가방과 시장에서 파는 핸드백의 고귀함을 평가하는 기준 역시 돈이다. 돈은 이렇듯 상품이 어느 정도의 가치를 갖고 있는지 알려주는 척도가 된다.

아울러 돈은 재화와 서비스를 쉽게 사고파는 교환 수단medium of exchange으로 기능한다. 예전에는 이발사가 손님의 머리카락을 정돈해주는 대가로 감자나 고구마 등을 받기도 했다. 그런데 지금은 시골 이발사도 돈을 받는다. 돈이 있으면 언제나 필요할 때 시장에 가서 감자나 고구마를 살 수 있기 때문이다. 이처럼 돈이 교환 수단으로서 편리하게 사용되기 때문에 오늘날 시장에서 벌어지는 대개의 교환은 돈을 매개로 이루어진다.

돈이 가진 또 하나의 기능은 지불수단means of payments이다. 교통법규를 위반한 사람들은 횡단보도 앞에서 손을 들고 벌을 서 있는 대신

과태료를 낸다. 조선시대에는 죄를 지으면 곤장을 몇 대 맞아 몸으로 때우기도 했으나, 지금은 돈으로 지불한다. 이렇듯 화폐는 채무를 갚는 기능을 하기도 한다.

마지막으로 화폐는 가치 저장의 수단means of store of value이다. 예전처럼 만석지기 농사꾼은 가을에 벼를 수확한 뒤 창고에 쟁여두지 않는다. 시장에 내다 팔아 돈으로 바꾼 뒤 은행에 저축한다. 창고에 있던 쌀이 돈으로 바뀌어 금융기관에 저장된다.

| 다양한 화폐의 종류 |

화폐가 제대로 기능할 수 있는 것은 신뢰감이 있기 때문이다. 이발사가 돈을 받는 이유는 그것으로 시장에서 필요한 것들을 살 수 있기 때문이다. 만석꾼이 은행에 예금하는 이유는 그 돈을 찾았을 때 그것의 가치가 지금과 크게 다르지 않으리라는 믿음 때문이다. 이런 믿음이 무너지면 돈의 기능은 작동을 멈춘다. 이 같은 화폐의 역할을 지금은 중앙은행에서 발행하는 돈이 하고 있다.

그러나 처음부터 중앙은행에서 찍어내는 돈이 화폐의 역할을 했던 것은 아니다. 예전에는 조개껍데기, 쌀, 비단 등이 화폐로 유통되기도 했다. 무엇보다 금, 은 같은 귀금속이 화폐로서 중요한 역할을 했다. 부피도 작고 희귀하며 변질되지 않고, 분할도 쉬웠기 때문이다. 그래서 가치 저장이나 교환의 수단으로 유용하게 쓰였다.

자본주의가 생겨난 이후 세계 각국에서 금화가 화폐로서 널리 사용된 것도 이 때문이다. 금을 보유한 이들은 금화를 만들거나, 금으로 교환해 주는 조건을 바탕으로 지폐를 만들어 시장에 공급했다. 따라서 예전에는 한 국가 내에서도 여러 종류의 화폐가 통용될 수 있었다. 예

지폐와 동전

컨대 대기업 회장이 '가져오면 언제든 금으로 바꿔준다'는 조건을 걸고 '대기업 화폐'를 만드는 식이다. 이 방법의 장점은 100만 원어치의 금을 가지고 예컨대 200만 원어치의 화폐를 발행하며 남는 장사를 할 수 있다는 것이다. 고객이 한꺼번에 회장에게 몰려와 대기업 화폐를 금으로 바꿔 달라고 하는 경우는 극히 드물기 때문이다. 만일 이런 일이 발생하면 금을 지급한다는 조건으로 화폐를 발행한 사람은 부도가 나게 되어 있다. 그러나 시중에 유통되는 것이 화폐의 주요 임무이기 때문에 모든 화폐 보유자가 동시에 은행에 와서 금을 요구하지는 않는다.

그런데 금융기관에서 자꾸 욕심을 부려 100만 원치의 금을 갖고 300만 원, 400만 원 등으로 화폐의 발행 규모를 늘리기 시작했다. 경제 규모가 커진 만큼 더 많은 양의 화폐가 필요했기 때문이다. 금 생산이 이에 따라가지 못하자 화폐량만 늘렸다. 더 많이 벌려는 금융기관의 욕망도 작용했다. 그러다 결국 화폐를 금으로 돌려주지 못하는 일이 벌어지기 시작했다. 고객이 지폐를 들고 와 금으로 교환을 요구했는데, 금고가 텅 비어 있는 것이다. 이렇듯 부실해지는 금융기관이 늘어나면서 국가가 화폐를 관리하기 시작했다. 이에 따라 돈 되는 사업인 '화폐 발행'을 금과 상관없이 국가적 신뢰를 바탕으로 각국의 중앙은행이 하기 시작해 오늘날에 이르렀다.

그럼에도 불구하고 금은 지금도 안전 자산인 동시에 최후의 기축통화로 여겨진다. 환율 방어 수단이자 지급 능력의 척도로서 국부國富를 상징하기도 한다. 이런 이유 때문에 2008년 미국발 경기 침체 이후 금값이 폭등하면서 금의 가치가 크게 주목을 받기도 했다. IMF 외환 위기 당시 한국이 부족해진 달러를 대신하고자 금 모으기 운동에 나선 것도 이와 같은 맥락이다.

백화점이 발행하는 상품권도 큰 범위에서 보면 일종의 화폐라고 할 수 있다. 물론 상품권의 한계는 그것을 발행한 백화점에서만 사용이 가능하다는 것이다. 만일 상품권이 일반 시장에서도 사용이 가능해진다면 그야말로 '화폐'가 된다.

뱅크런이란?

경제 대공황 당시 일어난 뱅크런 사태

모든 예금자들이 일시에 자신의 계좌에 있는 돈을 인출하려 한다면 은행은 어떻게 될까? 아마도 문을 닫게 될 것이다. 대출을 통해 거의 대부분의 자금이 빠져나간 탓에, 예금자들의 돈 전부를 돈을 지급할 만큼 현금이 없기 때문이다. 이것이 이른바 뱅크런bank run이다. 대규모의 고객이 한번에 예금을 인출하면서, 돈을 지불하지 못해 금융기관이 부도가 나는 사태를 뱅크런에 직면했다고 말한다.

백여 명을 수용할 수 있는 영화관의 문은 한두 명 정도가 드나들 수 있을 넓이다. 평소에는 문의 넓이가 큰 문제가 안 된다. 그런데 영화관에 불이 나 백여 명의 관객이 일시에 좁은 문으로 몰리면, 불이 난 것보다 몇십 배 더 심각한 사태가 벌어진다. 뱅크런 역시 이와 비슷하다고 볼 수 있다. 시중은행에서 뱅크런이 발생하는 경우는 드물지만, 제2금융권인 '저축은행'에서는 종종 벌어진다.

지난 2011년 2월, 총 일곱 군데의 저축은행(부산, 부산2, 부산 중앙, 보해, 대전, 전주, 도민저축은행)이 한꺼번에 영업정지가 된 적이 있다. 해당 은행에서는 영업정지에 앞서 뱅크런이 발생했고, 제2금융권에 대한 불안감이 커진 고객들이 돈을 시중은행으로 옮겨가면서 신용도 높은 저축은행도 뱅크런과 비슷한 조짐을 보여 곤욕을 치렀다.

돈의 위력, 꼬리가 몸통을 흔들다

금융시장 | 실물경제 | 주식시장 | 하이 리스크 하이 리턴의 원칙

| 금융시장의 형성 |

실물경제에서 돈은 거래의 매개체이다. 하지만 금융시장에서 돈은 곧 상품이다. 은행에 우리가 저축을 한다고 말할 때, 실상은 은행에 돈을 파는 것과 같다. 대출도 마찬가지다. 은행이 소비자에게 사용료를 받고 돈이라는 상품을 판매하는 것이다.

다만 한 가지 조건이 붙는다. 나중에 다시 돌려줄 것을 약속하는 것이다. 즉 내가 판 돈을 다시 되돌려 받을 수 있어야 한다는 점이다. 예컨대 농부가 사과를 도매상에 넘겼다면 그것으로 거래는 끝이다. 한 달 뒤 사과를 돌려받지는 않는다. 그러나 금융시장에서 거래되는 상품인 돈은 원칙적으로 돌려받는 것을 전제로 한다. 은행에 맡겨진 예금은 요청에 따라 언제나 고객에게 돌아간다. 이때 중요한 것이 바로 '이자' 혹은 '수익률'이다. 나중에 돌려받을 때 사람들은 처음보다 더 많은 돈을 받기를 원한다.

하지만 무조건 돌려받는 것은 아니다. 돈을 맡겼던 은행에 부도가 나면 원금을 돌려받지 못할 수도 있다. 나아가 주식 등에 투자하면 원금

을 돌려받지 못할 가능성은 더 커진다. 일부 상품은 한도를 정해 정부가 원금을 보장해 주기도 한다. 예컨대 저축은행의 예금에 대해서는 5천만 원까지 정부가 지급보증을 한다.

이렇게 돈을 재화로 활용해 움직이는 경제가 바로 '화폐경제', '금융시장'이다. 자급자족이 기본이던 이전 사회와는 달리 자본주의 체제는 분업을 통해 다양한 물건을 생산하는 시스템이다. 이렇게 생산된 상품은 교환을 해야 한다. 가구만 생산하는 공장 주인은 제품을 팔아 생활에 필요한 쌀과 배추 등을 사야 한다. 만일 그 교환이 힘들었다면 자본주의가 이처럼 빠르게 성장하기 어려웠을 것이다. 이런 교환을 도와준 것이 바로 돈이다. 돈을 움직이는 금융시장이 없었다면 지금처럼 시장경제가 꽃피우기도 힘들었다.

주식시장도 마찬가지다. 사실 기업이 사업에 필요한 자금을 조달하기 위해 투자자를 공개적으로 모집하는 곳이 주식시장이다. 주식시장이 생겼기 때문에 굵직한 대기업들이 탄생할 수 있었다. 대기업의 회장이 고작 1조 원의 돈을 갖고 100조 원의 회사를 만들 수 있는 것은 금융시장이 있기 때문이다.

금융시장이 추구하는 욕망 역시 '돈'이다. 금융시장은 현재 보유한 돈을 잘 보존하거나 늘리려는 욕망을 실현시키려고 한다. 예컨대 100만 원을 주고 컴퓨터를 구입했다면 소비의 욕망을 충족시키기 위한 행위를 한 것이다. 같은 돈으로 대기업의 주식을 구입했다면 더 많은 돈을 벌기 위한 욕망 충족에 나선 것이다.

| 하이 리스크, 하이 리턴의 원칙 |
금융 상품 중 수익이 크게 날 가능성이 있는 상품이 있다. 예컨대 증권

시장의 선물 투자와 같은 것이다. 하지만 동시에 투자한 원금을 까먹을 가능성도 높다. 반면 듬직한 시중은행에 돈을 맡겨두면 수익은 적다. 하지만 원금을 손해 볼 가능성은 거의 없다. 이것을 하이 리스크, 하이 리턴High Risk, High Return의 원칙이라고 한다. 즉, 수익이 높을수록 손실을 입을 위험도 높다는 것이다.

경제학의 또 다른 금언 중 하나가 꼬리가 몸통을 흔든다는 것이다. 바로 돈이 그렇다. 돈은 원래 거래를 돕기 위한 보조 수단이었다. 하지만 최근 들어 금융시장에서 거래되는 돈이 재화가 거래되는 이른바 실물시장을 좌지우지하기도 하며, 때로는 더 큰 영향력을 발휘하기도 한다. 금융시장의 확장성이 크기 때문이다. 예컨대 농부와 도매상의 사과 매매 거래는 딱 한 번으로 끝이다. 아울러 사과의 산출량이 하루아침에 열 배로 늘지도 않는다. 그러나 금융상품의 돈은 수없이 손 바뀜이 가능하다. 100만 원을 빌리고, 그 다음날 갚고, 또다시 빌리는 일을 무한 반복할 수 있다. 단돈 100만 원으로 10억 원 넘는 규모의 금융시장을 만들 수 있다.

실물경제의 보조 수단인 돈이 이제 실물시장을 좌지우지하게 됐다. 그 안에는 돈이라는 상품을 통해 더 많은 이윤을 추구하려는 금융시장 참가자들의 욕망이 있다. 그러면서 실물경제가 그 욕망에 휘둘린다. 하지만 금융시장 참가자들이 누리는 이윤은 결국 실물경제가 생산하는 부가가치를 나눠 갖는 것이다. 금융시장의 참가자가 부자가 될수록 실물경제에 종사하는 사람들은 가난해질 가능성이 높다.

서브 프라임 모기지 사태 이후 미국 정부는 천문학적 공적 자금을 투입해 부도 직전의 월 가 금융기관을 살렸다. 그러자 이에 분노한 미국인이 '월 가를 점령하라'는 구호와 함께 시위에 나서기도 했다. 무리한 투자로 손실을 보고, 그것을 국민 세금으로 메꾸려 했기 때문이다.

서브 프라임 모기지 사태의 원인과 확산 과정

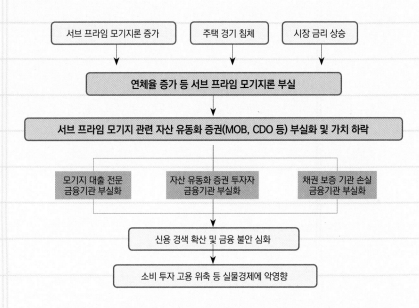

2008년 미국에서 발생한 서브 프라임 모기지 사태는 꼬리가 몸통을 흔든 대표적인 예이다. 주택 가격이 크게 상승하자 은행들이 소비자에게는 마구잡이로 대출을 권하는 동시에 이를 통해 확보한 채권으로 선물 투자를 해 이중의 이득을 올리려고 했다. 결국 탐욕이 지나쳐 세계경제를 무너뜨렸다. 금융시장이 몸통을 흔들어 버린 것이다. 어떻게 보면 실물경제와 금융경제는 말과 기수와 같다고 할 수 있다. 기수가 자기 욕심만 부려서 말을 혹사하면 결국 기수도 말을 잃고 만다.

돈을 버는 사람과 돈을 지키는 사람

단기금융시장 | 장기금융시장 | 재형저축 | 연금보험 | 복리의 원리

| 금융시장의 종류 |

금융시장을 구분하는 기준은 시간이다. 시간에 따라 단기와 장기로 구분한다. 1년 미만의 상품이 운용되는 시장이 단기금융시장이다. 단기시장은 머니 마켓Money Market이라고도 부른다. 1년 이상의 상품이 운용되는 시장은 장기금융시장 혹은 자본시장Capital Market이라고 부른다. 채권, 적금, 보험, 주식 등이 자본시장에 들어간다. 자본시장에서 형성된 돈은 기업의 투자에 활용된다.

대표적인 장기금융상품은 정기적금이다. 정해진 기간 동안 같은 금액을 계속 불입(납부)하는 것이다. 만기가 되면 원금과 함께 이자를 받는다. 이 같은 적금은 재테크를 위한 종잣돈 마련에 적합하다. 또한 묵묵히 시간을 쌓아가는 의미를 깨우칠 수 있다. 적금을 붓기로 결정했다면 그 돈은 만기가 될 때까지 특별한 비상사태가 아니라면 찾지 않겠다는 의지가 필요하다.

최근에 부활한 재형저축도 장기금융상품이다. 7년 이상 적금을 부으면 높은 이자와 함께 비과세 혜택을 받을 수 있다. 장기 상품이기에 만

재형저축	연금보험	저축보험
비과세	소득공제(연 400만 원)	비과세
조금 높은 이자	복리/판매 수수료	

기를 채우지 못할 경우 높은 이자를 받기 어렵다.

정기예금은 은행에 돈을 일정 기간 맡기는 약정을 체결하고 이에 따른 이자를 받는 것이다. 즉, 은행에 1억 원을 맡긴 뒤 매달 이자를 받거나 일정 기간이 지난 뒤 원금과 이자를 받는다. 저축은행의 경우 시중은행보다 1~3퍼센트까지 더 높은 금리를 제공한다. 은행에 비해 안전성은 떨어지지만 파산하더라도 예금자 보호법에 따라 원금과 이자를 합쳐 5천만 원까지는 보장된다. 따라서 저축은행에 돈을 맡길 경우 발품을 팔더라도 4천500만 원 정도 분산 예치하는 것이 바람직하다.

저축성 보험 역시 대표적인 장기금융상품으로 볼 수 있다. 그중 하나인 연금보험은 매년 400만 원까지 소득공제를 받을 수 있기에, 고소득자에게 유리하다. 단, 10년 만기를 채우지 못할 경우 혜택받았던 소득공제액을 토해내야 한다. 반면 저축보험은 10년 만기를 채울 경우 비과세 혜택을 받을 수 있다.

| 이자에 이자를 더하는 복리 |

금리에는 단리와 복리가 있다. 대개의 금융상품에는 단리가 적용된다. 단리는 이자를 계산할 때 원금에 대해 일정한 시기에 약정한 이율을 적용해 계산하는 방법이다. 1천만 원을 은행에 단리 10퍼센트로 넣어놓으면 올해도 100만 원, 이듬해도 100만 원, 영원히 매년 100만 원의

이자만 나온다. 이자는 원금에 합산되지 않으므로 이자에 변동이 없다. 그런데 이자가 다시 이자를 낳는 방식이 있다. 이를 복리라고 한다. 보험회사가 판매하는 저축성 보험에 적용되는 방식이 바로 복리다. 복리가 얼마나 무서운지를 잘 알 수 있게 하는 일화가 있다.

1626년 영국에서 온 청교도들은 인디언으로부터 맨해튼 섬을 단돈 24달러에 샀다. 이후 맨해튼은 전 세계 금융과 문화의 중심으로 자리 잡았다. 사람들은 피자 한 판을 살 수 있는 헐값에 맨해튼을 판 인디언을 어리석었다고 손가락질했다.

그런데 그때 받은 24달러를 연 8퍼센트 채권에 복리로 투자했다면 어떻게 됐을까. 1989년 기준으로 그 가치가 30조 달러를 훌쩍 뛰어넘는다. 맨해튼 전체 땅값은 600억 달러에도 미치지 못한다. 이런 가정은 곧 부동산보다 채권 투자가 좋다는 사례로 자주 거론되는 한편, 복리의 무서움을 설명하기 위해 동원되는 예이다.

복리는 쉽게 말해 이자에 이자가 붙는 방식이다. 예컨대 1000만 원을 금리 10퍼센트로 은행에 예금했다고 해보자. 1년이 지나면 원금과 이자가 합쳐져서 1100만 원이 된다. 그러면 그 다음해에는 1100만원을 원금으로 해 여기에 이자가 붙어 1210만 원이 된다. 그리고 3년째가 되면 원금 1210만 원에 이자가 붙어 1330만 원이 된다. 원금을 A, 이율을 r, 기간을 n이라 할 때, 복리법에 의한 원리합계는 $A(1+r)^n$이 된다.

복리가 돈이 되는 것은 시간 때문이다. 시간이 흐를수록 이자가 이자를 낳기 때문에 돈은 눈덩이처럼 불어난다. 따라서 복리 상품은 장기 투자에 유리하다. 그래서 복리로 계산하는 대표적인 금융상품이 보험이다. 다만 보험은 처음에 떼어가는 수수료가 높아 10년 혹은 20년 만기 상품의 매력이 다른 금융상품의 단리와 비교해 크게 두드러지지 않는다. 이자의 기적을 경험하기 위해서는 최소 60~70년간 지속시킬 수 있는 복리 상품이 필요하다. 미국의 경우 아버지가 가입한 뒤 아들까지 지속적으로 복리 이자가 붙는 상품이 있다고 한다.

자본주의 시대 이전에는 이자에 대해 대체로 부정적인 시각이 강했다. 13세기의 신학자 토마스 아퀴나스는, 이자를 금지하되 채권자가 돈을 빌려줘 손해가 생기거나 빌려간 돈으로 큰돈을 벌었을 때 등의 예외만 인정해야 한다고 말했다. 그래도 고금리 대부업자가 많았다고 한다.

롱타임보다 숏타임이 좋다?

단기금융시장 | 금융 상품 | MMF | CMA

| 단기금융시장의 상품들|

단기금융시장은 1년 미만의 금융상품이 거래되는 시장이다. 개인이 가장 쉽게 접할 수 있는 상품을 꼽자면 단연 수시입출금 통장일 것이다. 월급 통장에는 한 달에 한 번 입금액이 찍힌다. 이후 사람들은 수시로 그 안에서 돈을 꺼내 사용한다. 이러한 수시입출금 통장은 목돈 마련이 아닌 당장 필요한 돈을 넣어두고 쓰기 위한 금융상품이다.

수시입출금 통장의 장점을 살리면서 보다 높은 이자를 지급하는 상품도 있다. 대표적인 것이 MMFMoney Market Fund, 머니마켓펀드이다. MMF는 은행에서 판매하는 금융상품이지만 모인 자금의 운영은 일반 펀드와 마찬가지로 자산운용사에서 담당한다. 가입 금액에 제한이 없고 중도 해지에 따른 수수료도 없다.

MMF의 안정성이 보장되는 이유는 투자 대상이 국채, 통안채, 신용 등급 AA급 이상 회사채, A2급 이상 기업 어음 등 우량 채권으로 제한되기 때문이다. 또 잔존 만기가 짧은 채권에만 투자한다. 펀드 전체의 잔존 만기가 90일 이내로 제한돼 안정성이 매우 높다. 즉, 평균적으로

90일 이내에 원금을 상환받을 수 있는 곳에 투자한다. 우량한 기업이 3개월 안에 갑자기 부도가 날 확률은 극히 낮다. 또한 동일 자산에 5퍼센트, 동일인(기업)에 10퍼센트 이상 투자하는 것도 금지되어 있다.

물론 MMF 역시 투자 상품이므로 원금은 보장되지 않는다. 굴지의 대기업에 투자할지라도 순식간에 부도가 나면 원금 손실을 볼 수가 있다. 물론 그럴 가능성은 높지 않다. 하지만 원금 손실이 전혀 없다고 말할 수도 없다. 자신이 선택한 MMF의 주요 투자 수단이 되는 기업 어음의 발행처가 어딘지 한 번쯤 꼼꼼히 체크하는 수고를 하는 노력도 필요하다.

은행 상품인 MMDAMoney Market Deposit Account, 시장금리부 수시입출식 예금 역시 보통예금이나 MMF처럼 수시로 입출금이 가능하다. 반면 MMF와 달리 확정 금리로 이자를 지급하고 예금자 보호 대상 상품이므로 안전성도 뛰어나다. 요즘은 정기예금도 만기가 한 달인 경우가 있다. 이 경우 MMDA와 상품 특성에서 큰 차이가 없다.

증권사들이 경쟁적으로 내놓았던 CMACash Management Account, 종합 금융자산관리 계좌도 환금성이 뛰어나다. 증권사에서 취급하는 CMA는 증권 계좌에 자산 관리, 소액 대출, 입출금, 자금 결제 등의 각종 부가 서비스를 결합해 편의성과 수익성을 높인 상품이다.

앞서 언급한 상품들은 모두 보통예금과 유사한 기능을 가지면서 투자 상품이다. 따라서 보통예금의 이자보다 더 많은 돈을 돌려준다. 일반적으로 CMA는 운용 대상에 따라 MMF형, RPRepurchase Agreement, 환매 조건부 채권형, MMWMoney Market Wrap, 머니마켓랩형, 종금형 등 네 가지 상품으로 구분된다.

MMF형과 RP형은 투자 상품이며, CMA 역시 원칙적으로 투자 상품

수시 입출금통장	월급 통장으로 사용
MMF(머니마켓펀드)	• 은행에서 판매하는 초단기 펀드 상품 • 만기 90일 미만 우량 채권에 투자
MMDA(시장금리부 수시입출금 예금)	• MMF와 비슷하지만 확정금리로 이자 지급 • 예금자 보호 대상 상품(최근에는 한 달 정기예금이 있기도 함)
CMA(종합금융자산관리 계좌)	• 증권사에서 취급하는 금융 상품

이기 때문에 예금자 보호가 되지 않는다. 상품 손실이 나거나 증권사가 망할 경우 원금이 보장되지 않는다는 뜻이다.

사실 개인 고객의 경우 금융기관이 판매하는 단기금융상품에 대해 아는 경우가 많지 않다. 수백만 원의 월급을 수시로 입출금하면서 이자 몇 퍼센트를 더 받는다고 해서 금전적으로 큰 도움이 되지는 않기 때문이다. 그러나 자영업자의 경우 목돈이 생기더라도 장기 상품에 넣어두기 불안한 경우가 있다. 갑자기 돈이 필요해지는 일이 생기기 때문이다. 이런 경우 단기 상품이면서도 금리가 높은 MMF나 MMDA를 잘 활용하면 현금 유동성도 확보하면서 이자 수익도 올릴 수 있다.

지금은 찾아보기 힘들지만 한때 잘나가던 종합금융회사라는 금융기관이 있다. 모든 것을 다하지만 최근에는 딱히 전문성이 사라졌다. 종금사는 종금형 CMA를 발행하는데, RP형과 비슷하지만 1인당 5천만 원까지 예금자 보호법이 적용된다는 게 가장 큰 차이점이다. 종금사에만 부여한 특별한 혜택이라고 할 수 있다.

금융시장의 흐름을 한눈에 보여주는 것은?

CP | CD | MSB | RP | 콜머니

| 기업의 단기금융상품 |

기업을 대상으로 한 단기금융상품은 대체로 기업이 돈을 빌리기 위한 상품들이다. 대개의 기업은 늘 돈이 부족하고 때로는 특정 시점에서 유동성이 부족해 곤란을 겪기도 한다. 예컨대 석 달 뒤면 미국에서 천만 달러가 들어오는데, 그 석 달을 버틸 자금이 없는 것이다. 이럴 때 손을 벌리는 곳이 바로 단기금융시장의 상품들이다. 즉, 금융기관이나 기업이 유동성 확보를 위해 단기금융상품을 판매하는 것이다. 이런 금융상품들은 어음, 증서, 증권, 채권으로 각양각색의 이름을 가지고 있지만 돈을 빌린 데 따른 '차용증'이라는 공통점이 있다.

따라서 개인은 이 같은 상품을 접하기 어렵고 그래서 생소하다. 그럼에도 불구하고 신문에 자주 등장하는 까닭은 무엇일까? 그것은 바로 단기금융상품의 현황이 금융시장의 상태를 보여주는 중요한 지표이기 때문이다.

금융시장이 불안해지면 단기금융시장에서 그 여파가 가장 먼저 나타난다. 중앙은행이 금리를 인상 혹은 인하했을 때 가장 먼저 반응하는 곳도 단기금융시장이다. 개인의 경제생활에 직접적인 영향을 주는 것은 아니지만 단기금융시장의 흐름을 파악하는 내용이 기사에 자주 나오는 이유가 바로 여기에 있다.

단기금융상품은 누가 발행하느냐에 따라 이름이 다르다. 기업이 발행하는 것은 CPCommercial Paper, 기업 어음이다. 일종의 유통 어음이다. 진성 어음과 구분해 단기 자금 조달을 위해 발행한다. CP는 기업이 발행해 증권회사를 통해 판매한다. 빠르게 판매하고 또 금방 갚아야 하기 때문에 일반인보다 기관 투자자를 대상으로 한다. 최근에는 증권회사 등이 CP를 잘게 쪼개 일반인에게 재판매하기도 한다. CP는 담보 없이 발행하는 어음이기에 신용 상태가 좋은 기업만 발행할 수 있다.

은행이 발행하는 것은 CDCertificate of Deposit, 양도성예금증서이다. 정기예금을 증서로 만들어 파는 것이다. 쉽게 말해 금 통장을 판매하는 것이다. 이때 통장의 예금주는 해당 은행이 된다. 천만 원짜리 CD를 샀다면 해당 은행에 천만 원 정기예금을 한 것과 마찬가지가 된다. 무기명이고 자유롭게 매매할 수 있다는 게 장점이다. 가장 짧은 CD는 30일 만기 상품이다. CD 금리는 은행이 얼마의 이자를 주고 돈을 빌리는지 알 수 있는 지표가 된다. 따라서 CD 금리가 오르면 자연스럽게 대출 금리도 상승한다. 은행이 비싸게 돈을 구한 만큼 고객에게도 이자를 더 받는다. CD를 구경하기는 힘들지만 CD 금리 변동이 많은 사람에게 영향을 미치게 된다. 최근에는 은행에 자금을 조달할 수 있는 루트가 늘고, 보유 현금이 증가하면서 CD 발행이 예전만큼 많지는 않다.

중앙은행이 발행하는 단기금융상품은 MSBMonetary Stabilization Bond, 통화안정증권이다. MSB는 자금 조달이 아닌 시중의 통화량 조절을 위해 발행한다. 시중에 돈이 많이 풀렸다고 생각하면 MSB를 발행해 거둬들인다. 반대로 돈이 없다고 생각하면 다시 사들여서 돈을 푼다. MSB의 만기는 14일에서 2년까지 다양한데, 대개는 1년 미만이다.

RPRepurchase Agreements, 환매조건부채권는 금융기관이 보유한 채권을 담보로 발행하는 상품이다. 쉽게 말해 4년 뒤 받을 돈(이것이 바로 채권임)을 담보로 제공하고, 당장 다음 달에 쓸 돈을 빌리는 것이다. 더 쉽게 말하자면 아버님이 돌아가셨을 때 받을 예정인 상속을 담보로 잡혀 당장의 생활비를 빌리는 경우라고나 할까(물론 이런 경우는 드물다).

RP는 레포Repo로 불리기도 한다. 일시적인 자금부족을 해소하고 유가증권의 활용도를 높이기 위해 만들었다. 국공채, 회사채 등은 만기가 3~5년 정도로 길고 거래 단위도 100억 원 이상으로 크다. 이것을 통째로 맡기고 기관 투자가에게 큰돈을 빌리기도 한다. 때로는 채권을 담보로 잘게 쪼개어 RP를 만든 다음 일반인이 구매할 수 있도록 하기도 했다.

한편 초단기금융시장으로는 콜머니Call Money가 있다. 순간적인 유동성 부족을 메우기 위해 시중은행이 하루짜리 돈을 빌리는 시장이다. 어떤 은행 한 곳에서 예금 지급이 갑자기 급증하면, 다른 은행들이 해당 은행에 돈을 하루 만기로 빌려준다. 예컨대 삼성전자가 갑자기 맡겨뒀던 1조 원을 하나은행에서 인출하려 한다고 가정해 보자. 은행이 그 많은 돈을 창고에 보관하고 있지는 않다. 그러면 재빨리 다른 은행으로부터 빌려야 한다. 이때 적용되는 금리가 바로 콜금리이다. 이렇듯 각 은행이 예금 지급에 따른 자금 부족을 메우기 위해 빌릴 때 적용되는 금리가 콜금리이고, 콜금리는 하루를 만기로 해서 빌리게 된다. 앞서 하나은행의 경우 오늘 5천억 원을 우리은행에서 빌렸다면, 내일

●기업이 자주 활용하는 단기금융상품 ●

CP	• 기업이 발행하는 일종의 유통 어음
CD	• 은행이 발행하는 양도성 예금증서로, 정기예금을 증서로 만들어 파는 것 • 무기명이고 자유롭게 매매할 수 있음
MSB	• 중앙은행이 발행하는 단기금융상품 • 자금 조달이 아닌 시중의 통화량 조절을 위해 발행
RP	• 금융기관이 보유한 채권을 담보로 발행하는 상품
콜머니	• 순간적인 유동성 부족을 해결하기 위해 시중은행이 하루짜리 돈을 빌리는 시장

다시 예금을 받아 갚는 식이다. 만일 갚을 만큼 예금이 충분치 못하면 또다시 새롭게 하루짜리 콜머니를 빌린다.

신문에 자주 등장하는 것이 CP(기업 어음) 사기다. 방법은 간단하다. 일단 신용상태가 우량한 것처럼 재무제표를 조작한 뒤, 이를 근거로 CP를 발행하는 것이다. 그리고 그 돈을 챙긴 뒤 회사를 부도낸다. 대기업 경영진이 수천억 원 규모로 발행할 때도 있어 이에 따른 피해 규모는 클 수밖에 없다.

대출은 천사일까, 악마일까?

담보 | 코픽스 금리 | CD 금리 | 가산 금리

| 대출의 원리 |

경기가 한창 좋던 시절에는 '대출 없이 부동산을 구입하거나 장사하는 사람은 바보'라는 말이 당연한 듯 받아들여졌다. 대출을 끼고 부동산 투자를 하거나 사업을 하면 더 많은 이득을 올릴 수 있었기 때문이다. 예컨대 6억 원짜리 주택이 있다고 해보자. 집을 담보로 3억 원을 빌리면, 3억 원만 있어도 집을 살 수가 있다. 만일 집값이 올라 9억 원이 되면 3억 원을 투자해 3억 원을 벌게 된다. 따라서 6억 원으로 집을 한 채 구입하는 사람은 '바보'이고, 대출을 3억 원씩 받아 두 채를 산 사람이 보다 현명한 투자자로 칭송받았다. 가진 돈의 두 배를 더 많이 벌었기 때문이다.

기업도 마찬가지다. 대출을 받으면 보다 큰 규모로 사업을 할 수 있다. 예컨대 내 돈 1억 원으로는 10평 정도의 가게를 낼 수 있다고 했을 때, 은행에서 1억 원을 추가로 빌리면 20평 규모로 가게를 확장할 수 있다. 장사가 성공적이면 내 돈으로만 했을 때보다 더 큰 수익을 올릴 수도 있다.

이 모든 이야기는 경기가 좋았을 때의 일이고, 대한민국이 꾸준히 성장했을 때의 성공 방식이다. 그런데 경기가 지금처럼 장기 침체에 빠지면 대출은 비수가 되어 돌아온다.

예컨대 3억 원씩 대출을 받아 6억 원짜리 아파트 두 채를 샀다고 해보자. 본인 돈 6억 원으로 12억 원어치 아파트를 산 것이다. 그런데 6억 원이던 아파트가 반 토막이 나서 3억 원으로 폭락하면, 갖고 있던 6억 원을 전부 날리게 된다. 거기에 대출금 6억 원에 대한 이자도 매달 갚아야 한다. 세상이 원망스럽고 살고 싶은 생각이 사라지게 된다. 반면 대출 없이 6억 원짜리 아파트 한 채만 산 사람은 손해액도 적을 뿐 아니라 대출 이자를 낼 필요도 없다. 집에 눌러앉아 살면서 좋은 날이 오기를 기다릴 수가 있다.

따라서 대출시에는 그에 따른 이득뿐만 아니라 최악의 경우 벌어질 손실에 대해서도 늘 염두에 둬야 한다. 대출은 양날의 칼과 같기 때문이다. 대출이 있기에 적은 돈으로 더 많은 투자가 가능하지만 시기를 잘못 만나면 손해가 커질 수도 있다.

| 대출과 금리 |

돈은 태어나는 순간 빚의 형태로 세상에 등장한다. 중앙은행이 화폐를 찍고 거기에 이자를 얹어 시중은행에 대출해주기 때문이다. 시중은행은 그 돈을 소비자에게 다시 빌려준다. 이때 시중은행은 중앙은행에서 빌린 이자보다 더 높은 금리를 받는다. 이렇게 추가되는 금리가 이른바 가산 금리다. 기준이 되는 금리에 가산 금리를 합해 대출금리가 결정된다.

대출의 기준이 되는 금리는 두 가지다. 주택을 담보로 한 가계 대출에는 이른바 코픽스COFIX, Cost of Funds Index 금리가 적용된다. 은행을 찾는 고객은 '코픽스'라는 어려운 말 때문에 은행 직원에게 주눅이 들기도 한다. 말은 어려워도 따지고 보면 간단하다. 코픽스 금리는 쉽게 말해 예금을 받은 대가로 지불한 이자의 평균값이다. 즉, 은행이 대출에 필요한 돈을 구입하는 데 지불한 비용이란 뜻이다. 코픽스의 지수 산출 대상이 되는 은행 상품은 정기예금과 정기적금, 상호부금, 주택부금, 양도성예금증서, 환매조건부채권매도, 표지어음매출, 금융채(후순위채 및 전환사채 제외) 등이다. 우리가 흔히 돈을 넣었다 빼는 수시입출금식 예금과 요구불 예금은 지수 산출 대상에서 제외된다. 이들 예금은 이자율이 제로에 가까운데, 이것들이 포함될 경우 코픽스 금리는 사실 더 낮아질 수 있다.

결국 코픽스 금리는 은행이 필요한 돈을 조달하기 위해 지출한 비용이다. 여기에 이윤 즉, 가산 금리를 덧붙인다. 코픽스 금리가 3퍼센트면, 은행이 그 정도 이자를 주고 고객의 예금을 유치한다는 것이고, 여기에 1.5퍼센트 포인트 정도 가산 금리를 붙여 4.5퍼센트에 대출을 해준다.

은행 연합회는 매달 15일 홈페이지를 통해 월말 잔액 기준 및 월중 신규 취급액 기준의 코픽스 금리를 공시한다.

기업 대출에 적용되는 것은 양도성예금증서CD 금리다. 은행은 예금뿐 아니라 CD 발행을 통해 투자자에게 자금을 조달한다. 만기는 30일 이상이며 주로 91일(3개월 물)이나 181일(6개월 물)을 판매한다. 여기에 적용되는 게 CD 금리다. 이렇게 모인 돈에 가산 금리를 더해 기업 대출에 사용한다.

그렇다면 은행은 가산 금리를 통해 어떻게 먹고 살 수 있을까. 고객

코픽스 금리	• 예금을 받은 대가로 시중은행이 지불한 이자의 평균값 • 가계 대출에 활용되며 매달 15일 은행연합회가 결정
CD 금리	• 은행이 발행한 CD 금리 • 기업 대출에 적용됨

에게 유치한 예금에 고작 1.5퍼센트 포인트 정도의 가산 금리로는 은행이 버티기가 힘들다. 그런데 은행은 그 이상의 돈을 번다. 예컨대 A가 1억 원의 돈을 은행에 맡겼다고 해보자. 그 가운데 10퍼센트 정도를 남기고는 모두 대출을 해준다(10퍼센트 가량을 빼는 이유는 고객이 예금을 찾을 때를 대비해 현금을 보관하는 것이다. 그 비율이 언제나 같은 것은 아니다. 한국은행이 이를 정하는데 이를 '지불준비율'이라고 부른다). 그런데 대출된 돈은 결국 은행으로 다시 돌아온다. 그 가운데 다시 10퍼센트를 빼고 대출을 또 해준다. 이런 식으로 반복하다 보면 1억 원의 예금으로 은행은 5억 원 이상의 대출을 할 수 있다. 1.5퍼센트씩 다섯 번, 즉 7.5퍼센트의 수익을 올리는 것이다.

미국의 소설가 마크 트웨인은 "은행은 맑을 때(경기가 좋을 때) 우산을 빌려주고(대출을 해주고), 비가 오면(경기가 나빠지면) 우산을 뺏는(대출을 회수하는) 곳"이라고 일갈한 적이 있다.

돈을 빌리려면 이것이 필요하다

담보 | 대출 | LTV | DTI | 역모기지

| 담보와 신용 대출 |

대출을 신청할 때 반드시 나오는 것이 담보다. 예컨대 집을 구매하기 위해 대출을 받게 되면 은행은 담보를 요구한다. 가장 많이 사용되는 담보가 부동산이다. 예컨대 구입할 집을 담보로 받고 대출을 해준다. 대출금을 제때 갚지 않으면 은행은 담보가 설정된 주택을 경매로 팔아 빌려준 돈을 회수한다.

대출의 최대치는 담보 가치의 80퍼센트 정도다. 아파트 가격이 1억 원이라고 했을 때, 은행이 대출해 줄 수 있는 최고 한도가 8천만 원이 되는 것이다. 혹시 이자를 갚지 못할 경우를 대비해 여유분을 남겨둔 것으로 볼 수 있다. 그래야 은행에서 1억 원에 아파트를 팔아 원금과 더불어 받지 못한 이자를 금융기관은 회수할 수 있기 때문이다.

하지만 8천만 원을 전부 대출해주지는 않는다. 정부가 만일을 대비해 비율을 낮추기도 한다. 이것이 주택 담보 대출 비율Loan To Value ratio, 즉 줄여서 LTV이다. LTV 60퍼센트가 적용되면 1억 원짜리 아파트에서 대출받을 수 있는 돈은 6천만 원이 된다. LTV를 정해 대출 금액을 한번 더 제한하는 이유는 집값이 떨어질 가능성 때문이다.

예컨대 은행이 LTV 적용을 하지 않고 1억 원인 집에 대해 8천만 원을 대출했다고 해보자. 집값이 그대로이면 상관없다. 하지만 집값이 8천만 원으로 하락하면 결국 대출금과 주택 가격이 같아지고, 은행은 이자를 받을 가능성이 낮아진다. 이 같은 일이 많이 발생하면 금융 시스템에 혼란이 찾아온다.

대출에 적용되는 또 다른 기준은 대출 상환액이 소득의 일정 비율을 넘지 않도록 한 총부채 상환 비율Debt To Income, 즉 DTI이다. DTI는 결국 총소득에서 부채의 연간 원리금 상환액이 차지하는 비율이다. 예를 들면, 연간 소득이 5천만 원이고 DTI를 40퍼센트로 설정할 경우에 총부채의 연간 원리금 상환액이 2천만 원을 초과하지 않도록 대출 규모를 제한하게 된다. DTI가 적용되면 소득을 적게 신고한 자영업자나 상환 능력은 있지만 현재 소득이 없는 은퇴자에게 불리하다. 한국에서는 부동산 투기 과열에 따라, 2007년 은행권에서 투기 지역과 투기 과열 지구에 대하여 주택 담보 대출에 DTI 규제를 확대했다.

주택을 담보로 대출받는 것 가운데 하나가 역모기지다. 역모기지는 집을 담보로 매달 일정 금액을 연금 형태로 받는 것이다. 예컨대 60세 노인이 5억에 달하는 집을 담보로 매달 은행에서 200만 원씩을 받는 것이다. 사후에 은행은 주택을 팔아 그동안 대출했던 돈과 이자를 회수하고 남은 돈은 자식들에게 상속을 해준다. 이런 역모기지 제도는 집을 유일한 자산으로 가진 사람이 많고, 연금 제도가 발달하지 않은 우리나라에서 현재 각광받고 있다.

주택 담보 대출 비율 (LTV)	• 주택을 담보로 하는 대출에서 담보의 가치와 비교해 대출이 가능한 최대 한도 • 1억 원짜리 아파트를 담보로 할 때, LTV 60퍼센트가 적용되면 대출받을 수 있는 돈은 6천만 원
총부채 상환 비율 (DTI)	• 총소득에서 부채의 연간 원리금 상환액이 차지하는 비율 • 연 소득이 5천만 원이고 DTI가 40퍼센트로 정해질 경우 총부채의 연간 원리금 상환액이 2천만 원을 초과하지 않도록 대출 규모를 제한

| 동산 담보 대출 |

주식도 담보가 될 수 있을까? 물론 가능하다. 바로 주식 담보 대출을 통해서다. 주식 담보 대출은 주식 투자자가 저축은행이나 증권사에서 주식을 담보로 대출을 받는 것을 말한다. 대출 한도와 대출 이율은 각 금융사마다 다르다.

약관 대출은 납입한 보험료를 담보로 대출을 받는 것이다. 보험 계약자는 납입한 보험료의 일정 범위 내에서 대출을 받는다. 대출에 적용받는 이자율은 이른바 보험회사의 기준 금리인 공시 이율이다. 공시 이율에 적게는 4.5퍼센트 많게는 11퍼센트의 가산 금리를 붙여 대출을 해준다.

약관 대출에서 다소 변형된 형태의 상품이 중도 인출이다. 약관 대출이 보험금을 담보로 대출을 받는 것이라면 중도 인출은 낸 보험료를 되돌려 받는 성격이 강하다.

기업이 제공하는 담보 중에는 동산도 있다. 이를 바탕으로 동산 담보 대출을 받는다. 기계 등 유형자산, 원자재와 재고 상품 등 재고자산, 소·쌀·냉동 생선 등 농·축·수산물, 매출 채권 등을 담보로 돈을 빌리는 것이다. 경북의 한 미곡 종합 처리장은 쌀을 담보로 10억 8천만 원을 빌리기도 했다. 충북의 한 영농 조합 법인은 콩, 팥, 수수 등 두류를 담보로 2천 200만 원을 빌리기도 했다. 전남의 한 한우 농장은 한우 386두를 맡기고 6억 원을 빌렸다. 소는 죽거나 팔릴 경우, 또는 값이 급락해 담보물의 가치가 담보 인정 비율인 40퍼센트 미만으로 하락할 경우 원칙적으로 그만큼 상환하거나 다른 소로 대체해야 한다는 조건이 붙었다.

소가 생물이어서 상태별로 담보물의 가치가 달라질 수 있으므로 농협은행은 3개월 단위로 동산 담보의 현황을 확인한다. 돼지는 살아 있는 상태로는 돈을 빌릴 수 없고 냉동 정육으로만 담보로 인정받는다.

담보가 없는 대출은 신용 대출이다. 담보가 없기에 떼일 염려가 크다. 따라서 대출 조건이 까다로울 뿐 아니라 금액도 적고 이율도 높다.

담보도 없고, 신용도 부족한 사람을 위한 서민 대출 상품도 있다. 새희망 홀씨 대출, 미소금융, 햇살론 등이다. 신용 등급이 낮은 사람들을 대상으로 한다. 사채 등 고금리에 노출되기 쉬운 취약 계층의 재활을 돕기 위해 마련된 상품이다.

셰익스피어의 희곡 베니스의 상인은 배를 담보로 돈을 빌렸다 벌어진 사건에 대한 이야기다. 결국 살은 주되 피를 흘려서는 안 된다는 판결로 주인공은 살아나는데, 이를 통해 당시에는 신체도 담보로 제공되었음을 알 수 있다. 이런 일을 막기 위해 세계 많은 나라들은 신체를 담보로 제공하는 경우 법적인 효력이 없도록 할 뿐만이 아니라 처벌을 하도록 하고 있다.

계약금만으로 돈을 번다

선물 투자 | 옵션 거래 | 콜옵션 | 풋옵션

| 선물 투자의 원리 |

대개 집을 구매할 때 우선 매매가의 10퍼센트 정도를 계약금으로 지불한다. 즉 3억 원짜리 아파트를 구입하면서 3천만 원만 내고 일단 계약을 하는 것이다. 그리고 소유권을 넘겨받을 때 나머지 금액 2억 7천만 원을 준다. 그런데 소유권을 넘기는 날 아파트 가격이 3억 3천만 원으로 올랐다고 해보자. 3억 원에 구입해 즉시 3억 3천만 원으로 팔 수 있다. 이미 계약이 3억 원으로 되어 있기에 파는 사람은 배가 아파도 더 많은 돈을 요구하지 못한다. 결과적으로 3천만 원의 계약금을 포함해 총 6천만 원을 번 것이다.

선물 투자는 위의 예처럼 미래에 구입할 상품을 미리 계약해 두는 것이다. 집값이 오르면 더 많은 돈이 들어갈 가능성이 있기에, 미리 가격을 정해 놓고 가격 변동에 따른 위험을 피하기 위해 만들어졌다. 3억 원밖에 없는데 3억 3천만 원으로 오르면 구입이 어렵기 때문이다. 이것이 이른바 '헤징hedging'이다.

본래의 목적과는 달리 선물 투자는 적은 돈으로 높은 수익을 올리는 수단으로도 활용된다. 단돈 3천만 원으로 100퍼센트의 수익을 올릴 수 있다. 집값과 비교하면 10퍼센트 밖에 오르지 않았으나, 계약금과 비교해 계산한다면 선물 투자를 통해 적은 돈으로 큰 수익을 올릴 수 있다.

하지만 적은 돈으로 크게 벌 수 있는 만큼 위험도 크다. 예컨대 3억 원에 계약한 집이 잔금을 납부하는 날 10퍼센트 떨어졌다고 해보자. 2억 7천만 원이 된 것이다. 울며 겨자 먹기로 3억 원에 구입하거나, 계약을 포기해야 한다. 두 경우 모두 당장 3천만 원의 손해가 발생한다.

가격이 떨어졌다고 모두 손해를 보는 것은 아니다. 예컨대 현재 집값이 3억 원인 상황에서 두 달 뒤 누군가에게 그 집을 3억원에 팔기로 한 계약을 체결했다고 해보자. 그렇다고 해서 내가 지금 그 집을 소유하고 있는 것은 아니다. 비록 그 집을 갖고 있지는 않지만 일단 팔기로 계약만 해두는 것이다. 그리고 잔금일에 집을 구입한 뒤 즉시 넘기면 되는 상황이다. 그런데 잔금일에 보니 집값이 2억 7천만 원으로 떨어져 있는 게 아닌가. 그렇다면 당일날 집을 2억 7천만 원에 구입해 두 달전 3억 원에 사기로 한 사람에게 넘기면 된다. 집값은 비록 하락했지만 나는 가만히 앉아 3천만 원을 벌게 된다.

일반적으로 현물 투자는 일단 가격이 올라야 돈을 번다. 따라서 주가가 오를 때는 모든 사람이 벌고, 떨어질 때는 잃는다. 그러나 선물 투자는 가격이 떨어질 때도 돈을 벌 수 있다. 반면 주가가 올라도 막대한 손해가 날 수 있다.

선물은 또한 잔금 지급일 전에도 계약서를 판매할 수 있다. 부동산을 매매할 때는 이 같은 거래가 투기를 조장하기 때문에 불법이다. 하지만 선물은 그렇지 않다. 예컨대 앞에서 본 것처럼 3천만 원을 주고 두 달 뒤 3억 원짜리 집을 사는 계약을 체결했다고 해보자. 그런데 이틀 뒤 집값이 3억 1천만 원으로 뛰었다. 또한 그 계약서를 사겠다는 사람이 시장에 있다. 이럴 경우 집을 3억 1천만 원에 팔 수 있다. 이틀 만에 가만히 앉아 1천만 원을 번 것이다. 만일 계약 만료일에 3억 3천만 원으로 뛰었다면 나는 1천만 원을 벌고, 내게 산 사람은 2천만 원을 벌게 된다.

권리를 사고파는 시장, 옵션 거래

파생 금융 상품을 떠올릴 때 선물과 짝을 이뤄 등장하는 게 '옵션'이다. 옵션 거래는 주식, 채권, 주가 지수 등 특정 자산을 장래의 일정 시점에 미리 정한 가격으로 살 수 있는 권리와 팔 수 있는 권리를 매매하는 시장이다. 시장에서 당일 형성된 가격으로 물건을 사고파는 현물 거래나 미래의 가격을 매매하는 선물 거래와는 달리 사고팔 수 있는 '권리'를 거래하는 것이다.

옵션이 선물과 다른 점은 계약금이 없다는 것이다. 두 달 뒤 3억 원에 살 수 있는 권리와, 그 권리를 사는 데 필요한 소액의 프리미엄만 존재한다. 전세를 얻을 때 가끔 등장하는 가계약금과 비슷하다. 계약을 하겠다는 증표로 가계약금을 거는데, 계약을 하지 않을 경우 가계약금만 포기하면 된다.

가격 변동에 따라 권리를 행사할 것이냐 포기할 것이냐가 옵션 거래의 핵심이다. 자신이 예상했던 것보다 가격이 하락하면 권리를 포기해서 값이 떨어진 물건을 떠안는 부담을 피함으로써 손실을 최소화한다. 반대로 값이 올랐을 때는 권리를 행사해서 이익을 극대화한다.

옵션 거래는 사고파는 권리의 종류에 따라 '콜옵션Call Option'과 '풋옵션Put Option'으로 나뉜다. 콜옵션은 살 수 있는 권리를, 풋옵션은 팔 수 있는 권리를 말한다. 콜옵션은 가격이 예상보다 오르면 권리를 행사하고 값이 떨어지면 포기하면 된다. 옵션을 사는 사람(매수자)은 일정한 시점에 권리를 행사 또는 포기할 수 있다. 매도자는 사거나 팔아야 하는 의무를 지는 대신에 매수자에게서 그 대가로 옵션 가격, 즉 프리미엄을 받는다. 우리나라에서는 주가 변동에 따른 투자 위험을 최소화하고 투자 전략을 다양화해 주식시장과 선물시장이 활성화될 수 있도록 1997년 7월 7일부터 주가 지수 옵션 거래가 시작되었다.

옵션에는 여러 가지 종류가 있다. 미국식 옵션American Option은 계약 만료 시점까지 언제든지 선택권을 행사할 수 있는 것이고 유럽식 옵션 European Option은 계약 만료일에만 행사할 수 있는 것이다. 니케이 평균 옵션과 같이 거래소에 상장된 것도 있고 상대방끼리 거래하는 장외 거래 옵션도 있다.

선물 시장이 우리나라에 본격 도입된 것은 김영삼 정권 당시 자본시장을 개방하면서부터다. 당시 금융권 종사자들은 '선물'이라는 용어를 생소하게 느꼈는데, 선물 시장(Futures Market)을 선물 시장(Gift Market)으로 오해하는 경우도 있었다.

4

가계와 소비의 경제학

먹고사는 것이 경제다

상인이 100원을 깎아줄 수 없는 이유는?

| 에누리의 경제 |

100원만 깎아 달라고 해도 정색을 하며 거절하는 상인들이 있다. 사실 소비자 입장에서 100원을 깎아서 산다고 살림살이가 크게 나아지는 것은 아니다. 그러나 깎는 맛이 돈 쓰는 기분을 배가시킨다. 단돈 10원이라도 깎고 나면 기분이 좋아진다. 그래서 구매자는 조금이라도 깎아보려고 한다.

그런데 가게 주인은 100원을 깎아주지 않으려고 실랑이하다 손님을 놓치기도 한다. 그럴 경우 '100원 더 받아 무슨 소용 있을까'라는 생각이 들 때도 있다. 아예 100원 깎아주고 물건을 파는 게 나을 성 싶기도 하다.

그러나 100원은 결과적으로 엄청난 차이를 만든다. 그 차이를 알고 나면 상인들이 왜 푼돈에 목숨을 거는지 이해할 수 있다. 소비자의 100원은 판매자에게 1,000원이 되기도 한다. 같은 100원이라도 소비자와 판매자에게 각각 다른 가치를 지니기 때문이다.

예를 들어 1,000원짜리 물건이 있다고 해보자. 원가가 800원이고 순

가계와 소비의 경제학 141

이익이 200원이다. 하루 500개를 팔면 매출은 50만 원, 이익은 10만 원이 된다. 한 달이면 300만 원이 남으니 그럭저럭 먹고살 만한 수준이다.

그런데 물건의 가격을 100원 올렸다고 해보자. 그렇다면 판매 가격은 1,100원이 된다. 구매하는 소비자의 입장에서는 조금 올랐다는 생각이 드는 정도이다. 판매량에 변화가 없다고 가정할 때 매출 역시 55만 원으로 하루 10퍼센트씩 증가한다.

그런데 순이익으로 따지면 재미있는 일이 벌어진다. 하루 동안의 순이익은 10만 원에서 15만 원으로 무려 50퍼센트가 늘어난다. 한 달이면 450만 원이 된다. 엄청난 증가폭이다.

따라서 가격을 10퍼센트 올린다는 말 뒤에는 이처럼 수입을 50퍼센트 올리려는 마음이 존재한다. 반대로 100원을 깎아준다는 것은 상인이 갖고 가는 수입의 절반을 포기해야 한다는 뜻이다. 그래서 깎느니 아예 물건을 팔지 않겠다는 생각이 들 수밖에 없다.

| 현금 지불과 카드 지불의 차이 |

미국의 국제 신용 평가 기관인 S&PStandard&Poor's 지수에 포함된 천 개의 품목을 놓고 조사한 결과 가격을 1퍼센트 인상했을 때 영업이익이 12.3퍼센트나 늘어난다는 연구가 있었다. 이는 곧 1퍼센트 가격 상승이 10퍼센트 이상의 이익 증가로 이어진다는 말이다. 앞서 들었던 예보다 두 배나 높은 수치다.

따라서 단돈 10원을 깎아 주는 일에도 판매자는 주저한다. 이익의 관점에서 봤을 때 10원이 결코 적은 돈이 아니기 때문이다.

그 사실을 이해하고 나면 식당에서 만 원 남짓하는 밥을 먹고 신용

카드로 계산하기가 쑥스러워진다. 식당 주인이 내야 하는 3퍼센트의 카드 수수료가 순이익의 절반을 가져갈 수도 있기 때문이다. 특히 조그만 식당의 경우 카드 수수료가 3퍼센트로 높은 편이다. 즉, 만 원을 팔면 그 가운데 300원을 카드 회사에 준다. 사실 이것만 보면 푼돈으로 생각될 수도 있다.

그런데 위의 S&P 소속 기업에 대한 사례 조사를 준용했을 때, 카드 수수료 3퍼센트만 줄여도 식당의 영업이익은 36퍼센트 가량 늘어날 수 있다. 세금 문제를 제외하더라도 결코 적은 수치가 아니다. 현금으로 계산할 때 고마워하는 사장님들의 마음을 충분히 이해할 수 있다.

나아가 제과 업체들은 1천 원짜리 과자 가격을 10퍼센트 올리고 싶은 유혹에서 쉽게 벗어나지 못한다. 가격을 10퍼센트만 올려도 순이익은 50퍼센트까지 늘어날 수도 있기 때문이다. 제과 업체들이 욕을 먹으면서도 슬금슬금 가격을 올리는 이유가 아마도 여기에 있지 않을까 싶다.

가격이 상품의 가치를 그대로 보여주지는 못하는 경우도 많다. 예를 들어 공기는 공짜지만 인간에게 최고의 가치를 갖고 있다. 그래서 톨스토이는 공기, 물, 곡식 등 인간에게 소중한 것일수록 저렴하거나 공짜가 많다는 말을 남겼다. 가난하다고 괴로워할 필요가 없다는 뜻에서다. 싼 게 비지떡만은 아닌 셈이기도 하다.

다양한 가격 결정 방식

마케팅 교과서에서 가격 결정 방식으로 가장 많이 설명되는 것이 원가에 이윤을 덧붙여 사용하는 원가 기초 산출 방식(cost plus pricing)이다. 예를 들어 원가가 100원이라면 여기에 적당한 이윤을 붙여 판매하는 것이 원가 기초 산출 방식이다. 반면 경제학 교과서는 수요와 공급을 기초로 가격 결정 과정을 설명한다. 사고 싶은 사람이 지불할 의사가 있는 금액과, 판매자가 받고 싶은 금액이 일치하는 지점에서 가격이 결정되는 것이다. 즉, 가격은 생산자가 아닌 '시장'에 의해 정해진다고 보는 것이다.

최근에는 소비자의 '가치'를 기준으로 가격을 매겨야 한다는 주장도 있다. 제조원가나 수요와 공급이 아닌 고객이 상품에서 얻는 가치에 따라 가격을 정해야 한다는 것이다. 원가는 100원이지만, 그에 대한 고객의 만족이 1천 원이라면 1천 원을 받아야 한다는 것이다.

또한 가치를 기준으로 가격을 받는 대표적인 곳이 대다수의 프랜차이즈 카페들이 아닐까. 낮은 원가의 커피를 사용하지만 가격은 비싸다. 폭리를 취한다고 언론이 아무리 비난해도 이들은 가격을 내리지 않는다. 가치에 따라 가격을 책정할 경우 제조 비용과 무관하게 가격을 정할 수 있다. 결국 현실의 가격은 제조원가, 수요와 공급, 제품의 가치가 복합적으로 어울려 결정된다고 볼 수 있다.

세일 제품의 가격에는 숫자 9가 많다?

왼쪽 자리 효과 | 소비 심리학 | 행동 경제학

| 왼쪽 자리 효과 |

"이번 기회를 놓치지 마세요! 2만 원에 판매되는 제품을 이제부터 3분 간 1만 9천900원에 폭탄 세일합니다!"

홈쇼핑에서 한창 제품을 판매 중이다. 마침 호스트가 다급하게 세일 을 알린다. 갑자기 떨어진 가격에 소비자들은 순간적으로 전화기를 집 어든다.

그런데 곰곰이 이성적으로 따져보면 고작 100원 더 싸게 팔 뿐이다. 겨우 100원 차이라는 것을 깨닫고 전화를 끊는 경우도 있지만, 무엇인 가에 이끌린 듯이 물건을 구매하는 고객도 있다.

2만 원과 1만 9천900원은 사실 하늘과 땅의 차이를 만들어 낸다. 바 로 '왼쪽 자리 효과' 때문이다. 많은 이들이 차액 100원보다는 만 단위 자릿수가 2에서 1로 바뀌었다는 사실에 더 관심을 둔다.

이를 보여주는 재미있는 실험이 미국에서 있었다. '1×2×3×4×5× 6×7×8'이란 곱셈을 암산으로 5초안에 계산하도록 한 것이다. 사실 대단한 천재가 아닌 이상 즉석에서 답하기 어렵다. 따라서 어림잡아 자신이 생각한 답을 말하도록 했다. 이와 동시에 비슷한 학업 성취도 수준을 갖고 있는 다른 집단에게 같은 방식으로 '8×7×6×5×4×3×2×1'을 계산하도록 주문했다.

그 결과 놀라운 사실이 드러났다. 사실상 같은 두 문제를 두고 사람들은 확연히 다른 답을 내놓은 것이다. 첫 번째 문제를 푼 사람들이 계산한 답의 평균치는 512였다. 두 번째 문제에서는 2,250이었다. 같은 곱셈 식이 큰 숫자에서 시작하느냐, 작은 숫자에서 시작하느냐에 따라 4배가 넘는 결과의 차이를 낸 것이다.

이는 곧 처음 읽는 왼쪽 자리의 숫자가 다음 자리의 수보다 사람들에게 더 큰 영향을 미친다는 의미다. 첫인상의 영향이 크다는 것을 반증하기도 한다.

미국의 한 대학에서는 다음과 같은 실험을 하기도 했다. 연구진은 학생들에게 먼저 2달러와 4달러짜리 가격표가 붙은 펜을 제시했다. 이어 2달러는 그대로 두고 4달러만 3달러 99센트로 바꿨다. 그러자 44퍼센트의 학생이 가격이 높은 3달러 99센트짜리 펜을 선택했다.

하지만 2달러를 1달러 99센트로 바꾸고 4달러는 그대로 뒀을 때는 가격이 높은 펜을 선택하는 비율이 18퍼센트로 줄어들었다. 단 1센트의 차이가 구매의 경향을 완전히 바꾼 것이다.

소비 심리학자들은 사람들이 글을 왼쪽에서 오른쪽으로 읽어가기 때문에 자연스럽게 숫자도 맨 왼쪽 자리에 집중하게 됐다고 설명한다. 즉, 4달러짜리 펜이 3달러 99센트로 바뀌면 1센트 차이보다는 첫 자리인 1달러가 줄어들었다고 인식해 가격이 크게 떨어졌다고 생각한다는 것이다.

왼쪽 자리 효과를 활용한 가격 책정 방식을 자주 볼 수 있는 장소가 바로 할인점이다. 미국의 할인점은 1.99달러 등 9자로 끝나는 가격을 주로 사용한다. 1.99달러는 사실상 2달러지만, 사람들은 무의식적으로 앞에 있는 숫자인 1달러에 주목하게 되고 1달러에 가깝다고 생각한다. 결국 실제 가격보다 싸게 느끼면서 더 많은 돈을 지출하게 된다.

그런데 우리나라의 할인점에서는 이와는 약간 다른 가격 체계를 사용한다. 980원, 1,480원, 5,980원 같이 20원을 깎는 경우가 많다. 소비자들이 9자로 끝나는 가격에 대해 그리 긍정적으로 반응하지 않기 때문이라고 한다. 1,990원으로 책정하면 너무 속셈이 드러난다는 생각을 한다. 그래서 이보다 10원 더 저렴하게 물건을 파는 경우가 많다.

반대로 '명품'의 경우 고가 이미지를 만들기 위해 25만 원, 1천 5백만 원 등 주로 두 자리 숫자로 가격을 택한다. 예컨대 명품 자전거는 289만 9천 원보다 290만 원이라고 가격을 매길 때 더 값어치가 있어 보인다.

이런 맥락에서 소비 심리학자들은 9천 원이 9천 9백원보다 더 비싼 느낌으로 다가온다고 분석한다. 따라서 9천 원에 팔수 있는 물건도 9천 9백원에 파는 경우가 있다. 소비자들이 오히려 9천 9백원을 더 싸게 느끼기 때문이다.

경제이론은 인간이 합리적이라는 가정하에서 출발하지만, 인간의 실제 행동은 그렇지 못할 때가 많다. 많은 반항을 일으키고 있는 이른바 행동 경제학(behavioral economics)에서는 현실 인간의 구체적인 행위를 중점적으로 분석한다. 왼쪽 자리 효과는 이러한 행동 경제학이 찾아낸 성과 중 하나라고 할 수 있다.

| 상점에서 구매를 유도하는 방법 |

옷가게 쇼윈도에는 최신 제품 중 가장 비싼 옷을 전시한다. 제일 좋은 제품이기 때문만은 아니다. 일단 비싼 것을 전면에 보여주면 다른 제품은 상대적으로 싸게 느껴진다. 예를 들어 쇼윈도에 걸린 200만 원짜리 제품을 본 뒤, 매장 안에서 본 70만 원짜리 옷을 접하면 싸다고 생각하게 된다.

보통 음식점이나 커피 전문점의 메뉴판에는 싼 것부터 차례대로 적혀 있다. 이런 배열은 거의 상식에 가깝다. 그래서 중국집에 가면 짜장면 가격이 가장 앞에 있다. 그리고 사람들은 앞에 있는 가격을 가장 먼저 본다. 메뉴판에서도 비싼 제품을 위에 놓고 가격이 낮은 제품을 아래에 배치하면, 저렴한 상품이 보다 더 싸게 느껴진다.

나아가 비싼 제품을 산 고객에게 낮은 가격대의 다른 상품군을 권하면 쉽게 손이 가기도 한다. 예를 들어 넥타이만 사러 온 고객에게 5만 원짜리 제품을 보여주면 비싸다는 생각에 선뜻 손이 나가지 않는다. 그런데 100만 원짜리 양복을 산 고객은 같은 제품에 다르게 반응한다.

이미 100만 원을 쓴 경험이 머릿속에 있기에 5만 원을 큰돈으로 인식하지 못하는 것이다. 따라서 넥타이만 사러 온 사람에게 매장 주인은 저렴한 제품을 소개하려고 한다. 반면에 양복을 산 사람에게는 옷에 어울리는 비싼 넥타이도 함께 살 것을 권하게 된다.

이사를 하거나 집을 수리할 때도 비슷한 경험을 자주한다. 예컨대 인테리어 견적이 500만 원 정도 나왔다고 해보자. 시공 업체는 50만 원짜리 다른 공사도 추가할 것을 권한다. 예를 들어 목욕탕의 욕조도 교체할 것을 제안하는 것이다. 그러면 사람들은 쉽게 승낙을 한다. 이미 500만 원을 썼기에 추가되는 50만 원은 큰돈이 아니라는 생각을 하기 때문이다.

| 제품의 특성에 따른 할인 |

컴퓨터용 마우스 구입을 위해 가전제품 대리점을 방문했다. 맘에 드는 제품을 찾았는데 가격이 2만 원이었다. 그런데 옆에서 구경하던 다른 사람이 5분 정도 걸어가면 똑같은 제품을 1만 원에 판다고 귀띔해준다. 그 말을 듣는 순간 소비자는 매장을 나와 만 원 더 저렴한 곳으로 갈 확률이 높다. 2만 원하는 제품을 절반 가격에 판다는 데 귀가 솔깃하지 않을 소비자는 별로 없다.

그렇다면 제품이 컴퓨터로 바뀌면 어떤 변화가 있을까. 예컨대 컴퓨터 구입을 위해 대리점을 찾은 고객이 있다. 마음에 드는 컴퓨터의 가격이 131만 원이다. 그런데 옆에서 구경하던 누군가 5분만 가면 130만 원에 구입할 수 있는 가게가 있다고 한다. 그래도 고객은 시큰둥하게 반응할 확률이 높다. 130만 원이나 131만 원이나 큰 차이가 없다고 느낄 확률이 높다.

마트는 '반값 세일'이란 문구가 대문짝만한 광고지를 뿌린다. 살펴보면 만 원 미만의 상품이 대부분이다. 100만 원짜리 컴퓨터를 50만 원에 파는 경우는 없다. 그럼에도 불구하고 소비자는 마트에서 판매되는 모든 제품의 가격이 무척 저렴하다는 생각을 자연스럽게 하고, 마트로 몰려든다. 100만 원짜리 컴퓨터를 1퍼센트 할인해 주기보다, 2천 원짜리 양파 한 꾸러미를 50퍼센트 할인해 천 원에 세일하는 이유가 바로 있다.

이렇듯 일부 상품을 무척 저렴하게 파는 대신 상대적으로 비싼 상품을 몇 백 원 더 받기도 한다. 예컨대 양배추를 50퍼센트 할인해 700원 깎아주는 대신 두루마리 휴지를 인근 마트보다 2천 원 정도 더 받는 것이다. 전체적으로 봤을 때 특별히 더 싸게 파는 게 아니다. 하지만 반값에 파는 물건이 있는 마트에 고객은 눈길을 주게 된다.

| 대형 마트의 상술 |

대개의 오른손잡이는 시계 반대 반향으로 매장을 둘러 볼 때 편안함을 느끼고, 동시에 고개를 오른쪽으로 한 채 움직이는 습관이 있다. 따라서 매장의 배치 역시 고객이 시계 반대 방향으로 돌 수 있게끔 되어 있고, 특히 마트에서는 오른편에 주요한 상품이나 매장을 배치한다.

동시에 매장 중간에는 이벤트나 특판 상품을 배치하는 경우가 많다. 벽만 보고 쇼핑하지 않도록, 특별한 장치를 통해 시선을 안쪽으로 끌어당기는 것이다. 식품 매장에서는 고객들이 가장자리만 보고 돌지 않도록 안쪽에 시식 코너를 배치한다.

대형 마트를 돌다 한 고객이 실수로 그릇을 깨뜨렸다. 순간 변상을 해야 한다는 걱정에 가슴이 철렁한 가운데 해당 코너의 직원이 다가온다.

"고객님 혹시 다친 곳은 없으신지요? 깨진 그릇은 저희가 치우겠습니다. 굳이 그릇 값 지불하지 않으셔도 괜찮습니다."

고맙다는 생각이 들지 않을 수 없다. 미안한 마음에 고객은 불필요한 이것저것을 카트에 담았다. 그런데 알고 보니 마트에서는 단 한 푼도 손해 보는 게 없었다. 파손된 상품을 그대로 납품 업체에 반품하기 때문이다. 마트에는 직원들만 드나드는 문이 있다. 그 문을 열고 들어가면 거대한 제품 창고가 나온다. 바닥에서 천정까지 제품이 쌓여 있다. 가끔 그곳에서 깨지는 그릇도 그대로 반품된다.

무료 시식 코너도 마찬가지다. 시식에 사용되는 두부도, 시식 코너를 담당하는 직원도 마트와는 전혀 상관없는 사람들이다. 전부 협력 업체의 부담으로 이뤄지는 행사이다. 대형 마트는 협력 업체의 돈으로 생색을 내고 있는 것이다.

한편 계산대 쪽에는 껌, 초콜릿 등 소소한 물건이 쌓여있는 경우가 많다. 기다리기 지루한 고객들은 결국 '이거 얼마나 하겠어, 하나 사자'란 생각으로 집어 들게 된다. 무심코 지나치는 매장 곳곳에도 소비자를 보다 과학적으로 유혹하기 위한 장치가 있다.

2002년 노벨 경제학상은 경제학자가 아닌 프린스턴 대학 심리학 교수 대니얼 카너먼(Daniel Kahneman)이 수상했다. 그만큼 경제에 심리학이 깊게 개입하기 시작한 것이다. 백화점의 숨은 과학 역시 대니얼 교수 등이 닦아 놓은 경제 심리학에 근거했다고 볼 수 있다.

상대적 심리 전략 | 중간 가격 효과

| 상대적 심리 전략 |

수학 시험에 80점을 받은 초등학교 6학년생이 있다. 이 학생은 과연 공부를 잘하는 것일까 못하는 것일까. 점수만 놓고 봤을 때는 썩 잘하지는 못하지만 웬만큼 하는 학생이라는 평가를 받을 수 있다.

그런데 80점을 받기 전 평균 점수가 고작 50점이었다고 해보자. 그렇다면 사람들이 받아들이는 80점에 대한 느낌이 다르다. 학생이 열심히 노력해서 점수를 큰 폭으로 끌어올린, 대단히 성취도가 높은 점수가 된다. 반면 늘 100점만 맞던 학생이 80점을 맞았다면 그 심정은 어떨까. 상당히 아쉽고 의기소침해질 것이다.

사람들이 느끼는 크고 작음은 상대적이다. 300만 원을 버는 월급쟁이가 연봉 수십억 원의 프로야구 스타와 자신을 비교한다면 초라해질 수밖에 없다. 그러나 월 150만 원의 비정규직 근로자와 비교하면 행복해진다. 이런 상대성을 이용한 가격 전략이 바로 상대적 심리 전략이다.

『상식 밖의 경제학』이라는 책에는 이에 관해 영국의 유력 주간지《이코노미스트》의 정기 구독 안내를 예로 들고 있다. 정기 구독을 권장하는 광고판에는 다음과 같이 적혀 있다.

1. 온라인 잡지	59 달러
2. 인쇄된 잡지	125 달러
3. 온라인 + 인쇄된 잡지	125 달러

만일 정기 구독을 결정한 독자라면 위의 세 가지 옵션 가운데 무엇을 택할까. 언뜻 보기에도 3번을 할 것이다. 3번을 택한다면 인쇄된 잡지와 함께 온라인 서비스를 공짜로 이용하는 혜택을 누릴 수 있기 때문이다. 실제 MIT 학생 100명을 대상으로 한 조사에서 1번을 택한 사람은 16명이고 나머지는 모두 3번을 택했다. 당연히 2번을 택한 이는 없었다.

그렇다면 1번과 2번 두 가지만 놓고 물었을 때는 어떤 결과가 나올까. 1번이 68명, 2번이 32명이었다. 3번을 추가함으로써 값비싼 인쇄 잡지 구독자가 2.5배 상승하는 결과가 나타난 것이다.

| 중간 가격 효과 |
한 편의점 유제품 코너에 제품이 다음과 같은 순서로 배열되어 있다.

카페라테	1,200원
커피 우유	700원
캔 커피	500원

심리학자들은 이럴 때 다수의 소비자가 중간 가격인 커피 우유를 택

한다고 말한다. 중간 가격에서 안정감을 찾는다는 것이다. 이를 '중간 가격 효과'라고 한다.

팔고 싶은 제품을 중간에 놓고 위 아래에 제품의 가격보다 비싸거나 싼 제품을 배치하면 소비자의 선택을 변화시킬 수 있다. 다음과 같이 커피들을 배치하는 경우는 어떨까.

스타벅스 커피	3,000원
커피빈 커피	2,000원
카페라떼	1,200원
커피 우유	750원
캔 커피	500원

1,200원짜리 카페라떼를 집중적으로 판매하고 싶다면 위와 같이 카페라떼의 가격이 중간 정도가 되도록 한다. 그러면 중간 가격 효과에 따라 카페라떼의 판매량이 늘어날 것이다.

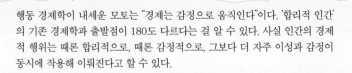

행동 경제학이 내세운 모토는 "경제는 감정으로 움직인다"이다. '합리적 인간'의 기존 경제학과 출발점이 180도 다르다는 걸 알 수 있다. 사실 인간의 경제적 행위는 때론 합리적으로, 때론 감정적으로, 그보다 더 자주 이성과 감정이 동시에 작용해 이뤄진다고 할 수 있다.

명품은 허영심을 먹고 자란다

베블렌 효과 | 밴드웨건 효과 | 스놉 효과

| 베블렌 효과 |

한 결혼식에서 주례 선생님이 이런 이야기를 했다. 남자와 여자의 마음에는 허씨 성을 갖고 있는 사람이 한 명씩 살고 있다. 남자에게는 허풍, 여자에게는 허영심이 산다는 것이다. 남자들은 학창시절 17대 1로 싸운 적이 있다는 말도 안 되는 이야기를 사실처럼 이야기한다. 반면 여자에게는 남들에게 보다 아름답고 세련된 모습을 과시하고 싶은 욕구가 있다. 이것을 기술적으로 자극하는 것이 바로 과시가격이다. 제품의 품질이나 원가보다는 '내가 이 정도 비싼 것을 들고 다닌다'는 여성의 허영심을 자극하기 위해 터무니없이 비싼 가격을 책정해 놓는다.

이른바 잘나가는 여자의 머스트 해브 아이템 중 하나가 '샤넬 2.55'라는 핸드백이라고 한다. 도시락 가방만 한 백의 가격이 2013년 현재 750만 원이다. 비싼 가격 탓에 남과 다른 계급을 상징하고, 따라서 잘나가는 여성의 상징적 아이템이 되었다. 더 재미있는 사실은 이 핸드백이 2008년경에는 300만 원대였는데 매년 가격을 올리자 더 많이 팔리기 시작했다는 것이다. 비싸질수록 오로지 소수만 향유할 수 있다는 특권 의식과 허영심을 더 강하게 자극한 것이다.

여기에 또 하나 재밌는 현상이 첨가됐는데, 샤넬과 재테크의 합성어인 '샤테크'이다. 여성들 사이에서 핸드백 가격이 꾸준히 오를 것이기 때문에 후일 중고가 되더라도 더 비싸게 팔거나 최소한 구매한 가격만큼은 받을 수 있다는 믿음이 퍼지기 시작했다. 덕분에 샤넬 가방은 가격을 올려도 더 잘 팔리는 일이 벌어졌다.

이렇듯 과시 욕구 때문에 가격이 비쌀수록 수요가 늘어나는 현상을 '베블렌 효과Veblen Effect'라고 한다. 이 효과로 인해 물건을 살 때 실제 지불하는 가격뿐 아니라 '남들이 얼마를 줬을 것이라 기대하는 가격'까지 감안해 쇼핑에 나선다. 부자들이 자신을 알리려는 과시 욕구 때문에 발생한 현상이라고도 볼 수 있다.

과시적 소비는 일부 부유층을 중심으로 시작되지만, 그렇지 않은 사람까지 이를 흉내 내면서 사회 전체로 확산될 수 있다. 이를 '밴드웨건 효과Bandwagon Effect'라고 한다. 모방 효과는 유행에 민감한 사람들이 특정 상품을 많이 소비하고 있다는 이유만으로, 다른 이들도 그 상품을 덩달아 구매하는 경우에 발생한다.

| 이동하는 명품의 기준 |

한편 밴드웨건 효과가 확산돼 과시 소비의 상징이던 사치품이 더 이상 차별화 기능을 상실하면, 일부 부유층은 구매를 중단하고 남들이 쉽게 살 수 없는 또 다른 진귀한 상품으로 옮겨간다.

앞서 살펴본 바와 같이 경제학은 인간의 합리성을 기본 가정으로 하고 있다. 경제학이 이야기하는 합리적 인간에게 자신이 지불하는 액수의 돈보다 효용이 낮을 경우 구매에 나서지 않는 '냉정한 이성'이 존재한다는 것을 전제하고 있다.

그러나 '지름신'이라는 유행어에서도 알 수 있듯이, 인간의 소비는 순간적 충동에 좌지우지될 수도 있다. 사람들이 즐겨보는 TV 드라마 속 간접광고를 비롯한 여러 자극에 의해 지갑을 열게 되는 것이다.

따라서 뇌 신경 전문가들은 연구 결과를 통해 '소비자는 자신이 알아차리지 못하는 사이에 뇌에서 무의식적으로 진행되는 과정에 의하여, 의식적으로 체험하는 것보다도 훨씬 더 광범위하게 소비 태도와 구매 태도에 영향을 받는다'라고 말한다.

물론 냉정한 이성을 소유하고 칼 같이 손익을 계산하는 이들도 존재한다. 그러나 분명한 건 그렇지 못한 사람이 더 많다.

스놉 효과(Snob Effect)라는 것도 있다. 소비가 증가할수록 수요가 줄어드는 현상을 뜻한다. 만일 모든 사람이 샤넬 백을 들고 다닐 정도로 소비가 증가하면, 더 이상 샤넬 백은 팔리지 않게 된다는 의미다. '나만 갖고 있다'는 욕망이 만족되지 않기 때문이다.

백화점의 과학적 상술 들여다보기

백화점에는 유난히 많은 것과 적은 게 있다. 우선 유리나 거울이 많다. 벽과 기둥 그리고 에스컬레이터에도 사람의 모습을 비추는 거울이 자주 보인다. 고객들은 거울 앞을 지날 때 무의식적으로 자신의 모습을 보며 부족함을 느낀다. 뭔가 채우고 싶은 욕망이 새록새록 늘어난다. 또한 거울을 보는 동안 걷는 속도도 느려진다.

걷는 속도가 느려지면 주변 진열대에 한 번이라도 눈이 더 가게끔 되어 있다. 거울에 반사된 물건에 관심이 쏠리기도 한다. 과학적으로 '호객'을 하는 테크닉이 백화점 매장에 설치되어 있는 것이다.

반면 시계와 창문이 없다. 손님은 시간을 잊고 쇼핑에 열중해야 한다는 백화점의 철학(?) 때문이다. 그래서 가끔 쇼핑에 열중하다 시계를 보면 시간이 무척 많이 흘렀다는 걸 깨달을 때가 있다. 약속 시간에 늦어 부리나케 나오면 들어갈 땐 환했던 밖이 어두워져 있기도 하다.

남성들은 사야 할 물건이 있을 때 백화점을 찾는 경우가 많으며, 필요한 물건을 구입한 후에는 곧바로 백화점 출구를 나서는 경우가 많다. 그래서 아무리 높은 층에 코너를 마련해 놓아도 그다지 영향을 받지 않고 물건을 산다.

그러나 여성은 남성에 비해 훨씬 더 쇼핑 자체를 즐기는 경향이 강하다. 이 때문에 여성 용품을 2~3층에 배치하면 화장품 혹은 가방 사러 1층에 온 고객을 위층으로 유혹할 수 있다.

소비의 시대에 드리운 그림자

막스 베버 | 자크 라캉 | 소비 문화 | 장 보드리야르

| 절약의 미덕에서 소비의 미덕으로 |

자본주의가 태동할 무렵, 소비는 좋은 행동이 아니었다. 부지런히 일하고 절약하고 아끼는 삶이 최고의 가치로 받아들여졌다. 그래서 독일의 사회학자 막스 베버Max Weber는 자본주의를 대표하는 정신으로 프로테스탄티즘을 꼽았다. 프로테스탄티즘은 부지런함과 육체적·물질적 절제를 근간으로 하고 있다. 프로테스탄티즘으로 무장한 청교도가 자본주의 번성의 동력이 됐다는 게 베버의 설명이다.

하지만 20세기 후반 사람들의 생각이 바뀌기 시작했다. 기업이 생산한 물건을 '누군가' 구입해야 하는데, 절약이라는 정신이 이를 가로막아서는 안 되었다. 따라서 '소비가 미덕이다' 라는 믿음이 확산되기 시작했다. 소비가 늘어야 기업의 생산품이 잘 팔리고, 기업의 생산량이 증가할수록 경제가 발전한다는 논리가 세상을 지배했다. 소비는 모든 문제를 해결해줄 수 있는 마법으로 통하기 시작했다.

그러면서 특권층만 누리던 물질적 풍요를 일반인도 즐기기 시작했다. 돈만 있다면 누구나 대통령보다 더 좋은 차를 타고 청와대보다 더

큰 집을 지을 수 있게 됐다. 사실 오늘날의 이 같은 소비 양태가 무척 오래 된 것 같지만 100년도 채 되지 않았다.

20세기 말이 되면서 상품의 순환 속도도 빨라졌다. 오늘날 신상품이 진열대에 도착하는 시간도, 사라지는 시간도 초고속이다. 사람들은 금방 실증내고 쓰레기통에 던져버리는 일에 익숙해져 있다. 오랜 기간 동안 보유하고 즐기는 대신 재빨리 사용 가치를 소비하고 버리는 일이 일상을 지배한다. 패스트푸드와 일회용품들이 이를 대변한다.

| 소비 문화에 대한 비판 |

소비의 부작용에 대한 우려도 쏟아졌다. 프랑스의 사상가 자크 라캉 Jacques Lacan은 20세기 후반 소비 문화를 '타인의 욕망을 욕망한다'는 말로 요약했다. 필요성에 상관없이 자신의 욕망이 아닌 남들이 욕망하는 바를 욕망한다는 비판이다.

프랑스의 사회학자 피에르 부르디외Pierre Bourdieu는 '과시적인 소비는 자신에 대해 아무것도 모르는 사람에게 그의 금전적 지위를 보여주는 방식'이라고 이야기한다. 예컨대 내가 에쿠스를 몰고 다니면 모든 사람들이 나를 대단히 부자이거나 성공한 사람으로 인식하는 것이다. 부르디외는 그래서 사람들이 계급에 따라 다른 물건을 사용함으로써 사회 구조 내에서 자신을 드러내는 방식에 관심을 갖고 있다고 했다.

한편 프랑스의 사상가 장 보드리야르Jean Baudrillard는 '현대의 소비는 개인의 욕망이 아닌 판매하고 광고하는 활동 가운데 존재한다'고 주장한다. 욕구를 만족시키기 위해 상품이 태어났다기보다, 제품이 탄생한 뒤 광고가 그에 대한 욕구를 만들어 낸다는 것이다. 예컨대 휴대폰이 필요해서 태어난 게 아니라, 휴대폰이 일단 생긴 뒤 이에 대한 욕구가 광고 등을 통해 생겨난다는 것이다.

철학적 비판과 더불어 부작용에 대한 지적도 대두됐다. 첫 번째는 자원의 고갈이다. 자원의 사용에 제한이 없다면 새로운 물건을 무한정 만들어 마구 사용하면 된다. 그러나 자원은 한정되어 있고 바닥을 드러낼 가능성이 높아지고 있다. 더불어 과도한 소비가 만드는 환경문제도 심각해졌다. 제품 소비의 부산물인 쓰레기도 늘었고, 제품 생산 과정에서 발행하는 오염 물질도 증가했다.

우리나라에서는 1960~1970년대까지 절약이 절대적 가치로 자리 잡고 있었다. 사람들은 부지런히 일해 돈을 벌었지만 소비하는 대신 은행에 넣어 두었다. 그러다 지난 1997년 IMF 금융 위기 이후 '소비의 미덕'이 새로운 패러다임으로 자리 잡았다. 정부와 언론이 '소비가 미덕'이라고 국민을 설득하고 나서고부터다. 소비를 하지 않고 저축만 하는 사람은 국가 경제에 도움이 안 되는 이기주의자란 평가를 받기도 했다. 그런 덕분에 대한민국은 경제 위기를 벗어날 수 있었지만 부작용도 심했다. 신용카드의 남용으로 신용 불량자가 급증했고, 카드 회사가 부실해지면서 카드 대란이란 후유증을 남겼다. 그 뒤 절약의 미덕이 다시 강조되는 분위기가 사회에 생겼다. 부지런히 일하고 절약해 아껴 써야 부자가 될 수 있다는 논리가 다시 힘을 얻은 것이다.

최근 욘족(Yawn, Young And Wealthy but Normal)이란 신조어가 등장했다. 젊은 부자로 평범한 삶을 사는 이들이 여기에 속한다. 30~40대에 부자가 됐지만 요트나 자가용 비행기 대신 자선사업에 돈을 쓴다.

소비의 위기에 대처하는 자세

최근 경제학 전문가들이 공통적으로 하는 이야기가 '소비의 위기'이다. 20세기 들어 시작되고, 20세기 중반 제2차 세계대전 이후 꽃을 피운 '소비의 시대'가 큰 위기에 직면했다는 것이다.

위기의 첫 번째 원인은 소비가 수없이 많은 사회 문제를 만든다는 점이다. 환경오염과 자원 고갈 뿐 아니라 사람 사이의 관계도 인스턴트화되었고, 모든 평가의 기준을 돈으로 한다.

더 큰 위기는 소비가 더 이상 행복을 증가시키지 못한다는 사실이다. 일종의 한계 체감의 법칙이 소비에서도 작용하는 것이다. 예컨대 처음 흑백텔레비전이 생겼을 때 느끼는 효용은 무척 컸다. 조그만 화면에서 세상을 볼 수 있다는 게 신기했다. 그리고 기술은 컬러텔레비전에서 LCD TV로 발전했지만, 그에 대한 소비자의 감흥은 처음 텔레비전이 등장했을 때와 비교해 크지 않다.

이런 상황에서 사람들은 '소비'에 대해 회의하기 시작했다. 더 많이 쓰고, 더 화려하게 사용한다고 더 많이 행복해지지 않음을 깨달은 것이다. 동시에 소비가 만드는 심각한 부작용을 깨닫기 시작했다. 그러면서 삶을 다이어트하고 심플한 삶을 추구하는 경향이 강해지고 있다. 2013년 4월 우리나라 국회를 방문한 빌 게이츠는 "피라미드를 짓거나, (갑부처럼) 500명을 고용해 부채질을 하도록 하는 데 돈을 쓰는 것이 무슨 의미가 있겠나"고 일갈했다. 그러면서 빌 게이츠는 소비보다 오히려 기부가 더 큰 기쁨을 준다고 주장하고 있다. 소비에 대한 인식 변화를 보여주는 단면이다.

나의 소비 성향은 어느 쪽일까?

소비자 유형 | 로버트 세틀 | 카렌 호나이

| 다양한 기준에 따른 소비자 유형 |

소비 경제학을 다룬 여러 교재들은 소비 유형에 대한 다양한 분석 결과를 내놓고 있다. 따라서 여러 기준에 자신을 맞춰서 찾아가 보면 입체적이고 종합적인 자신의 소비 성향을 알 수 있다.

독일 태생의 미국 여성 정신분석학자이자 신프로이드 학파인 카렌 호나이Karen Horney는 소비자의 대인 관계 스타일에 따라 소비자를 '순

● 카렌 호나이가 분석한 소비자 유형 ●

순응형	• 대중을 따라가며, 인습에 얽매이고 순정적인 유형이다. • 사회적 규범을 받아들이고 타인의 시선에 민감하다. • 경제보다 협력을 선호하고 타인을 믿는다. • 사랑 소속감이 중요하다.
공세형	• 순응형과 반대로 대중에 반하며 인습에 얽매이지 않고 비순종적이다. • 타인의 시선에 저항하고 협력보다 경쟁을 선호하며 논쟁을 두려워하지 않는다. • 지위와 위신이 중요하다.
소외형	• 대중에 무관심하며 반사회적이고 자치적이다. • 타인의 시선을 무시하고 경쟁이나 협력보다 독립을 선호한다. • 고독과 분리를 중시한다.

경제적 소비자	• 쓸모 있고 적용 가능한 것에 관심이 많은 실용주의자 유형. • 이들은 부의 축적과 물질적인 것들을 대단히 중시한다.
지적인 소비자	• 지식과 진실에 관심이 깊으며 합리적이고 비판적 사고를 하는 유형. • 비교하고 대조하기를 좋아하며 판단을 내릴 때 분석과 통합이란 도구를 모두 사용한다.
사회적인 소비자	• 이타적 사랑에 의해 동기가 유발되며 경쟁을 싫어하는 유형. • 이들은 타인에 대한 공감, 친절, 동정을 특징으로 한다.
미적인 소비자	• 자신의 인식과 경험이 조화를 이루는 데 초점을 맞추는 유형. • 처한 환경 속 물건의 형태와 균형에 관심이 높다.
정치적인 소비자	• 파워 중심적 유형. 자신의 의견이나 견해를 받아들이도록 다른 사람을 설득하려 한다. • 부와 물질적인 풍족함은 신분을 상징한다는 면에서 중시된다.
영적인 소비자	• 종교적 혹은 철학적 측면에 관심이 깊은 유형. • 초자연적이고 영적인 측면을 중시하기에 물질보다 삶의 근원에 더 많은 관심이 있다.

응형', '공세형', '소외형'의 세 가지로 구분을 했다.

어떤 경제적 가치를 중시하느냐에 따라 소비자를 분류할 수도 있다. 로버트 세틀 박사는 그의 베스트셀러 『소비의 심리학Why They Buy』에서 소비자를 가치 기준에 따라 위의 여섯 유형으로 구분한다.

한편 한국 소비자 보호원은 다음 여섯 가지 타입으로 소비자 유형을 구분한다. 소비 성향의 구분 방식을 이해하고 내가 그중 어디에 속하는지 파악한다면 좀 더 합리적 경제생활이 가능해진다.

소비자가 이 같은 유형에 대해 인식해야 하는 이유는 무엇보다 나의 스타일을 알기 위해서다. 성격과 마찬가지로 소비 스타일은 바꾸기 어렵다. 따라서 나의 주어진 스타일 내에서 가장 합리적으로 알차게 쓰는 법을 고민해야 한다.

아울러 스스로의 유형을 이해하면 내가 혹시 잘못된 게 아닌가라는

A유형	• 비싸더라도 유기농 식품을 사먹는다. • 식료품을 살 때 내용물의 성분을 확인한다. • 정기적으로 하는 운동이 있다. • 건강을 위해 음식을 가려 먹는다. • 건강을 위해 영양제나 보약을 먹는다.
B유형	• 주위 사람이 무슨 옷을 입는지 눈여겨본다. • 자신을 꾸미는 돈은 아깝지 않다. • 체중이나 몸매에 항상 신경을 쓴다. • 아름다움을 위해 성형수술도 가능하다.
C유형	• 여러 가게를 둘러보고 비교 후 구입한다. • 쇼핑하기 전에 목록을 작성한다. • 가격이 싸다면 먼 매장이라도 찾아간다.
D유형	• 재산 증식의 확실한 방법은 부동산 투자이다. • 집 마련 전에도 차는 소유한다. • 집은 사회적 신분과 부의 상징물이다.
E유형	• 신제품은 값이 비싸더라도 구입한다. • 일시불보다는 할부 구매를 이용한다.
F유형	• 디자인 좋은 옷보다는 활동적인 옷을 선호한다. • 비싼 옷 한 벌 보다는 싼 옷 여러 벌을 선호한다.

*자료: 한국 소비자 보호원

생각이나 상대에 대한 몰이해를 방지할 수 있다. 예를 들어 비싼 안경과 말끔한 양복 차림의 정치적 소비자와 추레한 옷차림의 영적 소비자가 대화를 할 경우 서로의 특징을 이해하지 못한다면 진정한 소통이 어려울 것이다. 영적인 소비자는 정치적 소비자가 겉만 번드르르하고 속은 텅빈 사람이라는 생각을 할 수 있다. 반대로 정치적 소비자는 영적인 소비자의 추레한 옷차림을 보면서 같이 있다는 사실만으로도 볼쾌할 수 있다. 하지만 소비자의 성격도 여러 갈래로 나뉠 수 있다는 사실을 이해하면 상대를 이해할 수 있는 기반이 마련된다.

위대한 철학자 디오니게스가 저녁 식사로 콩 꼬투리를 먹고 있었다. 그때 왕의 책사인 아리스팁푸스가 지나가다 멈춰서 말했다.

"가엾은 사람아, 왕에게 고분고분하게 굴기만 하면 그렇게 형편없는 식사를 하지 않아도 되잖은가"

그러자 디오게네스가 빙그레 웃으면서 대답했다고 한다.

"가엾은 사람아, 콩 꼬투리를 먹고 살 줄만 안다면 왕에게 빌붙어 아첨을 떨지 않아도 되지 않는가."

소비에 대한 인식의 차이를 극단적으로 보여주는 일화가 아닐 수 없다.

화성에서 온 지갑, 금성에서 온 지갑

소비 패턴 | 소비 심리 지수

| 남성과 여성의 소비 패턴 |

'남자는 꼭 필요한 만 원짜리 물건을 2만 원에 사오는 반면 여자는 전혀 필요하지 않은 2만 원짜리 물건을 만 원에 사온다.'

남성과 여성의 소비 패턴을 보여주는 단적인 말이다. 남자와 여자는 흔히 '화성'과 '금성'으로 출신 행성을 나눌 만큼 돈을 쓰는 모습도 많이 다르기에, 서로에 대한 이해가 필요하다.

여성의 경우 당장 필요 없지만 백화점에서 갑자기 50퍼센트 할인이라고 하면 일단 사고 본다. 그렇게 구매한 뒤 그냥 버리거나 남을 주기도 한다. 남성은 여성의 이 같은 습성을 이해하지 못한다.

반면 남성은 여성보다 가격을 깎는 데 서투르거나 자존심을 신경쓴다. 이것저것 따져보지 않고 대충 엇비슷하면 산다. 따라서 비싸게 샀다는 구박을 아내에게 자주 듣는다.

더 나아가 여성은 '자신'을 위한 돈쓰기에 충실한 반면 남성은 '남을 위한 쓰기'에 열심인 경우가 많다. 대체로 여성들에게 빼놓을 수 없는 기쁨은 쇼핑 그 자체이다. 반면 남성은 누군가에게 무언가를 사주고 그들로부터 귀가 즐거운 칭찬을 듣기 좋아하는 경향이 있다.

　한 통계에 따르면 여성 고객이 혼자 매장에 들어서는 경우 평균 쇼핑 시간은 5분 정도이지만 남자를 동반한 경우 4분 40초로 줄어든다고 한다. 반면 동성인 여자를 동반하는 경우에는 쇼핑 시간이 8분 15초로 크게 늘어난다. 이처럼 남녀의 소비 습관은 서로의 생김새나 성격 만큼이나 다르다. 화성에서 온 남자의 지갑과 금성에서 온 여자의 지갑이 다른 것을 이해하고 존중한다면 마트나 백화점 같은 장소에서 서로가 얼굴을 붉힐 일이 줄어들 것이다.

사람들의 소비 심리는 경기 변동과도 깊은 관계가 있다. 소비 심리가 좋아지면, 돈을 많이 사용할 것이고, 따라서 경기가 좋아질 것이라는 판단이 가능하다. 한국은행이 이 같은 소비자의 심리를 조사해 발표하는데, 소비 심리 지수가 100을 넘으면 앞으로의 생활 형편이나 경기, 수입 등이 좋아질 것으로 보는 사람이 많다는 의미이며 100 미만이면 그 반대다.

혈핵형에 따른 소비 유형

많은 사람들은 혈액형에 따라 성격이 어느 정도 특징적으로 정해진다고 생각한다. 'A형은 소심하고, B형은 이기적이며, O형은 발이 넓고, AB형은 특이하다'는 말이 사람들 사이에서 진지하게 회자된다. 어디까지 진실인지 알 수 없으나 주변 사람의 성격과 혈액형을 비교해 보면 얼추 맞아 떨어질 때도 있다.

따라서 소비의 형태도 혈액형별로 다른 특징을 보일 수 있다. 국내 대표적 온라인 마켓 옥션은 그래서 혈액형과 소비 유형의 상관관계를 분석한 적이 있다. 그 결과 AB형은 인터넷 쇼핑시 반드시 꼭 필요한 제품만을 구입하는 스타일, B형은 맘에 드는 물건을 발견하면 즉시 구입하는 스타일로 나타났다. 아울러 A형은 합리적이고 계산이 빠른 편이며, O형은 계산이나 흥정에 미숙한 편으로 분석되고 있다.

옥션의 조사에서 나타난 재미있는 결과 중 하나가 물건 하나 사는 데 걸리는 평균 시간이다.

설문 조사에서 B형은 1시간 이라는 답이 가장 많은 반면, A형과 O형은 반나절 이내란 답변 비율이 높았다. AB형은 2~3일 걸린다고 대답한 비율이 높다. 결국 B형은 충동구매가 많고 AB형 가운데에는 신중한 구두쇠가 많다는 점이 쇼핑 시간에서도 고스란히 드러난다.

만일 쇼핑 중 물건을 보자마자 사는 친구가 있으면 혹시 B형인지 의심해 보고, 며칠을 살까말까 고민하고 최대한 싼 값에 살 수 있는 방법을 찾기 위해 골몰한다면 AB형이 아닌지 생각해 볼 수 있다. 반면 숙맥처럼 물건값을 깎지 못하고 주인이 달라는 만큼 다 주면 O형일 확률이 높고, 그럭저럭 적당히 고민하고 적당히 깎고, 적당히 주고 물건을 산다면 A형일 가능성이 높은 셈이다.

나는 중산층일까?

중산층 | 중위 소득 | 차상위층 | 가처분소득

| 중산층의 범위 |

40대 중반 남성이 정리 해고를 당한 뒤 가스 충전소에서 110만 원을 받고 일한다. 그 돈으로는 생활을 유지할 수 없어 부인이 식당에서 허드렛일을 하면서 70만 원을 더 번다. 이 가정의 월수입은 총 180만 원. 세금, 건강보험, 국민연금 등을 빼고 150만 원 정도 손에 쥔다. 이 가정은 중산층일까, 아닐까? 누가 봐도 아니다. 하지만 정부 통계상으로는 중산층에 속한다.

중산층은 가계 총수입이 중위 소득의 50~150퍼센트 사이에 있는 사람을 말한다. 전체 가정을 소득 순으로 줄 세웠을 때 딱 중간에 있는 집의 소득이 중위 소득이다. 우리나라의 중위 소득은 350만 원. 350만 원의 절반인 175만 원에서 525만원 사이를 버는 가정이 명목상으로는 중산층이다.

그러나 그 정도 소득으로는 생계 유지가 힘든 것이 현실이다. 외식이나 나들이를 하기도 부담스럽다. 따라서 스스로 중산층이라고 생각하지 않는다. 중산층인지 여부를 묻는 설문 조사에서 50퍼센트 이상이 자

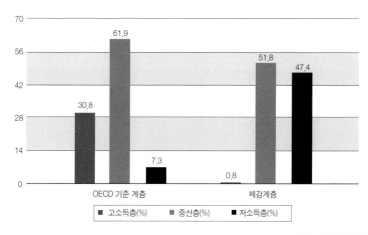

●OECD 기준 중산층과 체감 중산층●

출처 : 현대경제연구원

OECD 기준에 따르면 중산층으로 분류되지만 스스로는 저소득층이라고 생각하는 사람이 절반가량인 것으로 나타났다.

신은 빈곤층이라고 답하는 이유도 이 때문이다. 즉, 중위 소득 이하인 가정은 스스로 빈곤층이라고 생각하는 것이다. IMF 금융 위기 이전 스스로 중산층으로 생각했던 국민은 비율은 70퍼센트 이상이었으나 지금은 30~40퍼센트를 맴돌고 있다. 통념상 중산층은 풍족하지는 않지만 먹고살 만한 가정을 뜻한다. 그러나 정부 통계의 중산층에는 그렇지 못한 가정이 많다.

중산층 통계의 문제는 최저생계비와 비교하면 금방 알 수 있다. 2011년의 중산층의 하한선인 175만 원은 정부가 정한 4인 가구의 최저생계비 144만 원을 약간 웃도는 수준이다.

또한 정부는 가구 소득이 최저생계비의 120퍼센트에 못 미치는 가구를 '차상위층(최하위 계층인 기초 생활 보장 대상의 바로 위 계층이란 뜻)'으로 분류해 각종 지원을 하고 있다. 2011년 기준으로 4인 가구는 월 172만 원, 5인 가구는 월 204만 원 미만의 소득을 벌면 차상위층에 해당한다. 월 175~204만 원을 버는 5인 가구는 차상위층이지만 중산층이된다.

이 같은 중산층 기준은 OECD가 정했다. 선진국도 같은 기준이 적용되지만 우리와 차이가 있다. 우리는 175만원으로 세금이나 보험료도내고 자녀 학비며 병원비 모두를 부담해야 한다. 사실상 최저생계비에지나지 않는다. 반면 선진국은 기본적인 생활은 정부가 보장한다. 따라서 중위 소득의 50퍼센트만 벌어도 생활에 큰 불편을 느끼지 않을 수있다.

| 가처분소득 |

중산층의 기준이 되는 소득은 실수령액이 아니다. 세금 등을 빼기 전소득이다. 사실 월급을 전부 받는 경우는 드물다. 의료보험료, 국민연금뿐 아니라 근로소득세도 제하고 받게 된다. 월급이 300만 원이어도통장에 찍히는 돈은 250만 원인 경우도 있다. 명목상 받는 소득과 실제 손에 쥐는 돈이 다른 것이다. 이를 구분하기 위해 생긴 것이 '가처분소득'이다.

가처분소득이란 소득 중 가계가 임의로 처분이 가능한 소득을 말한다. 소득에서 세금과 세외 부담, 즉 이자 등 소비와 관계없이 사용한돈을 빼고 여기에 연금이나 사회보장금 등 수입을 보탠 것이다. 즉, 가처분소득은 개인이 소비하고 저축할 수 있는 총 금액을 뜻한다.

연봉이 1억인 사람도 "이것저것 빼고 나면 남는 게 없다"고 푸념하는경우가 많다. 소득세가 누진제이기 때문이 고소득자는 더 많은 세금을 내게 된다. 따라서 가처분소득의 차이는 명목소득의 차이보다 더 적은 경우가 일반적이다.

가계는 가처분소득을 토대로 소비와 저축에 관한 의사 결정을 한다. 손에 쥔 돈을 갖고 어디에 얼마를 지출할지, 또 어느 정도로 저축을 할지 결정하는 것이다. 저축률은 가처분소득 가운데 저축에 쓴 돈을 말한다. 가계가 했을 경우 가계 저축률이라고 한다.

우리나라의 저축률은 오랫동안 OECD 국가 중 최고를 기록했다. 하지만 20세기 말 소비가 미덕이라는 생각이 확산되면서 떨어지기 시작했고, 2011년에는 OECD 평균인 7.1퍼센트의 절반도 안 되는 2.7퍼센트를 기록했다. 프랑스(16.2%), 독일(10.4%), 미국(4.2%) 등의 나라보다 크게 낮다. 이처럼 낮은 저축률은 기업의 투자 재원 확보에도 문제가 되지만 개인의 미래도 불안하게 한다.

서민들에게 우울한 법칙이 바로 파레토의 법칙이다. 즉, 상위 20퍼센트가 전체 소득의 80퍼센트를 가져간다는 것이다. 흔히 2:8의 법칙으로 불리는데, 결국 하위 80퍼센트의 사람이 나머지 20퍼센트의 소득으로 살아가는 셈이다.

부자 아빠와 가난한 아빠의 차이, 엥겔 지수

엥겔 지수(Engel's coefficient)는 가계 지출 가운데 식료품비가 차지하는 비중을 나타낸다. 생활수준을 가늠하는 척도로 이용된다. 1857년 독일의 통계학자 엥겔이 벨기에의 153개 근로자 가구를 대상으로 한 통계 조사에서 찾아내 '엥겔의 법칙'이라고도 불린다.

일반적으로 식료품은 필수품으로서 소득의 높고 낮음에 관계없이 반드시 어느 정도 소비해야 하지만 동시에 어느 수준 이상은 소비할 필요가 없는 재화다. 그러므로 저소득 가계라도 일정한 금액의 식료품비를 지출해야 하고, 소득이 늘어도 크게 증가하지 않는다. 이러한 까닭에 식료품비가 가계의 총 지출에서 차지하는 비율, 즉 엥겔 지수는 소득 수준이 높아지면 점차 감소하는 경향이 있다.

따라서 엥겔 지수가 20퍼센트 이하면 상류, 25~30퍼센트는 중류, 30~50퍼센트는 하류, 50퍼센트 이상은 극빈 등으로 분류되고 있다. 국가적으로는 엥겔 지수가 50퍼센트 이상이면 후진국, 30~50퍼센트이면 개발도상국, 30퍼센트 이하면 선진국이라고도 한다. 한국은행에 따르면 2012년 상반기 우리나라의 엥겔 지수는 13.6퍼센트를 기록하고 있다. 같은 기간 중국 상하이 시민의 엥겔 지수는 30퍼센트대를 기록했다.

내 집 마련의 꿈, 이루어질까?

공공 임대주택 | 부동산 거품

| 주택 공급, 현실과 이상의 괴리 |

신혼부부의 공통된 소망은 '내 집 마련'이지만 그 꿈을 이루는 사람들은 많지 않다. 주택 가격은 크게 상승한 반면 정부 지원은 줄고 있기 때문이다. 1970년대 인기를 끌었던 재형저축의 경우 금리가 20퍼센트 가까이 되기도 했다. 따라서 10년 정도 부지런히 저축하면 내 집 마련에 필요한 목돈이 생겼다. 그러나 지금의 재형저축은 금리가 시중은행보다 조금 높고, 세금을 내지 않아도 되는 혜택이 있는 것을 빼고는 큰 매력이 없다.

'생애 첫 주택 구입 대출'도 마찬가지다. 시중은행 대출과 비교해 현장에서 느끼는 체감 금리에서 큰 차이가 없다. 정부가 내놓은 대책은 버리자니 아깝고 먹자니 심심한 '계륵'과 같은 상황이 됐다. 경제성장률이 1970년대처럼 10퍼센트 내외를 기록하지 않는 이상, 서민들의 주택 마련에 과거처럼 정부가 대폭 지원하기 힘든 상황이 된 것이다.

현재 LH한국토지주택공사나 SH공사가 직접 공급하는 공공 임대주택 건설도 한계에 부딪힌 상황이다. LH의 경우 공공 임대주택 건설 과정에서 부채가 2012년 6월 현재 133조 6천억 원으로 증가했다. 이는 2011년 국가 부채 445조 2천억 원의 30퍼센트에 달하는 금액이다. 부채를 늘려가며 공공 임대주택을 늘리기 어려운 상황에 직면했다. 아울러 공공 임대주택은 대개 저소득층을 대상으로 제공되고 있다. 일반 서민이 접근하는 데 한계가 있다. 또한 영구 임대주택과 달리 5년 만기 주택이 대부분을 차지하고 있다.

따라서 돈을 모아 집을 마련하는 것이 유일하면서도 전통적인 방식이다. 그러나 문제는 높은 주택 가격, 불안정한 소득, 높아진 소비 성향 때문에 내 집 마련이 어렵다는 사실이다. 아파트 가격이 3억 6천만 원이라고 했을 때, 월 소득 300만 원인 가정이 10년을 꼬박 다른 지출 없이 돈을 모아야 내 집을 마련할 수 있다. 그러나 월급 150만 원의 비정규직이 전체 근로자의 50퍼센트에 달하고, 교육비 등 소비지출이 늘어난 상황에서 이는 불가능해 보이는 수치다.

| 주택 가격의 폭등과 폭락 |

내 집 마련의 꿈이 있다면 허리띠를 졸라 매고 단돈 30만 원이라도 매달 저축하는 습관이 필요하다. 그 과정에서 쌓이는 것은 돈 뿐만이 아니라 부자가 되는 습관이다. 돈보다 그 습관이 에너지를 만들어 내 집 마련의 돌파구를 만들 수 있다.

목돈이 없기에 대개는 대출을 받아 집을 마련하게 된다. 집을 담보로 돈을 빌리는 것이다. 예컨대 2억 6천만 원을 대출받는다면 1억 원만 있어도 3억 6천만 원짜리 아파트를 마련할 수 있다. 과거에는 이런 일이 가능하기도 했다. 주택 담보 대출 비율(LTV) 80퍼센트가 적용돼 3억 원인 아파트의 경우 2억 4천만 원까지 대출받을 수 있었다. 6천만 원만 있으면 내 집을 마련할 수 있는 것이다.

이렇게 주택을 구입한 뒤 집값이 상승한다면 꿩도 먹고 알도 먹는 상황이 된다. 예컨대 집값이 3년 뒤 5억 원으로 뛴다면 6천만 원을 투자해 1억 4천만 원을 버는 수익을 올릴 수도 있다. 3년간 낸 이자를 제하더라도 꽤 큰돈이 수중에 떨어진다. 내 집도 마련하고 재테크에도 성공한 것이다.

반대로 집값이 폭락하면 낭패에 빠진다. 집값이 2억 원으로 폭락하면 빚만 남게 된다. 이런 사람들이 이른바 '하우스 푸어'다. 집 사는 데 투자한 6천만 원을 고스란히 날렸을 뿐 아니라 매달 은행 이자를 내야 한다. 이자율이 4.8퍼센트일 경우 대출받은 2억 4천만 원에 대해 매달 96만 원의 이자를 내야 한다. 집값이 떨어져 손해고, 매달 이자를 낼 때마다 쓰린 속을 부여잡고 고통스러워해야 한다. 은행도 위험해진다. 설사 집을 매각한다고 해도 빌려준 돈 3억 원을 전부 회수할 수가 없기 때문이다. 2006년 부동산 거품이 붕괴하면서 대한민국 부동산 시장이 직면한 문제가 바로 이것이었다.

부동산을 구입할 때 내는 세금이 취득세다. 2013년 9월부터 정부는 취득세를 인하해 6억 원 이하인 주택은 1퍼센트, 6억원 초과 9억 원 이하인 주택은 2퍼센트, 9억 원 초과 주택은 3퍼센트로 했다. 가장 큰 혜택을 받는 쪽은 6억 원 이하의 주택이다. 2퍼센트에서 1퍼센트로 낮아졌기 때문이다.

5

기업의 운영 원리

거대한 경제가 움직인다

| 주식회사의 구성 |

기업은 이윤 추구를 목적으로 부가가치를 생산하는 곳이다. 이윤이 없다면 기업은 존재할 수 없다. 기업은 1인 기업부터 직원 수가 20만 명이 넘는 대기업까지를 모두 포함한다.

기업은 크게 개인 사업자와 법인으로 나뉜다. 대개 작은 회사나 자영업은 개인 사업자인 경우가 많다. 규모가 커지면 회사를 주식회사로 바꾼다. 이를 통해 기업의 신뢰도가 높아지고, 보다 많은 자금을 모을 수 있기 때문이다.

주식회사는 형식상 자본금 중심의 단체고 법인이다. 자본금은 회사에서 사무실을 구하고, 공장을 세우고, 직원을 고용하는 데 사용된다. 주식회사에서는 자본금을 작은 단위로 분할하는데 이것이 바로 '주식'이다. 각 주식의 금액은 균일해야 하며, 이에 따라 각 주식은 평등한 대우를 받는다. 이를 '주식 평등의 원칙'이라 한다. 주식의 양도는 자유롭게 할 수 있다.

이 같은 주식을 소유한 사람이 바로 주주다. 회사에 대한 주주의 권리와 의무는 소유한 주식의 양에 따라 정해진다. 자본금을 얼마나 냈느냐에 따라 의사 결정권의 크기가 결정되는 것이다. 주식회사에서 의견이 엇갈리는 문제가 생길 경우 다수결로 해결하게 되는데, 주식을 많이 가지고 있을수록 더 강한 의결권을 행사할 수 있다.

예컨대 자본금이 100억 원인 기업에서 내가 갖고 있는 지분율이 51퍼센트라고 해보자. 이는 회사 주식의 절반 이상을 보유했다는 뜻인 동시에 자본금 가운데 51억 원을 냈다는 의미다. 이 경우 의결권 역시 51퍼센트를 갖게 된다. 만일 주주들 사이에서 의견 차이가 생기더라도 나는 과반수를 갖고 있기 때문에 내 의사에 따라 결정을 내릴 수 있다. 이렇듯 회사를 좌지우지하기 위해서는 주식 보유량이 50퍼센트를 초과해야 한다.

가끔 경영권을 놓고 1대 주주와 2대 주주가 대립하는 기사가 신문에 나온다. 때로는 드라마 소재로도 활용된다. 두 명 다 지분을 50퍼센트 이상 확보하지 못한 경우에 이 같은 싸움이 벌어진다. 서로 더 많은 우호 지분을 확보하기 위해 경쟁하는 것이다. 결국 50퍼센트를 넘긴 쪽이 승자가 된다.

한편 주주는 투자한 돈 이외에 어떤 의무도 부담하지 않는다. 기업이 은행 대출을 갚지 못하더라도 개인 재산을 털어 메워야 할 필요는 없다. 즉, 회사의 채권자에 대해 주주는 전혀 책임이 없다. 이것을 '주주 유한책임의 원칙'이라고 한다.

| 주식회사의 운영 |

주주가 반드시 경영에 나서는 것은 아니다. 경영은 주주총회 혹은 이사회에서 위임받은 자가 한다. 예컨대 삼성 전자 주식을 10주 갖고 있

다면, 주주총회에 참석할 수는 있지만 회사 경영에는 관여할 수 없을 것이다. 대개 지분율이 높은 대주주가 경영을 맡거나, 대주주가 고용한 전문 경영자가 회사를 운영하기 때문이다.

●자기자본금
기업의 소유자 등이 사업을 위해 내놓은 돈을 자본금이라 한다. 이를 누가 출자했느냐에 따라 자기자본과 타인자본으로 나눈다. 주식회사에서 주주가 내놓은 자본은 자기자본에 속한다.

　법인을 만들기 위해서는 정관을 만들어야 하고, 정관 안에는 발행하는 주식 총수와 주당 금액을 기재해야 한다. 또한 주식을 누가 몇 퍼센트 소유할지 명시하고, 이사와 감사를 선임하는 등 회사의 실체를 구성하는 절차와 내용이 담겨야 한다. 이 같은 내용을 담아 법원에 설립등기를 해야 주식회사로서 법적 지위를 부여받는다.

　설립 방법은 발기인이 발행하는 주식을 전부 인수하는 발기설립과, 발기인이 일부만 인수하고 나머지 금액에 대해서는 다른 사람을 끌어들이는 모집설립 두 가지로 나뉜다. 주식회사는 법률상 반드시 의사 결정 기관인 주주총회, 집행 기관인 이사회, 감독 기관인 감사監事의 세 기관을 가져야 한다.

　주식회사가 새로운 자금을 조달해야 하는 경우 신주 발행에 따라 자기자본금●을 증가시킬 수 있다. 새롭게 주식을 추가 발행하더라도 정관을 개정할 필요는 없다. 상법상 자본금 총액과 발행 주식의 총수는 법원에 등기만 하면 된다. 즉, 자본금과 주식 총수를 늘리고 싶으면, 정관의 개정 없이 법원에 신고만 하면 된다. 회사 자금을 기동적으로 조달할 수 있게 하기 위해 원칙적으로 이사회의 결정에 따라 신주가 발행되도록 한 것이다.

| 다양한 주식의 종류 |

앞에서 설명한 주식은 일반적으로 거래되는 보통주이다. 하지만 보통

주 이외에도 다양한 주식이 발행된다. 앞서 본 것처럼 주주는 회사의 채무에 대해 책임을 지지 않는다. 대신 부도가 나면 주주가 맨 마지막에 투자한 돈을 돌려받게 된다. 즉, 회사가 망했을 경우 가장 먼저 변제해주어야 하는 대상은 채권 투자자이다. 그리고 남는 게 있다면 주주들에게 돈을 돌려준다.

이 경우 보통주보다 우선적으로 보상받을 수 있는 주식이 바로 우선주이다. 우선주는 회사가 망했을 때 채권 다음으로 보상을 받는다. 그런 면에서 보통주보다는 안전하지만 완벽한 보장은 어렵다.

우선주는 보통주와 다른 종목으로 거래된다. 보통주 종목명 뒤에 '우'라는 약자가 붙는다. 예를 들어 '삼성전자우', '현대차우' 등이다. 장점만 있는 것은 아니다.

우선주에는 의결권이 없다. 따라서 우선주를 아무리 많이 보유해도 회사 경영에 전혀 영향을 주지 못한다. 따라서 기업 입장에서 우선주는 경영권을 보호하면서 자본금을 쌓는 수단이 된다. 다분히 기업이 남용할 소지가 있는데, 이를 막기 위해 의결권 없는 주식의 총수는 전체 발행 주식의 4분의 1을 초과하지 못하도록 제한하고 있다.

한편 의결권은 있지만 보통주보다 나중에 배당을 받는 것이 있다. 바로 후배주다. 우선주나 보통주보다 파산에 따른 손실 위험이 크지만 경영권 방어 등에 도움이 된다.

우리나라 최초의 주식회사는 1899년에 세워진 '천일은행'이다. 강화도조약 체결 이후, 일본의 금융자본이 밀려들어와 경제문제가 심각해지자 이에 맞서 정부와 상인 등이 설립한 민족 자본 은행이었다.

코스닥은 어떻게 부자가 되었나?

상장회사 | 액면가 | 공모가 | 기업공개 | 신주 공모 | 구주 매출

| 증권 거래소의 운영 원리 |

상장•을 하게 되면 거래소나 코스닥KOSDAQ, Korea Securities Dealers Automated Quotation을 통해 회사의 주식과 채권을 사고팔 수 있게 된다. 수많은 주식회사가 있지만 소수만이 상장된다. 자격 요건이 까다롭기 때문이다.

증권거래소는 튼튼하고 안전한 우리나라 대표 기업만을 상장하고 있다. 거래소에 상장하기 위해서는 자기자본금이 최소한 75억 원 이상이어야 하고, 최근 3년 평균 100억 원 이상의 매출을 올려야 하며, 최근 연도 증가율은 20% 이상을 기록해야 한다. 반면 코스닥 상장은 이보다는 쉽다. 코스닥의 경우, 설립 연수가 3년 이상이고, 자기자본금이 15억 원이며, 경상이익을 실현하고 있으면 상장할 수 있다.

상장회사는 보다 쉽게 돈을 끌어모을 수 있다. 안면도 없는 시골 할아버지도 증권시장에서 주식에 투자하기 때문이다. 이런 면에서 상장회사는 인격적인 결합이 아닌, 철저히 자본금에 기초한 조직이다.

또한 상장회사는 발행액보다 많은 자금을 조달할 수 있다. 일반인들

●상장
주식을 매매할 수 있도록 증권거래소에 등록하는 일을 말한다. 주식이 거래소의 거래 물건으로 등록되려면 일정한 자격과 조건을 갖추어야 한다.

에게 판매하는 공모가가 주식의 액면가보다 높기 때문이다. 예컨대 액면가 500원인 주식을 발행해 증권시장에 상장할 때 판매가는 2천 원인 식이다. 이것이 공모가이다. 액면가 500원인 주식을 2천 원에 100만 주 발행해 상장했다고 해보자. 액면가 총액은 5억 원이다. 그러나 실제 통장에 들어오는 돈은 20억 원이 된다. 판매가가 액면가보다 높지만 투자자들은 향후 더 오를 가능성이 있다는 판단에 구입을 한다. 이렇게 액면가와 판매가의 차액이 '자본 잉여금'이다. 재무제표상 자본금은 5억 원 증가했지만, 자본 잉여금이 15억 원 추가로 늘어서 자본 총액은 20억 원이 증가하게 된다.

이렇게 되면 기존 주주들도 돈을 쉽게 벌 수 있다. 보유하고 있는 액면가 500원의 주식을 거래소에서 2천 원에 팔 수 있기 때문이다. 10억 원어치의 주식만 팔아도 40억 원의 현금을 확보할 수 있다. 때로는 액면가 500원인 주식이 5천 원에 상장되기도 한다. 이럴 경우 10억 원어치만 팔아도 100억 원이 손에 들어온다. 기업의 대주주는 큰돈을 벌게 된다.

아울러 상장이 되면 기업의 신용도 올라간다. 상장회사가 됐다는 것은 감독 기관으로부터 안정적인 회사로 인정받았다는 뜻이다. 앞으로 회사 운영이 더 수월해진다. 직원 개인도 금융기관에서 쉽게 대출을 받을 수 있게 되고, 자부심이 생기는 등 여러 이점이 있다.

| 상장과 상장 폐지의 절차 |

상장의 방법에도 여러 가지가 있다. 신규 주식을 발행하는 방법이 있고, 더 이상 자본금이 필요하지 않거나 이미 자본금이 충분하다고 생각되면 신주 공모 대신 대주주가 보유한 기존 주식을 일반인에게 판매하기도 한다. 이것을 구주 매출이라고 한다.

요건	일반 기업	벤처 기업	기술 성장 기업
설립 후 경과 년수	3년 이상	미적용	미적용
규모	자기자본	30억 원 이상	15억 원 이상
	기준 시가 총액	90억 원 이상	
지분 분산 정도	* 다음 요건 중 택일 1) 소액주주 500명 이상, 지분 25% 이상 2) 자기자본 500억 이상, 소액주주 500명 이상 3) 공모 25% 이상, 소액주주 500명		

모집 설립이라는 방식도 있다. 회사 설립 시 발기인은 주식의 일부만 인수하고 나머지는 일반인에게 공모하는 것이다. 모집 설립을 하면 기업의 설립과 동시에 기업공개를 하게 된다.

기업공개는 대개 상장을 전제로 이뤄진다. 그러나 기업공개와 상장이 같은 뜻은 아니다. 예전 한겨레신문사는 모집 설립을 통해 기업공개를 했다. 그러나 주식시장에 상장하지는 않았다. 기업 공개는 발행한 주식을 널리 분산하고 재무 내용을 공시하여 명실상부한 주식회사 체재를 갖추는 것이다. 기업공개를 했다고 반드시 상장할 필요는 없다.

상장폐지는 더 이상 거래소에서 주식을 사고팔지 않도록 하는 것이다. 강제로 하는 것과 자발적으로 하는 두 가지가 있다. 직권 폐지는 거래소가 직권으로 특정 기업의 상장을 폐지하는 것이다. 기업이 더이상 거래될 수 없을 정도로 부실하다는 판단이 들 때 폐지하게 된다. 반대로 신청 폐지는 상장기업이 스스로 신청하는 것이다. 더 이상 공

규모 요건	• 자기자본 100억 원 이상, 상장주 100만 주 이상
분산 요건	• 소액주주 25% 이상, 혹은 공모주 25% 이상 등 • 소액주주 1천 명 이상
경영 성과 요건	• 최근 매출액 300억 원 이상 및 3년 평균 200억 원 이상 • 3년간 당기 순이익 실현 또는 매출액 500억 원 이상 • 기준시가 총액 1천억 원 이상 등

개 기업으로 남아 있기가 싫을 때 상장폐지를 신청한다. 상장을 한다
는 것은 기업을 공개한다는 뜻이고, 외부 주주의 간섭을 받을 수밖에
없다. 이러한 간섭을 피하기 위해 상장을 폐지하는 것이다.

미국 나이키 본사가 한국의 삼나 스포츠(나이키 한국 지사와 한국의 한 신발
업체가 세운 합작 법인)의 모든 주식을 매수한 뒤 상장을 폐지한 적이 있다.
상장을 유지할 경우 본사가 회사 경영을 마음대로 할 수 없기에 한국 시장의
성장을 앞두고 내린 결정이었다.

주식시장은 오로지 숫자로 말한다

주가지수 | 코스피 | 코스닥 | 다우존스식 | 시가총액 방식

| 주가지수 작성 |

증권시장에 상장된 주식의 가격은 여러 요인에 의해 오르고 내린다. 이 같은 흐름을 종합적으로 보기 위해 만든 것이 주가지수다. 주가지수 작성법에는 '다우존스식'과 '시가총액 방식'이 있다.

다우존스식은 일부 우량주만을 선정해 지수를 만드는 것이다. 대상 종목의 주가 합계를 종목 수로 나누어 계산한다. 미국의 '다우존스 지수'와 일본의 '닛케이 지수'가 대표적이다.

시가총액 방식은 상장된 모든 주식의 평균값을 지수화한 것이다. 1983년 이후 우리나라는 이 방식을 택하고 있다. 대표 지수인 코스피 KOSPI, Korean Composite Stock Price Index는 1980년 1월 4일을 기준으로 상장종목 전체의 시가총액을 100으로 놓고 계산한다. 코스피 지수가 2000포인트를 기록했다는 말은 1980년에 비해 시가 총액이 20배 증가했다는 뜻이다. 이밖에 증권거래소의 주가지수로는 시가총액 상위 2,000개 종목으로 만든 '코스피200', 우량 종목으로 구성된 '코스피100', '코스피50' 등이 있다.

● 코스피 지수의 변화 ●

시가총액 방식은 전체적인 시장 상황을 손쉽게 파악할 수 있는 장점이 있다. 반면 시가총액이 높거나 주식 수가 많은 일부 종목이 지수 결정에 큰 영향을 미친다. 저가주가 모두 하락해도 삼성전자, 현대중공업 등 일부 비싼 주식이나 우리금융, 한국전력 등 주식 수가 많은 기업의 주가가 오르면 코스피는 상승한다. 그래서 개미 투자자가 산 중소형주가 하락해도 삼성 전자가 상승하면 주가지수는 오르기도 한다.

코스닥 지수 역시 시가총액 방식으로 산출한다. 원래는 1996년 7월 1일을 100포인트로 놓고 계산했다. 그러다 2004년 1월 26일 기준 지수를 1,000으로 10배 상향 조정했다. 주가지수가 기준 시점보다 떨어졌기 때문이다. 현재 코스닥 지수는 500포인트 대를 기록하고 있다. 원래의 방식으로 계산하면 주가지수는 50포인트가 된다. '주가지수 50'이라는 말이 초라해 이보다 10배 높은 500으로 부르고 있다. 한때 300포인트까지 올랐을 때와 비교하면 6배 정도 폭락한 수치다. 벤처 폭풍의 흐름을 코스닥 지수 변동을 통해서 확인할 수 있다.

주가는 경제 상황을 반영한다. 경기가 나쁘면 주가가 하락하고, 좋으면 상승한다. 또한 주가 상승은 경기의 움직임보다 앞서 변하는 것으로 알려져 있다. 경제가 회복 조짐을 보이기 전부터 이미 주가가 먼저 상승하는 것이다. 또한 실물경제 거품이 최고조에 달했을 즈음 주가는 이미 하락하기 시작한다. 그러나 언제나 이대로 움직이는 것은 아니다. 주가는 실물경제뿐 아니라 금리, 통화량 등 여러 변수에도 영향을 받기 때문이다.

우선 금리에 직접적인 영향을 받는다. 은행 이자율이 떨어지면 주가는 상승한다. 금리가 떨어지면 기업의 자금 차입이 쉬워지고 따라서 설비투자가 증가한다. 또한 적은 이자 부담 때문에 기업의 수익성이 올라간다. 결국 기업의 가치가 상승하고, 이를 반영해 주가도 올라간다. 따라서 금리 인하가 이뤄지면 주가가 오를 것이라는 전망이 쏟아진다. 반대로 금리가 오르면 기업의 수익성이 나빠져 주가가 떨어질 가능성이 높아진다.

같은 맥락에서 통화량이 증가하면 기업의 자금 확보가 유리해진다. 따라서 기업은 설비투자에 적극 나설 가능성이 높다. 경기가 살아나고 수익성이 높아지면서, 기업의 가치가 올라가고 주가도 상승한다.

완만한 물가 상승 역시 주가 상승에 도움이 된다고 전문가들은 본다. 적당한 인플레이션이 기업 수지를 개선하고 자산 가치를 늘려주기 때문이다. 그러나 급격한 물가 상승은 금융자산에 대한 투자를 위축시키고, 돈이 귀금속·부동산으로 몰려가도록 만든다. 결국 주가에 나쁜 영향을 미친다. 반면 스태그플레이션은 주가 하락의 원인이 된다. 경기가 침체된 상황에서 비용은 오르고 판매는 줄어들기 때문이다.

그러나 이 같은 실물경제의 움직임과 함께 자본시장의 수급이 더 큰 영향을 미칠 때도 있다. 특히 지금처럼 금융시장의 규모가 클 때는 시장의 수급이 결정적인 영향을 미친다. 특히 거대 자본의 영향력이 큰데, 경제가 호황이어도 '큰손'으로 통하는 외국인이 투자하지 않으면 주가는 오르지 않는다. 반대로 경기가 아무리 나빠도 해외 자본이 몰려들면 주가는 오르게 되어 있다. 실물경제와 상관없이 주가가 움직이는 것이다.

자본자유화 이후 국내 증시가 해외와 동조 현상을 보이는 경향이 강해졌다. 세계 시장의 전망이 어둡거나 외국 증권거래소 주가지수가 하락하면 해외 자본이 빠져나가고, 이에 따라 주가가 떨어진다.

무료 혹은 유료로 발행되는 주식

유상증자 | 무상증자 | 액면가 | 시가

| **주식 발행을 통한 자본 확보, 유상증자** |

기업이 주식 발행을 늘리면 자본금이 증가한다. 이를 증자라고 한다. 증자에는 우선 비공개적으로 진행하는 사모가 있다. 기존 주주에게 소유 주식 지분대로 신주 인수권을 부여하는 것이다. 제3자에게 신주 인수권을 주는 방법도 있다. 제3자 신주 인수는 새로운 대주주를 만들 수 있기에 회사 정관에 명시되거나, 주주총회 의결을 거쳐야 한다. 사내 주주 제도 역시 제3자 배정 방식으로, 직원들이 증자에 참여한 것이라고 볼 수 있다.

공개적으로 모집하는 방법도 있다. 주주 우선 공모와 일반 공모가 여기에 들어간다. 주주 우선 공모는 기존 주주가 먼저 청약할 수 있도록 한 것이다. 주주들이 모두 사버리면 그것으로 증자는 끝이다. 혹시 남는 물량이 있으면 그때 일반인에게 판매한다. 일반 공모는 시작부터 주주 여부를 따지지 않고 공개 모집으로 진행하는 방식이다.

유상증자에서 중요한 것은 발행 가격이다. 주식 가격에는 액면가와 시가 두 가지가 있다. 대개 액면가는 500원 혹은 5천 원이다. 그런데

● 유상증자의 종류 ●

사모 방식 (비공개 모집)	기존 주주에게 주는 방식	소유 주식 지분대로 인수권 부여
사모 방식 (비공개 모집)	제3자에게 주는 방식	새로운 대주주 탄생 가능
공모 방식 (공개 모집)	주주 우선 공모	기존 주주가 먼저 청약할 수 있도록 하는 방식
공모 방식 (공개 모집)	일반 공모	시작부터 일반에게 공개 모집

주식 시장에서 거래되는 시장 가격은 그보다 높을 수도 낮을 수도 있다. 만일 액면가 5천 원인 주식의 시장 가격이 1만 원이라고 해보자. 유상증자를 액면가 5천 원으로 하면 앉아서 두 배 이득을 볼 수 있다.

만일 시가 10만 원인 주식을 액면가 5천 원에 제3자 방식으로 유상증자를 하면 어떻게 될까? 제3자는 적은 돈을 투자해 부자가 될 수 있다. 지분율까지 높으면 경영에도 참여할 수 있다. 기업은 이 같은 방법으로 상속에 나서기도 한다. 예컨대 자식에게 싼 값에 유상증자를 하는 것이다. 이 같은 폐단을 막기 위해 우리나라에서는 시가 발행을 원칙으로 하고 있다. 다만 액면가가 시가보다 높은 경우에는 예외를 인정한다. 즉, 액면가가 5천 원인데 시가가 3천 원이면 액면가 발행을 허용한다. 그렇다면 시가 3천 원의 주식을 액면가로 발행하는 경우가 생길까? 그렇다. 대주주가 책임지고 자본금을 확충하기 위해서다. 시장 참여자들에게 대주주가 책임을 지고 기업을 살리려고 한다는 의지를 보이는 것이다.

| 자본잉여금의 주식 전환, 무상증자 |

무상증자는 공짜로 신주를 나눠주는 것이다. 무상증자가 이뤄져도 기업의 자산 가치는 변하지 않는다. 주식 발행 시 액면가 이상으로 받은 자본잉여금을 주식으로 전환하는 것일 뿐이다. 자본 총액도 동일하다. 다만 잉여금 항목에 있던 자산이 자본금으로 편입된다. 단, 발행 주식 수는 증가한다.

이론상 무상증자한 만큼 주가는 떨어져야 한다. 예컨대 무상증자를 100퍼센트 했다면 기존 주식 1주당 신주 1주를 무상으로 나누어 준다는 뜻이니 주가는 반 토막이 나야 한다. 그래야 기존 재산 가치에 변동이 없다. 그러나 주식시장이 강세이거나 기업 수익성이 좋으면 주가가 크게 떨어지지 않는 경우도 있다. 결과적으로 주주들의 자산 가치가 크게 증가한다.

주식 배당은 배당을 현금이 아닌 주식으로 하는 것이다. 보유한 주식 수에 비례해 신주를 받기 때문에 무상증자와 동일하다. 다만 무상증자의 재원이 자본잉여금인 반면 주식 배당은 수익 가운데 주주들에게 배당을 하고 남은 이익잉여금이다. 배당에 따른 현금 유출을 막을 수 있고, 자본금을 증대시킬 목적으로 실시한다.

반대로 감자를 하기도 한다. 지분 40퍼센트를 투자해 동업하던 친구가 돈을 돌려달라고 했다고 치자. 그러면 자본금 40퍼센트가 줄어들게 된다. 이것이 쉽게 상상할 수 있는 감자다.

상장한 회사의 감자는 적자 누적 때문에 이루어지는 경우가 많다. 회사재산이 자본금에 못 미칠 때 이를 보전하기 위해 실시한다. 이를 형식적 감자라고 한다. 예컨대 재무상태표상 납입 자본금이 10억 원인 회사가 적자를 입어 실제 자본금이 5억 원으로 줄었다고 해보자. 50퍼센트 감자를 하면 납입자본금이 5억 원으로 줄며 실제 자본금과 같아진다. 이를 통해 장부상 회사 가치와 실제 가치가 동일해진다.

이렇게 부실 기업의 주식을 감자한 뒤 채권 은행이나 정부 혹은 신규 투자자는 자금 지원에 나선다. 앞서 설명한 예에서 감자를 한 뒤 금융기관이 자금을 지원할 경우 5억 원만 투자해도 지분을 50퍼센트 확보할 수 있다.

주식 분할도 자주 등장한다. 1주를 10주로 쪼개거나 10주를 하나로 합치는 것이다. 주식을 쪼개는 이유는 보다 원활한 거래를 위해서다. 주당 100만 원인 주식을 일반인들이 시장에서 사기는 어렵다. 이럴 경우 주식 하나를 10개로 쪼개 판매한다. 그러면 주당 가격이 10만 원으로 떨어진다. 주식의 액면가 역시 5천 원에서 500원으로 줄어들지만, 지분율이나 시가 총액, 자본금 총액에 변동은 전혀 없는 상태에서 접근성을 높일 수 있게 된다.

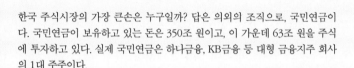

한국 주식시장의 가장 큰손은 누구일까? 답은 의외의 조직으로, 국민연금이다. 국민연금이 보유하고 있는 돈은 350조 원이고, 이 가운데 63조 원을 주식에 투자하고 있다. 실제 국민연금은 하나금융, KB금융 등 대형 금융지주 회사의 1대 주주이다.

1년 키운 주식도 추수는 하루에 한다

배당락 | 권리락 | 배당 | 주주명부 | 증자

| 배당 이후에 찾아오는 배당락 |

사과 과수원을 사기로 계약을 했다. 때는 가을이다. 나무마다 탐스러운 사과가 주렁주렁 열려 있다. 과수원을 사자마자 사과를 갖다 팔 수 있다. 나무도 사고 과일도 팔고, 일석이조에 마음이 흐뭇하다. 그런데 계약을 마치고 다음날 가보니 황당한 일이 벌어졌다. 밤사이 전 주인이 사과를 전부 따다 팔아버렸다. 새로 사기로 한 사람은 사과값을 빼달라고 주장한다. 그만큼 과수원의 가치가 떨어졌기 때문이다.

주식에도 추수가 있다. 바로 배당이다. 기업은 통상 매년 한 차례씩 수익 일부 혹은 전부를 주주들에게 나누어준다. 기업 경영의 열매를 배분하는 것이다. 삼성전자 주식을 계속 보유하고 있으면 매년 삼성전자의 배당금도 챙길 수 있다.

일반적으로 사업연도가 끝나는 날을 기준으로 배당금을 받을 권리가 생긴다. 즉, 배당받을 권리는 사업연도가 끝나는 날 주식을 가진 주주들에게 한정된다. 따라서 12월 말에 결산하는 법인이라면 12월 31일 주주명부에 이름이 올라 있는 주주가 배당을 받는다.

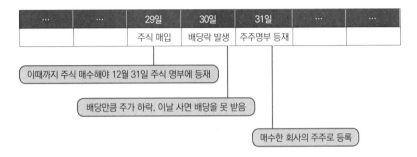

●결산 법인 배당일과 배당락●

...	...	29일	30일	31일	...	...
		주식 매입	배당락 발생	주주명부 등재		

이때까지 주식 매수해야 12월 31일 주식 명부에 등재

배당만큼 주가 하락, 이날 사면 배당을 못 받음

매수한 회사의 주주로 등록

회사는 이를 철저히 가리기 위해 사업연도 최종일을 권리확정일로 정하고 그 다음날부터 주주총회 종료 때까지 주주명부를 폐쇄한다. 쉽게 말해 주주명부의 명단을 바꿔 쓸 수가 없다는 뜻이다.

31일 결산법인의 경우 29일까지 주식을 매입해야 31에 주주명부에 등재된다. 주식을 산 뒤 대금 결제까지 3거래일●의 시간이 필요하기 때문이다. 오늘 주식 거래를 하더라도 내일을 건너뛰고 3일째 되는 날 주주명부에 이름이 오른다. 그러므로 30일에 주식을 매입하면 배당받을 권리를 얻지 못한다. 실질적으로 사과를 따는 날은 29일이라고 생각할 수도 있다.

그러면 그 다음날부터 회사 가치는 사과를 모두 딴 과수원처럼 떨어진다. 따라서 인위적으로 30일의 주가를 떨어뜨린다. 이것이 바로 배당락이다.

●거래일
상거래를 위해 날짜를 셀 때는 '거래일'이라는 개념을 쓰는데, 이는 공휴일을 제외해야 하기 때문이다. 휴일을 빼고 평일만으로 날짜 수를 센다고 생각하면 이해하기 쉽다.

| 무상증자에 의한 권리락 |

배당락과 유사한 것이 바로 권리락이다. 권리락은 무상증자를 할 때

실시한다. 무상증자를 하더라도 기업의 자본금에는 변화가 없다. 자본잉여금을 자본금으로 전환한 것이기 때문이다. 그러나 주식 수에는 변화가 생긴다. 예컨대 100주를 갖고 있는 사람에게 100주를 무상 증자했다고 해보자. 주식수가 두 배 늘어난다. 전체 자기 자본의 변화 없이 주식 수가 배로 늘었기 때문에 이론상 주가는 사실상 반으로 떨어지는 게 맞다. 이것이 바로 권리락이다.

권리락 가격은 해당 기업이 내준 증자 규모에 따라 주가가 낮아질 것을 감안해 결정된다. 이 경우 기준가는 항상 전일 종가에 비해 낮게 형성되는데 상승 장세에서는 통상적으로 권리락으로 하락한 주가가 곧바로 회복 된다. 그러나 조정 국면이나 하락 장세일 때는 오히려 하락세를 부채질하는 경우가 있다.

또한 배당과 마찬가지로 신주 배정도 기준이 되는 날이 있다. 예컨대 12월 31일에 주식을 보유한 사람을 기준으로 신주를 배당하는 것이다. 그렇다면 사실상 12월 29일에 주식을 산 사람이 권리를 갖게 된다. 신주 배정 역시 결제까지 3거래일이 필요하기 때문이다. 권리락 역시 12월 30일에 발생한다.

배당락에 따른 하락폭이 만회되는 속도는 상황에 따라 다르다. 일반적으로는 1~2주가량 걸리지만, 해당 주식의 인기나 주식시장의 상황에 따라 매수하려는 이가 많을 때는 1~2일 만에 회복되기도 한다.

보험회사는 돈 벌면 불법이다?

수지 상등의 원칙 | 모럴 해저드 | 개살구 시장 | 역선택

| 칼 같이 좌우 균형 맞추는 수지 상등의 원칙 |

보험회사는 금융기관이지만 다른 곳과 달리 특별하게 적용받는 규칙이 있다. 바로 '수지 상등의 원칙'이다. 보험회사의 수입액과 지출액이 언제나 같아야 한다는 것이다. 즉, 이윤을 남겨서는 안 된다. 보험료 수입에서 고객에게 지급되는 보험금, 영업을 하는 설계사들의 수당, 그리고 보험회사 운영비를 뺐을 때 남는 돈이 없어야 한다. 이익을 내려는 회사이기보다 상호 부조를 목적으로 하는 조직이기 때문이다.

수입과 지출의 합을 0으로 맞춘다는 것은 다른 말로 하면 과도한 지출, 즉 적자에 대해서도 보험사가 전혀 책임을 지지 않는다는 뜻이다. 예컨대 한 보험회사가 10명에게 10만 원씩 걷어 100만 원을 모았고, 그 가운데 90만 원을 보험료로 지급한 뒤 10만 원을 운영비로 썼다고 가정을 하자. 수입과 지출을 '0'으로 맞춘 것이다. 그런데 다음 해에 보험 사기로 보험금 지출이 190만 원으로 늘어났다. 총 지출액이 200만 원으로 2배가 된 것이다. 이렇게 되면 보험회사는 보험료를 20만 원으로 올릴 수 있다. 수지 상등의 원칙에 따라 수입과 지출의 합을 0으로

만들기 위해서다. 금융 당국도 보험회사가 이렇게 수지상 균형을 맞춰 보험료 인상을 요구하면 승인해야 한다.

여기서 '도덕적 해이'가 발생할 수 있는 틈이 생긴다. 보험료를 올리면 되기에 보험 사기꾼이 큰돈을 뜯어가도 보험회사가 이를 잡으려는 노력을 덜하게 된다.

보험회사뿐 아니라 가입자에게도 도덕적 해이가 발생한다. 화재보험 가입자가 보험에 들지 않았더라면 기울였을 예방 의무를 게을리하여 오히려 화재가 더 많이 발생하게 되는 것이다. '보험에 들었는데, 문제 생기면 보험 처리하면 되지'란 마음에 보다 더 느슨해지는 것이다. 이에 따라 불이 더 자주난다. 보험이 오히려 화재를 유발하는 것이다. 자동차 운전자는 보험만 믿고 과속을 일삼거나 운전자가 해야 할 주의를 게을리한다. 보험금 지급도 증가하고, 보험료는 계속 상승하게 된다.

이 같은 도덕적 해이를 막기 위해 보험회사는 보험료에 차등을 두기도 한다. 예컨대 사고를 자주 내는 자동차 운전자에게는 더 높은 보험금을 부과한다. 그러나 근본적으로 도덕적 해이를 막기는 불가능하다.

요새는 '도덕적 해이'란 용어를 보다 광범위하게 사용한다. 개인이 당장의 편익을 좇아 행동하여 장기적인 손실을 초래하는 현상에 적용된다. 예를 들면, 예금자가 예금자 보호 제도*에 의해 원리금 상환이 보장되므로 경영이 위태로운 은행에 높은 이자율만 보고 돈을 맡기는 것이다. 은행 역시 손실이 나도 보험 처리가 되기에 경영 상황과 관계없이 높은 이율을 제시한다. 국회나 정부가 예산 낭비를 방조한다든지, 기업이 회계를 불투명하게 처리하거나 고의 부도를 내는 행위 등에도 도덕적 해이란 표현을 쓴다.

| 개살구시장의 역선택 |

보험료가 오를수록 역선택도 벌어진다. 역선택은 불완전한 정보에 기초해 행동하기 때문에 발생하는 비정상적인 선택을 뜻한다. 정보의 격차가 존재하는 시장에서 품질이 좋은 상품을 두고 도리어 품질이 낮은 상품이 선택되는 가격 왜곡 현상으로, 자기 선택 또는 반대 선택이라고도 한다.

예컨대 보험료가 오르면 건강한 사람은 보험 가입을 꺼리게 된다. 아플 일이 없을 거라는 생각에 보험에 가입하는 데 따른 비용이 아깝다는 생각이 들기 때문이다. 반면 보험에 가입하려는 사람은 건강이 썩 좋지 않은 사람이다. 이런 경우 가능하면 자신의 건강 상태를 숨기려 한다. 사실대로 말할 경우 보험료가 오르거나 가입 자체가 불가능할 수 있기 때문이다. 결국 보험에 가입하는 사람은 보험회사가 보험금을 지급할 확률이 높은 사람들이다.

천방지축 뛰어다녀 쉽게 다칠 수 있는 아이의 부모는 어린이 상해보험에 가입하게 된다. 그러나 얌전한 아이의 부모는 그렇지 않다. 결국 어린이 보험의 보험금 지급 가능성은 늘어나는 것이다. 보험금 지급이 늘어 보험료를 높이면 보다 더 보험금을 탈 확률이 높은 사람만 가입하게 된다. 보험료 인상이 오히려 기업에 손해를 몰고 온다.

노동시장에 제시된 임금에 비해 능력이 우수한 사람은 그 노동 조건에 만족하지 못한다. 반면 능력이 떨어지는 사람은 그런 조건이라도 만족하게 된다. 따라서 기업이 낮은 임금을 제시했을 때 우수 인력은 이를 거부하게 된다. 기업은 능력이 떨어지는 사람과 계약할 가능성이 높아진다. 이는 다시 낮은 임금을 몰고 온다. 바로 역선택이다. 기업은 싼값에 질 좋은 노동력을 쓰려고 하지만, 낮은 임금이 오히려 능력 모자란 사람만 모이도록 만든다.

　중고차 시장에서 차를 파는 사람이 사는 사람에 비해 그 차에 대해서 더 많은 정보를 가지고 있다. 따라서 자신의 차가 결점이 많다면 이미 정해진 중고차 시장가격이 만족스럽기 때문에 자신의 차를 내놓는다. 그러나 질 좋은 차를 가진 사람은 차의 성능에 비해 평균적으로 책정된 시장가격이 만족스럽지 못하기 때문에 내놓지 않으려고 한다.

　결과적으로 시장에는 질이 안 좋은 중고차만 상대적으로 더 많아진다. 구매자는 품질이 좋은 상품보다 역으로 품질이 낮은 상품을 선택할 가능성이 높아진다. 이것이 역선택 이론이며 이러한 시장을 '개살구 시장Market for Lemons'이라고 한다.

●예금자 보호 제도

금융기관이 영업정지나 파산 등으로 예금을 지급할 수 없게 된 경우, 국가(예금보험공사)가 대신 예금액의 일부 혹은 전부를 돌려주는 제도다. 예금자 보호를 통해 금융 제도의 안정성을 제고한다는 효과가 있다. 원금과 소정의 이자를 합해 1인당 5천만 원까지 보호된다. 예금보험공사는 지난 2011년 발생한 저축은행 사태 피해자 등에게 보험금을 지급한 바 있다.

> 역선택은 사실 무척 합리적인 인간을 가정하고 있다. 모든 사람이 합리적으로 행동하는데, 결과는 최악으로 치닫는다는 것이 역선택에 담긴 의미다. 역선택은 결국 인간의 합리성이 언제나 최상의 결과를 보여주지 않는 다는 것을 뜻한다.

두 회사가 한 몸이 되면 얻을 수 있는 것은?

인수·합병 | 역합병 | 적대적 M&A | 지주회사 | 자회사

| 두 기업이 하나로 뭉치는 인수·합병 |

'인수'란 다른 기업의 주식이나 자산을 취득해 경영권을 획득하는 것이다. '합병'이란 두 개 이상의 기업이 하나로 합쳐지는 것을 말한다. 합병이 되면 둘 중 하나는 사라지게 된다. 반면 인수는 해체하는 대신 별도의 회사로 두고 관리하는 것이다.

인수·합병M&A, Mergers and Acquisitions이 벌어지는 이유는 우선 신규사업 참여에 소요되는 기간과 투자 비용을 절감하기 위해서다. 기술과 노하우가 있는 기업을 인수·합병하면 처음부터 시작하는 데 들어가는 노력과 시간을 줄일 수 있다. 대기업이 기술력 있는 벤처기업을 인수하는 것이 대표적이다.

숙련된 전문 인력이나 기업의 대외적 신용 확보를 위해 기업 인수에 나서기도 한다. 지난 2006년 한국의 동양제철화학은 세계 3위 카본블랙 제조업체인 콜롬비안케미컬CCC을 인수한 바 있다. 미국 조지아 주매리에타에 본사를 둔 CCC는 84년의 역사와 전통을 가진 업체다. 동양제철화학은 인수·합병을 통해 단박에 카본블랙 세계 2위 업체로 뛰

어 오르며 세계적인 기업이 됐다.

시장점유율 확대를 목적으로 하는 경우도 있다. 현대자동차는 기아자동차 인수를 통해 시장점유율을 70퍼센트 이상으로 끌어올렸다. 이에 앞서 SK텔레콤은 017을 사용하던 신세기 이동통신을 인수하면서 시장점유율 50퍼센트를 넘겼다. 유통 업계 선두주자인 이마트 역시 월마트의 한국 지점을 인수하면서 독보적 지위로 올라섰다. 철강 업계에서 세계 최강으로 꼽히는 아르셀로 미탈은 1위 업체 미탈과 2위 업체 아르셀로가 합병해 탄생한 기업이다. 모두 점유율 확대를 위해 M&A에 나선 경우다.

차익 실현이 목적인 경우도 있다. 부실한 기업을 인수해 정상화한 뒤 다시 매각하는 것이다. 이 같은 M&A는 우리나라에서 주로 외국계 금융 회사들이 해왔다. 뉴브리지캐피털은 인터넷 업체인 하나로통신을 인수한 후 구조 조정을 통해 정상화한 뒤 SK텔레콤에 매각해 차익을 챙겼다. 론스타는 외환은행을 인수한 뒤 경영을 하다 하나은행에 되팔았다.

상장을 목적으로 한 합병도 있다. 이른바 우회 상장이다. 비상장 회사가 상장되어 있는 기업을 인수하는 것이다. 이 경우 상장된 회사는 그대로 둔 가운데 인수 기업이 소멸한다. 이처럼 실질적인 인수 기업이 소멸하고 피인수 기업이 존속하는 형태를 '역합병'이라고 한다.

M&A는 그 성격에 따라 상대 기업의 동의를 얻는 우호적 M&A와 상대 의사와 상관없이 강행하는 적대적 M&A로 나눌 수도 있다. 적대적 M&A가 가능한 이유는 어떻게든 지분율 50퍼센트를 초과하면 경영권을 획득할 수 있기 때문이다.

우리나라에서는 1997년 1월, 상장 기업 주식을 10퍼센트 이상 매입할 때 증권관리위원회의 사전 허가를 받도록 한 조항을 폐지했다. 이

신규 사업 소요 기간 및 비용 절감	• 대기업의 벤처기업 인수
시장점유율 확대	• 현대자동차의 기아자동차 인수 • 이마트의 월마트 한국 지점 인수
차익 실현	• 부실 기업 인수해 정상화한 뒤 매각 • 뉴브리지캐피털의 하나로통신 인수 • 론스타의 외환은행 인수
우회 상장	• 비상장 회사가 상장되어 있는 기업을 인수 • 코스닥에서 자주 발생

후 M&A에 대한 관심이 높아졌다. 1997년 2월부터는 외국인의 M&A가 허용됐다. 또한 2001년 3월 M&A 사모펀드 설립 허용과 M&A 사모펀드의 의결권 제한 폐지 등을 골자로 하는 '증권 투자 회사법'의 개정으로 적대적 M&A까지 가능해졌다.

| 지주회사의 목적 |

기업의 소유를 목적으로 한 회사가 지주회사다. 지주회사는 자회사의 주식을 전부 또는 경영권 확보가 가능한 한도까지 매수하여 지배하는 회사를 말한다. 지주회사에는 다른 기업의 지배와 관리만을 목적으로 하는 순수 지주회사와 다른 사업까지 하는 혼합 지주회사가 있다.

대표적인 지주회사로는 은행 지주회사가 있다. 예컨대 우리금융지주는 자회사 관리 이외에 다른 일을 하지 않는다. 우리금융지주 밑에는 우리은행, 광주은행, 경남은행, 우리투자증권 등의 계열사가 포진해 있다. 지주회사의 경우 회사명 뒤에 '지주' 혹은 '홀딩스'란 말이 따라붙는다. 풀무원 홀딩스, 동아 홀딩스, SBS 홀딩스 등이 여기에 속한다.

지주회사 제도는 분사화를 통한 사업의 분리 매각이 용이해지고, 보다 유연한 사업의 진입 및 퇴출이 가능해지는 등 구조 조정에 유리한 점이 있다. 또한, 지주회사와 자회사 간에 전략적 의사 결정과 일상적 의사 결정을 분리할 수 있게 되고 지주회사의 자회사가 유사한 업종을 영위할 경우 통합적 관리를 해 경영 효율을 제고할 수도 있다. 또한 복잡한 순환 출자 구조보다 소유·지배 구조가 단순·투명해지는 장점도 있다.

●자본총액
자산총액에서 부채액을 차감한 금액

그러나 국가의 경제력이 소수 지주 회사에 집중되는 문제가 있다. 시장의 공정한 경쟁이 방해 받는 것이다. 이에 따라 1999년까지 지주회사의 설립·전환을 금지해왔다. 때문에 기업들은 '순환 출자'란 형태로 기업을 지배한 것이다. 삼성의 에버랜드는 지주회사가 아닌 놀이공원을 운영하는 업체이다. 그러나 순환 출자를 통해 삼성의 전 계열사를 지배하고 있다.

우리나라에서는 재벌의 실체를 인정하고 동시에 경영이 보다 투명해지도록 하기 위해 1999년부터 지주회사의 설립과 전환이 허용되었다. 다만 경제력 집중의 폐해가 발생하지 않도록 지주회사는 부채 비율을 자본총액●의 100퍼센트 이내에서 유지하도록 했다. 또한 자회사의 발행 주식 총수의 50퍼센트 이상을 소유하여야 하는 등 제한을 가해지고 있다.

사실 대기업보다 우리 경제에 중요한 것이 중소기업이다. 양적으로 훨씬 더 많기 때문이다. 국내 산업에서 중소기업이 차지하는 비중은 99%, 전체 고용에서 차지하는 비율은 88%이다. 이것을 '9988'이라고 말하기도 한다.

기업의 속살, 재무제표로 엿본다

재무제표 | 재무상태표 | 손익계산서 | 이익잉여금처분계산서 | 분식 회계

| 기업 상태를 한눈에, 재무제표 |

기업의 현재 상태를 일목요연하게 볼 수 있는 방법이 있을까. 해당 기업에 관심 있는 사람이 쉽고 빠르게 이해할 수 있는 시스템이 필요한 것이 사실이다. 회사의 주주뿐 아니라 투자자, 근로자도 회사의 속살을 보고 싶어하기 때문이다. 그래서 만들어진 것이 재무제표다.

기업의 핵심은 이윤 추구이고, 그것이 얼마나 잘 되고 있는지 재무제표가 보여준다. 물론 경영자의 성격, 조직 분위기 등은 재무제표에 나오지 않는다. 그러나 복잡하게 오고가는 돈의 흐름을 가장 간단하고 명료하게 보여준다. 따라서 이해 관계자가 광범위하게 존재하는 기업이나 그 밖의 사회적 조직은 재무제표의 작성 및 보고가 법령으로 의무화되어 있다.

이에 따라 일반 투자자들은 재무제표를 보고 기업의 주식을 살지 말지를 정할 수 있다. 그 안에 기업이 어느 정도 건강한지, 투자해도 될 만큼 튼튼한 곳인지 담겨 있기 때문이다. 금융기관 역시 재무제표를 보고 기업의 원리금 상환 능력을 평가하며 대출 규모와 조건을 결정하

게 된다. 정부는 기업의 재무 정보를 바탕으로 세금을 얼마나 거둘지 정한다. 종업원들 역시 재무제표를 임금 협상에 활용한다. 재무제표에 이익이 많이 나온 것으로 기록되어 있으면 보다 높은 임금을 요구하게 된다.

| 재무제표의 종류 |

재무제표에는 재무 상태를 보여주는 재무상태표, 영업 성과를 표시하는 손익계산서, 그리고 이익잉여금 처분계산서가 대표적이다. 이 가운데 재무상태표와 손익계산서가 가장 중요하다.

재무상태표는 왼쪽과 오른쪽 둘로 나뉜다. 왼쪽에는 회사의 자산을 전부 기록한다. 자산은 현금·예금 등 쉽게 돈으로 바꿀 수 있는 것부터 공장 기계 등 어려운 것의 순서로 작성한다. 오른쪽에는 부채와 함께 자본금을 기록한다. 부채는 빨리 지급해야 하는 것부터 순차적으로 배열하고, 마지막에 자본금, 자본잉여금, 이익잉여금 등 자기자본금을 기재한다. 자본금은 발행된 주식의 액면 총액이고, 자본잉여금은 여기에 주식 발행시 액면가 이상으로 받은 돈의 총액이며, 이익잉여금은 순이익에서 주주들에게 준 배당금을 뺀 돈이다. 자본금과 자본잉여금은 주식을 발행한 이후 변함이 없다. 하지만 이익잉여금은 수익이 많이 날 경우 증가한다. 이익잉여금이 많이 늘어나는 회사는 사업이 잘 되고 있는 것이다.

왼쪽과 오른쪽의 합은 언제나 '0'이다. 기업의 주주들이 투자한 돈(자본금)과 빌린 돈(부채)의 합이 언제나 자산의 총액과 일치해야 하기 때문이다. 재무상태표를 통해 확인할 수 있는 것은 기업이 얼마나 튼튼한지 여부다. 예컨대 자본금이 10억 원인데 부채가 100억 원이라고

재무상태표			손익계산서	
자산	부채		매출총액 … □	
	자본금		− 비용 … □	
			= 영업이익 … □	
총액	총액		− 세금 … □	
=			= 당기순이익	

실제의 재무제표에는 이보다 많은 항목이 있어 복잡해 보이지만 큰 틀은 이와 같다.

해보자. 자산이 110억 원으로 외형상 꽤 규모가 있어 보인다. 그러나 빚이 너무 많다. 자본금 대비 부채 비율이 1,000퍼센트가 되기 때문이다. 대략 부채 비율이 200퍼센트를 넘어가면 기업의 재무 상태가 위험하다고 본다. 이외에도 재무제표를 통해 기업에 현금이 얼마나 있는지, 장사를 잘해 생긴 이익잉여금이 얼마나 되는 지 확인이 가능하다.

손익계산서는 기업의 경영 성과를 쉽게 표시하기 위해 만들어졌다. 회계 기간에 속하는 모든 수익과 비용을 기재함으로써 매출은 얼마이고, 비용은 어느 정도 들었는지, 그래서 이익이 얼마나 났는지 보여준다. 이익의 종류에도 여러 가지가 있다. 무엇을 얼마나 빼는지에 따라 달라진다.

먼저 전체 매출에서 비용을 뺀 것이 영업이익이다. 80만 원을 투자해 100만 원을 벌었다면 영업이익은 20만 원이 된다. 그런데 영업이익 전부를 가져갈 수는 없다. 세금을 내야하기 때문이다. 이익에서 세금을 뺀 것이 바로 당기순이익이다. 당기순이익이 클수록 짭짤하게 돈을 벌고 있는 기업이라고 할 수 있다.

　재무제표는 사실상 기업의 속살을 공개하는 것이다. 경영자는 늘 자기 회사의 재무제표가 아름답게 보이길 원하기에 때로는 과감한 분장을 시도한다. 이것이 바로 분식 회계다. 예컨대 자산이 많아 보이도록 공장이 들어선 땅값을 부풀리는 것이다. 낡아서 버려야 할 상황인 기계의 가격도 구매 당시 가격으로 높게 책정해 버린다. 그러고 나면 기업의 부실이 감춰진다. 또한 비용을 누락시키면 손익계산서상 이익이 증가한다. 이러면 겉보기에는 멀쩡한 기업처럼 보인다. 그러나 재무제표상 문제없던 기업이 갑자기 부도가 나는 충격적인 기사가 등장하는 경우가 있다. 경영자가 분식 회계를 통해 회사의 부실을 숨겼기 때문에 외부에서 몰랐던 것이다.

　이 같은 문제를 방지하기위해 기업과 직접적인 이해관계가 없는 독립적인 전문가에게 감사audit를 받고, 감사인auditor의 의견을 첨부하여 보고하도록 하고 있다. 감사인의 의견을 포함한 감사 보고서는 재무제표 이용자의 정보 이해에 영향을 미치기 때문에 재무제표의 중요한 일부로 간주된다.

세계적인 파장을 몰고 온 분식 회계 사건이 있다. 미국의 에너지 회사인 엔론이 그 주인공이다. 이 사건은 대부분의 주요 국가가 국제회계기준(IFRS)을 도입하게 된 계기가 되었다. 한국에서도 2009년 국내 상장 기업을 대상으로 실시해 점차 그 대상을 넓히고 있다.

| 기업의 안정성을 보여주는 부채비율 |

재무제표를 요리해 다양한 쓰임새를 찾아내는 활동이 재무비율 분석이다. 선생님은 시험이 끝나면 채점을 하는 데서 끝내지 않고 시험지 앞 가장 잘 보이는 곳에 점수를 쓰고, 다른 학생과 비교해 등수를 매긴다. 이와 비슷한 절차가 바로 재무비율 분석이다. 점수와 등수가 있으면 더 정확히 학생의 수준을 비교·분석할 수 있다.

재무분석 가운데 가장 중요한 것이 부채비율이다. 부채비율은 기업의 부채가 자기자본금에 비해 어느 정도 비율인지를 나타낸다. 부채를 자기 자본으로 나눈 뒤 100을 곱한다. 만일 부채가 10억 원이고 자본금 역시 10억 원이라면 부채비율은 100퍼센트가 된다. 이는 곧 기업이 부도가 났을 때 자본금으로 부채를 전부 청산할 수 있다는 뜻이다. 그만큼 기업 운영이 안정적이라는 뜻으로 해석이 된다. 부채비율이 100퍼센트 이하인 회사가 부도나는 경우는 드물다.

경영이 어려우면 수익성이 악화돼 계속 돈을 빌리는 게 일반적이다. 따라서 부채비율이 100퍼센트를 넘어 심지어 1,000퍼센트까지 상승

$$\text{부채비율} = \frac{\text{부채총액}}{\text{자본총액}} \times 100$$

$$\text{자기자본비율} = \frac{\text{자기자본}}{\text{총 자산}} \times 100$$

$$\text{BIS 비율} = \frac{\text{자기자본}}{\text{위험 가중 자산}} \times 100$$

하기도 한다. 자본금이 10억 원이라면 부채가 100억 원이 되는 것이다. 이 경우 회사가 부도 나도 채권자가 받을 수 있는 돈은 거의 없다.

다만 부채가 많더라도 이를 수익성 있는 사업에 투자해 이자보다 더 많은 수익을 얻는 경우도 있다. 이 경우 부채 비율이 높은 게 반드시 나쁘다고 볼 수는 없다. 5퍼센트 금리에 돈을 빌려 20퍼센트의 수익을 올린다면 부채가 기업 수익에 크게 기여하는 것이기 때문이다. 내 돈 10억 원으로 연간 20억 원의 수익을 올릴 수 있는데, 돈을 빌려 40억 원을 만든 뒤 80억 원의 이익이 생긴다면 오히려 기업 성장에 도움이 된다. 그러나 이런 경우 부채비율이 높은 만큼 잠재적 위험도 크다. 어느 순간 기업 수익이 악화되면 회사는 급격하게 위험에 빠질 수 있기 때문이다.

|자기자본비율이 높아지면 재무 건전성도 양호 |

자기자본비율은 총자산에서 자기자본이 차지하는 비중을 나타낸다. 부채비율과 함께 기업 재무구조의 건전성을 가늠하는 지표이다. 자기자본을 총자산으로 나눈 뒤 100을 곱해 계산한다. 예컨대 자기 자본이 5억 원이고 총자산이 10억 원이면 자기자본 비율은 50퍼센트가 된다.

총 자산 중 자기자본을 뺀 나머지 5억 원은 부채이다. 따라서 자기자본비율이 50퍼센트인 회사의 부채비율은 100퍼센트가 된다. 자기자본비율이 높을수록 기업의 재무구조가 건전하다고 할 수 있다. 통상 자기자본비율이 50퍼센트가 넘으면 우량기업으로 생각된다.

●국제결제은행
국제결제은행(Bank for International Settlements)은 1930년 헤이그협정 이후 국제금융을 안정화시키기 위해 출범되었다. 각 국가의 중앙은행 간 관계를 조율하고, IMF와도 긴밀한 협조 체제를 유지하고 있다. '중앙은행의 중앙은행'이라고도 불린다.

자기자본비율과 유사하면서 언론에 자주 거론되는 것은 이른바 BIS 비율이다. 금융기관에 적용되는 지표다. 자기자본비율과 다른 점은 총 자산이 아닌 위험 가중 자산을 분모로 사용한다는 것이다. 즉, 위험 가중 자산에 대한 자기자본의 비율을 말한다. 1987년 제정된 국제결제은행●의 국제 통일 기준에서 금융의 자유화, 국제화에 따라 국제적인 경쟁 조건의 평준화 및 건전성 규제의 필요성이 높아지자 8퍼센트의 최소 자기자본비율 제도를 도입했다. 국제금융시장에 참여하는 은행들은 1992년 말까지 이를 충족시킬 것을 권고했다. 위험 가중 자산은 곧 채무자가 이자를 내지 못하는 등 부실화할 우려가 큰돈을 말한다. 즉 못 받을 수 있는 돈을 메울 만큼 은행이 자기자본을 확보하고 있는지 보는 지표로 사용된다. 못 받을 위험이 큰 대출 가운데 최소한 8퍼센트 정도는 자기 돈으로 메울 수 있어야 은행으로서 기본 요건을 갖춘 것으로 볼 수 있다.

현대의 기업 활동에서 회계는 빠질 수 없는 요소다. 독일의 대문호 괴테는 인류가 창조한 최고의 작품으로 회계를 꼽았다. 세계적인 석학 재러드 다이아몬드 역시 그의 저서『총, 균, 쇠』에서 인류는 결국 회계를 위해 문자를 발달시켰다고 말했다.

남는 장사를 해야 산다

영업이익 | 자기자본이익 | 주당순이익 | 주가수익비율

| 영업이익률 |

영업이익률은 매출액 대비 영업이익의 비율을 뜻한다. 영업 활동으로 얼마나 많은 이익을 남겼는지 보여주는 지표로, 기업의 수익성을 알 수 있는 대표적인 수치다. 총 매출액에서 물건을 판매하고 그걸 판매하고 관리하는 데 들어간 비용을 전부 빼고 남은 돈이 영업 이익이다. 예컨대 매출액이 10억 원인데, 물건을 만들고 영업하고 회사를 관리하는 데 총 7억 원이 들었다면 영업이익은 3억 원이 된다. 이 경우 영업이익률은 30퍼센트가 된다. 영업이익률이 30퍼센트를 넘어가면 수익성이 아주 좋은 경우로 볼 수 있다.

| 자기자본이익률과 총자산순이익률 |

자기자본이익률ROE, Return On Equity은 기업의 당기순이익을 자기자본으로 나눈 뒤 100을 곱한 수치이다. ROE가 높다는 것은 자기자본으로 이익을 많이 내는 것으로 주가도 높게 형성되는 경향이 있어 투자 지표로 활용된다. 예를 들어 자기자본이 10억 원인데, 순이익이 2억

원이라면 ROE는 20퍼센트가 된다. 즉 10억 원을 투자해서 2억 원의 순익을 올린 것이다. 투자된 자본으로 어느 정도 이익을 올리는지가 눈에 들어온다.

투자자 입장에선 ROE가 시중 금리보다 높아야 투자 자금의 조달 비용을 넘어서는 순이익을 낼 수 있으므로 기업 투자의 의미가 있다. 예를 들어 10억 원을 투자했는데 수익이 3천만 원밖에 안 된다고 해보자. 이런 경우 ROE가 3퍼센트인데, 투자 자금을 은행에 예금한 뒤 속 편하게 사는 게 더 낫다.

총자산순이익률ROA, Return On Assets은 ROE와 비교해 분모가 다르다. 순이익을 자기자본이 아닌 자산총액으로 나눠 계산한다. 자산을 얼마나 효율적으로 운용했는지 보여준다. 예컨대 순이익이 3억 원이고 자기 자본이 10억 원, 그래서 ROE가 30퍼센트라고 해보자. 10억 원을 투자해 3억 원을 벌었으니, 수익이 짭짤하다고 생각할 수도 있다. 그런데 ROA가 5퍼센트로 낮다면 다시 잘 봐야 한다. 60억 원을 투자해 3억 원의 수익밖에 올리지 못했기 때문이다. 이런 경우 기업의 부채가 50억 원이나 된다는 뜻이다. 자기자본 10억 원을 뺀 나머지는 빌린 돈이기 때문이다. 이는 곧 남의 돈을 빌려 이익을 올렸다는 뜻이다. 빌린 돈을 잘 쓴 것이라고 볼 수도 있고, 부채가 많은 만큼 기업의 위험도가 높다는 것으로 볼 수도 있다.

| 주당순이익과 주가수익배율 |

주당순이익EPS, Earning Per Share은 기업이 벌어들인 순이익(당기순이익)을 발행한 총 주식수로 나눈 값이다. 예를 들어 순이익이 1억 원이고 발행 주식 수가 10만 주면 EPS는 1,000원이 된다. 이는 주당 얼마의 이익이 창출됐는지 보여준다. 1년간 올린 수익에 대한 주주의 몫을 나타내는 지표라 할 수 있다. 따라서 EPS가 높을수록 주식의 투자 가치는 높다고 볼 수 있다. EPS가 높다는 것은 그만큼 경영 실적이 양호하다는 뜻이며, 배당 여력도 많으므로 주가에 긍정적인 영향을 미친다. EPS는 당기순이익 규모가 늘면 높아지게 되고, 전환사채의 주식 전환이나 증자로 주식수가 많아지면 낮아지게 된다. 또한 순이익이 커도 발행 주식 수가 많으면 높아지지 않는다. EPS가 크지 않으면 주주에게 돌아가는 배당도 크지 않고 주가를 올릴 수 있는 탄력도 붙지 않는다.

주가수익배율PER, Price Earning Ratio은 주가를 주당순이익EPS으로 나눈 값이다. 주가의 수익성 지표로 활용된다. 예를 들어 A사의 주가가 3만 원, 1주당 순이익EPS이 3천 원이면 PER은 10(배)이다.

PER가 10배라고 하는 것은 현재 주식 가격이 주당 순이익의 10배라는 것이다. 이 회사의 주당 수익이 1이라면, 이 회사 발행 주식의 시세는 시장에서 그보다 10배 비싸게 매매 되고 있다는 뜻이 된다. 따라서 PER 값이 높으면 수익에 비해 주가가 고평가 된 것으로 보고 PER가 낮으면 수익성에 비해 주가가 저평가 되었다는 해석이 가능하다.

최근 주식시장의 패턴이 기업의 수익성을 중시하는 쪽으로 바뀌면서 EPS의 크기가 중요시되고 있다. 또한 주당순이익은 주가수익비율 계산의 기초가 되기도 한다.

기업의 또 다른 자금줄, 채권과 대출

회사채 | 보증사채 | 무보증사채 | 공모채 | 사모채 | 국채 | 지방채 | 특수채

| 회사가 발행하는 회사채 |

채권은 일정 기간이 지난 뒤 원리금과 이자를 주겠다는 증서로 투자자로부터 자금을 모으기 위한 수단의 하나다. 주식과는 달리 회사의 경영 성과와 관계없이 일정률의 이자가 지급되는 것이 특징이다.

채권 가운데 기업이 발행하는 게 회사채다. 주식이 자기자본인데 비해 회사채는 타인자본으로 부채에 해당한다. 통상 채권은 자기자본금의 4배를 초과해 발행할 수 없다. 즉, 자기자본금이 100억 원이면 400억 원까지 회사채를 발행할 수 있다. 발행은 회사가 직접 하는 대신 증권사가 대행해준다.

회사채의 종류로는 금융기관이 보증을 해주는 보증사채와, 그렇지 않은 무보증사채가 있다. 또한 모집 방식에 따라 공모채와 사모채가 있다. 공모채는 금융감독원에 유가증권 발행 신고서를 접수한 뒤 일반 대중에게 매출하는 절차로 발행된다. 사모채는 이러한 절차 없이 발행이 가능하다. 이외에도 채권과 주식을 합성한 전환사채, 신주인수권부사채, 옵션부사채, 교환사채 등이 있다.

회사채는 보통 3년 만기이며 3개월마다 확정된 이자를 지급한다. 이자를 3개월마다 나눠 받기 때문에 종합소득세를 낼 때 소득 분산의 효과가 있다. 물론 주주총회를 통한 의결권이 없다. 하지만 기업이 파산하면 주식보다 먼저 변제 받을 수 있다.

회사채 발행으로 기업은 자금 확충이 가능하다. 또한 이자 비용을 정확히 예측할 수 있기 때문에 자금 계획을 세우는데 용이하다. 반면 이자 부담이 있기 때문에 이익이 따라주지 못하면 기업의 자금 사정을 악화시킬 수 있다.

| 국가가 발행하는 국채 |

정부도 채권을 자주 발행한다. 중앙정부가 발행한 것은 국채, 지방자치단체가 발행한 것은 지방채, 특별법에 의해서 발행하는 것은 특수채라고 한다. 정부의 신용도는 대체로 기업보다 높다. 화폐를 발행할 수 있는 권한이 있기 때문이다. 신용도가 높은 만큼 채권 발행이 용이하다. 따라서 정부는 필요 자금 조달을 위해 은행에서 돈을 빌리기보다 채권 발행에 나서는 경우가 많다.

| 대기업과 중소기업의 자본 조달 |

기업이 자본금 이외에 돈을 조달하는 또 다른 방법은 은행 대출이다. 기업 대출은 가계 대출에 비해 요건이 덜 까다롭다. DTI나 LTV의 적용도 받지 않기 때문이다. 또한 대출 기간도 1년으로 짧다. 따라서 수익이 많이 날 경우 빌린 돈을 금방 갚을 수도 있다. 다만 금리가 가계 대출보다 다소 높은 편이다.

회사채 발행이나 상장을 통한 자금 조달은 기업 규모가 크고 신용도

국채	• 국회 의결 뒤 정부가 발행 • 국가 신용도에 따라 등급 결정 • 재정 적자가 클수록 발행 잔고와 유통 시장 커짐
지방채	• 지역개발공사 등이 발행하는 채권 • 유동성이 낮음
특수채	• 한전 등 특별법에 의해 설립된 기관의 채권 • 안전성과 수익성 높음
금융채	• 은행 및 비은행 금융기관이 발행한 채권 • 한국은행의 통화안정증권 포함
회사채	• 기업이 발행하는 채권 • 3개월 후급으로 이자 받고 원금은 만기 상환

● 이자 지급 방식에 따른 채권 분류 ●

할인채	• 이자를 미리 할인해 발행 • 만기가 1년 이하인 경우가 많으며, 통화안정증권, 금융채가 여기에 속함
이표채	• 쿠폰이 붙어 있는 채권 • 이자 지급일에 쿠폰을 떼 이자를 지급 • 회사채, 국고채, 통화안정증권 2년물이 여기에 들어감 • 3개월 단위로 이자 지급
복리채	• 이자가 기간만큼 복리로 재투자 • 만기에 일시 상환 • 지역개발공채, 금융채 등이 이에 속함

가 높아야 가능하다 따라서 중소기업의 자금 조달 방법은 대출이 유일하다. 그러나 신용도가 높지 않아 대기업보다 대출 받기가 힘들다. 은행은 신용도가 높은 대기업에 대출을 하려고 한다. 그러나 대기업은 보유하고 있는 현금도 많고 회사채를 통해 자금 조달이 가능하기 때문

에 은행 대출이 크게 필요하지 않다. 반면 중소기업은 은행 대출 수요가 많지만 담보가 부족하거나 신용이 떨어져 대출을 받지 못한다. 은행에 대출해줄 수 있는 돈이 많아도 빌려줄 곳을 찾지 못하는 경우가 그래서 발생하기도 한다. 대출마저 양극화 현상을 보이는 것이다.

중소기업을 위해 정부가 정책 자금을 지원하기도 한다. 한국은행의 총액 한도 대출이 대표적으로, 이는 중소기업에 저금리로 자금을 빌려주는 제도다. 현재 그 규모가 9조 원 내외에 달한다.

채권 발행은 아무나 하나?

신용 평가 | 신용 등급 | 국가 신용 등급 | 투자 등급 | 투기 등급

| 신용 평가 기관과 신용 등급 |

채권은 대출과 달리 담보가 없기에 아무나 발행할 수는 없다. 신용이 높아야 한다. 기업의 신용도가 얼마나 되는지 일반인은 알기가 어렵다. 따라서 기업의 신용을 평가해주는 회사가 존재한다. 이른바 신용 평가 기관이다. 신용 등급은 AAA에서 D까지 있다. AAA 등급은 안정적이란 의미고 D등급은 현재 채무 불이행 상태에 있다는 뜻이다. 대체로 BBB까지가 투자 등급이고, 그 이하는 투기 등급으로 분류한다.

'하이 리스크 하이 리턴' 원칙에 따라 신용 등급이 낮으면 높은 이자율이, 높으면 낮은 이자율이 적용된다. 따라서 높은 수익을 원하는 투자자는 투기 등급의 회사채에 배팅을 한다. 반면 안정적인 수익을 원하는 이들은 투자 등급, 그것도 트리플A 등급에 투자를 한다. 기업의 신용도를 평가하기 위해서 경영이 투명하고 제3자의 감시가 이뤄져야 한다. 이런 맥락에서 주식회사만이 채권을 발행할 수 있다.

● 회사채 평가 등급 ●

AAA	원리금 지급 능력이 최상급임
AA	원리금 지급 능력이 매우 우수하지만 AAA의 채권보다는 다소 열위임
A	원리금 지급 능력은 우수하지만 상위 등급보다 경제 여건 및 환경 악화에 따른 영향을 받기 쉬운 면이 있음
BBB	원리금 지급 능력이 양호하지만 상위 등급에 비해서 경제 여건 및 환경 악화에 따라 장래 원리금의 지급 능력이 저하될 가능성을 내포하고 있음
BB	원리금 지급 능력이 당장은 문제가 되지 않으나 장래 안전에 대해서는 단언할 수 없는 투기적인 요소를 내포하고 있음
B	원리금 지급 능력이 결핍되어 투기적이며 불황 시에 이자 지급이 확실하지 않음
CCC	원리금 지급에 관해 현재에도 불안 요소가 있으며 채무불이행의 위험이 커 매우 투기적임
CC	상위 등급에 비하여 불안 요소가 더욱 큼
C	채무불이행의 위험성이 높고 원리금 상환 능력이 없음
D	상환 불능 상태임

| 글로벌 신용 평가 기관 |

신용 평가 기관 중에는 국가의 신용을 평가하는 곳도 있다. 무디스, S&P, 피치가 대표적이다. 세계 금융시장을 좌지우지할 만큼 이들의 영향력은 막강하다. 이들 기관은 각국의 정치, 경제 상황과 향후 전망 등을 종합적으로 평가해 국가별 등급을 발표하고 있다. 신용 등급은 보통 16단계로 구분되는데 표기 방식은 평가 기관에 따라 조금씩 다르다.

즉, 무디스는 가장 높은 등급을 Aaa, S&P와 피치는 AAA로 표시한다. 최하위 등급은 각각 B3 또는 B-로 표기한다. 16단계의 신용 등급은 신용 정도에 따라 투자 등급과 투기 등급으로 구분되며 투자 위험이 큰 나라는 투기 등급군으로 분류된다.

현재 한국의 신용 등급은 중국·일본과 비슷한 수준이다. 무디스는 우리나라 국가 신용 등급을 2012년 8월 중국·일본과 같은 Aa3으로 상향 조정했다. 피치도 우리나라 국가 신용 등급을 2012년 9월 AA-로 상향 조정했다. 이는 중국·일본보다 더 높은 등급이다. S&P는 우리나라 국가 신용 등급을 A+로 매기고 있다. 중국·일본보다 한 단계 낮은 위치다.

현재 글로벌 신용 평가사들은 한 국가를 넘어 세계경제를 뒤흔들 수 있는 파괴력을 가지게 됐다. 이로 인해 부실한 신용 평가가 가져올 결과는 자칫하면 재앙적 수준이 될 수 있다. 서브 프라임 모기지 사태가 그것을 보여준다. 신용 평가 기관이 월가 상품들에 트리플A 등급을 마구 매기는 바람에, 국제경제에 어마어마한 피해를 입혔다. 또한 경영진이 청문회에 줄줄이 소환되면서 체면을 제대로 구겼고, 신용 등급에 대한 신뢰도 많이 떨어졌다. 상황이 이렇게 된 데에는 글로벌 신용 평가사들을 방치한 미국, 유럽 등 선진국 정부의 책임이 크다. 미국의 신용 평가 기관들은 자신의 평가를 미국 헌법의 '언론의 자유'와 연관된다고 주장하고 있다. 즉, 자신들의 평가 활동에 정부가 개입하는 것은 언론 자유의 침해란 주장을 해왔다. 이 같은 주장이 수용되면서 정부가 신용 평가 기관의 활동에 보다 많은 자유를 보장해왔지만, 과연 어디까지가 그 자유의 범위인지는 생각해볼 문제다.

유럽 경제 위기와 미국·일본의 양적 완화 이후 국가 신용 등급이 세계경제의 주요 지표가 되고 있다. 각국의 신용 등급이 떨어지면서, 그만큼 믿을 만한 정부가 줄었기 때문이다.

채권인지, 주식인지 정체를 밝혀라

주식 연계 채권 | 전환사채 | 신주인수권부사채

| 주식과 연계된 채권들 |

전환사채CB, Convertible Bond, 신주인수권부사채BW, Bond with Warrant 등의 주식 연계 채권은 회사채를 발행하기 힘든 기업에서 던지는 승부수로서 투자를 유도하기 위해 유리한 조건을 내건다. CB는 일정 기간이 지나면 약정된 조건에 따라 발행 기업의 주식으로 전환할 수 있는 권리가 부여된 사채를 말한다. 주식 증자보다 발행이 쉽고 채권보다 금리가 낮아 기업에서 자금 조달 목적으로 자주 발행한다.

예컨대 CB 금액 5천 원에 1주를 바꿀 수 있다고 해보자. 주가가 만일 주당 1만 원이 되면 CB를 주당 5천 원에 계산해 주식으로 바꾼 뒤 시장에 즉시 내다 팔 수 있다. 반대로 주가가 전환 가격보다 낮을 경우에는 만기까지 보유하면 채권의 원리금을 받을 수 있다. 물론 회사가 부도나지 않는다는 전제하에서다.

BW는 약정된 가격으로 일정한 양의 주식을 매입할 수 있는 권리가 부여된 사채다. 보유자가 원할 때 신주를 인수할 수 있는 권리를 갖되 CB와 달리 신주 인수 후에도 채권 부분은 계속 남는다.

예를 들어 BW 1매당 신주인수권이 2주, 권리 행사 가격이 액면가 5천 원으로 정해졌다고 해보자. 이 경우 BW 10매를 갖고 있는 주주는 언제나 신주 20주를 주당 5천 원에 인수할 수 있다. 다만 BW가 주식으로 전환되는 것은 아니고, 새롭게 자금을 투자해야 한다. 투자자들은 발행 기업의 주가가 약정된 매입가를 웃돌면 신주를 인수해 차익을 얻을 수 있고, 그렇지 않으면 인수권을 포기하면 된다.

BW는 보통 사채에 비해 발행 금리가 낮아 발행자는 적은 비용으로 자금을 조달할 수 있다는 장점이 있다. 즉 신주인수권이라는 덤을 얹어주는 대신 돈을 싸게 빌리는 셈이다. 투자자의 입장에서는 주가 상승시 매매 차익을 올릴 수 있다는 것이 가장 큰 매력이다.

| 주식 연계 채권의 사례 |

1998년경 신한은행은 주당 10원에 BW를 발매했다. 당시 신한은행은 구조조정 작업을 진행하던 중 자기자본비율을 높이기 위해 투자자를 모으고 있었다. 많은 투자자들이 은행도 문을 닫을 수 있다는 생각에 선뜻 나서지 못하는 상황에서 일부 용감한 투자자들이 신한은행의 구조 조정 흐름을 주의 깊게 살펴보고 투자했다. 그런데 주가가 1,000배 이상 상승하면서 대박을 터뜨렸다.

2001년에도 유사한 경우가 있었다. 법정 관리 중이던 현대 건설이 발행한 CB다. 2001년 4월 경 4천 200원이던 CB가 12월 말 1만 2천 원까지 뛰어오르며 투자자들은 9개월 만에 큰 차익을 얻을 수 있었다.

변종 BW가 발행되는 사례도 있다. 코스닥 시장의 모 업체가 발행한 20억 원어치 BW에는 1,000원에 1주를 인수할 수 있는 권리가 붙어 있었다. 당시 회사 주가가 230원이었기 때문에 그 권리는 사실 아무

값어치가 없었다. 단 BW 신고서에는 '감자를 해도 신주 인수 가격에는 변함이 없다'는 조건이 붙어 있었다.

보통 감자를 하면 주식이 합쳐지기 때문에 주가가 상향 조정된다. 예를 들어 10대 1 감자를 결정하면 10주가 1주로 변하기 때문에 감자 이후 주가는 종전 주가에 10을 곱한 것과 같아진다. CB·BW의 주식 전환 가격도 10배로 상향되어야 한다. 그러나 이 회사가 발행한 BW는 그렇지 않았다. 회사가 30대 1 감자를 결정해 주가가 2천 35원으로 높아졌을 때도 BW의 신주 인수 가격은 여전히 1천 원이었다. BW 보유자는 신주를 1천 원에 인수해 시장에서 2천 35원에 팔아 주당 1천 35원의 수익을 남겼다.

간혹 삼성전자와 같이 신용도가 높고 재무구조가 튼튼한 기업에서 전환사채를 발행하는 경우가 있다. 이는 경영권 승계 등의 특별한 목적 때문으로, 삼성전자의 이재용 사장의 사례 등이 있다.

어음, 어음할인, 약속어음, 융통어음

채권이 투자자를 대상으로 빚을 지는 것이라면, 어음은 판매 업자를 상대로 얻는 빚이다. 예를 들어 물품을 구입한 뒤 3개월 뒤 지급을 약속하고 증서를 발행한다. 이것이 진성어음이다. 기업 입장에서는 물품 대금을 3개월간 무이자로 빌리는 셈이다. 어음을 받은 기업은 대개 시장에서 할인을 한다. 즉, 1억 원인 어음을 9천 500만 원에 파는 것이다. 3개월간 어음을 들고 있기보다 당장 현금화함으로써 유동성을 확보한다.

이와 달리 앞서 한번 살펴본 것처럼 기업어음CP은 신용 상태가 양호한 기업이 상거래와 관계없이 단기자금의 조달을 위해 신용을 바탕으로 발행하는 만기 1년 이내인 융통어음이다. 신용 상태가 양호한 기업이 발행하며, 금리 역시 자율적으로 결정된다. 담보 없이 신용만으로 돈을 마련할 수 있고 발행 절차가 간편하며 이자율이 대출 금리보다 낮게 책정되어 기업들이 단기자본을 마련할 때 많이 이용한다.

CP를 발행하려면 신용 평가 기관으로부터 B 이상의 신용 등급을 얻어야한다. 신용 등급은 A1이 최우량 등급이며 그 다음은 A2, A3, B, C, D의 순으로 분류되는데, 이 중 A1~A3등급은 투자하기에 비교적 안전한 투자 등급이며 B등급 이하는 투기 등급이다.

CP를 발행하면 은행, 종합 금융사, 증권사 등이 선이자를 뗀 다음 사들이거나 중개 수수료를 받고 개인이나 기관 투자가에게 판매한다. 보통 무보증 어음으로 거래되지만 중개 금융기관이 지급 보증하기도 한다.

영리와 공익, 두 마리 토끼를 잡는 기업들

사회적 기업 | 협동조합 | 협동조합 기본법

| 확산되는 사회적 기업 |

사회적 기업은 영리를 목적으로 하지만, 동시에 공익도 추구하는 기업이다. 두 마리 토끼를 잡는 만큼 꿈과 이상이 높다. 수익도 추구하면서 사회적 서비스 혹은 취약 계층의 일자리도 제공한다. 취약 계층을 그저 도움만 받는 처지에서 정당한 사회인으로 끌어올린다. 단순히 사회복지의 수혜자가 아닌 시장경제의 일원으로 자리매김하도록 해준다. 기업의 영리성과 자선의 사회성을 통합한 새로운 개념의 기업이라고 할 수 있다. 자선단체와 달리 수익을 내서, 지속 가능한 사회적 가치 실현을 추구한다. 주주나 소유자의 이윤 극대화가 아닌 사회적 목적을 우선적으로 추구한다. 이윤을 사업 또는 지역공동체에 재투자하기도 한다.

세계적으로는 1970년대부터 시작되었으며, 영국의 경우 2000년대부터 정책적 지원이 시작되면서 1만 5천여 개에 이르는 사회적 기업이 활발히 활약하고 있다. 유럽 각국과 미국에서도 협동조합, 유한회사 등의 형태로 이러한 기업이 확산되고 있는 추세다.

구분	상법					협동조합 기본법		민법
	주식회사	유한회사	유한책임 회사	합병회사	합자회사	협동조합		사단법인
						일반	사회적	사단법인
사업 목적	이윤 극대화					조합원 실익 증진		공익
운영 방식	1주 1표	1주 1표	1인 1표			1인 1표		1인 1표
설립 방식	신고제					신고 (영리)	인가 (비영리)	인가제
책임 범위	유한책임			무한책임	유한책임+ 유한책임	유한책임		해당 없음
규모	대규모	주로 중·소규모				소규모 + 대규모		주로 소규모
성격	물적 결합	물적·인적 결합	물적·인적 결합	인적 결합	물적·인적 결합	인적 결합		인적 결합
사업 예	대기업 집단	중소기업, 세무법인 등	벤처, 컨설팅, 전문 서비스업 등	법무법인 등	사모투자 회사 등	일반 경제 활동 분야	의료 협동 조합 등	학교, 병원, 자선단체, 종교단체 등

출처 : 서울시

　　요구르트 회사인 '그라민-다농 컴퍼니', 레스토랑 '피프틴', 잡지 출판 및 판매를 통해 노숙자의 재활을 지원하는 '빅이슈', 가전제품을 재활용하는 프랑스의 '앙비', 저개발국의 치료제 개발 및 판매 기업 '원월드 헬스' 등이 세계적으로 유명한 사회적 기업이다.

　　사회적 기업은 유급 근로자를 고용하여 영업 활동을 하여야 하며, 취약 계층이 50퍼센트 이상(2013년까지는 30퍼센트)을 고용해야 하고, 사회 서비스의 50퍼센트 이상(2013년까지는 30퍼센트)을 취약 계층에게 제공해야 한다.

| 걸음마 단계의 협동조합 |

협동조합은 '이용자 소유 회사'로 정의되는데 주식회사로 대변되는 '투자자 소유 회사'와 대비되는 개념이다. 오늘날 가장 흔한 기업 형태인 주식회사에서는 1주 1표 방식에 의해 주식 소유가 많은 대주주가 지배권을 행사할 수 있다. 하지만 협동조합에서는 원칙적으로 1인 1표제이다. 주식 수가 많아도 회사를 지배할 수 없다. 반대로 다수의 사람이 원하는 방향으로 기업 운영을 보장하여 민주적 운영이 가능하다.

또한 협동조합에서는 조합원이 조합을 구성해 제품을 생산할 수도 있다. 또한 소비자 협동조합은 공동으로 재화와 서비스를 구매할 수 있다. 유통조합은 공동으로 제품을 판매할 수 있고, 비영리 형태로도 운영이 가능하다.

이에 따라 수익의 배분에서 주식회사와 큰 차이가 발생한다. 예컨대 주식회사의 경우 이익이 남을 경우 배당금 형태로 주주들에게 돌려준다. 하지만 협동조합은 다르다. 사회적 협동조합이라면 남은 이익만큼 사회에 돌려준다. 소비자 협동조합은 이익만큼 판매 가격을 인하하게 된다. 투자자보다 구성원 전체의 이익을 먼저 고려하는 곳이 협동조합이라고 할 수 있다.

우리나라는 아직 협동조합의 초보 단계이다. 2012년 12월 제정된 '협동조합 기본법' 이후 누구나 쉽게 협동조합을 만들 수 있게 됐다. 기본법이 제정되며 금융과 보험을 제외한 모든 영역에서 협동조합 설립이 가능해졌다. 또한 설립 요건도 100~1,000명이던 기준이 최소 5명으로 줄었고, 시·도지사의 신고 및 설립 등기를 거치면 쉽게 세울 수 있게 되었다.

협동조합 설립에 가장 적극적인 이들은 소상공인이다. 부엌 가구 조합과 수제화 조합 등은 공동 구매와 마케팅으로 경쟁력을 확보하기 위해 조합을 만들고 있다. 농업 분야 역시 소비자와의 직거래를 위한 유통 네트워크를 구성하고 공동 상표로 상품을 내놓기 위해 조합을 활발히 결성하고 있다.

한편 협동조합이 단기간 급증하자 이에 따른 과열 우려도 나온다. 특히 중앙정부와 지방자치단체가 설립을 적극 장려하면서 기본 요건이나 경쟁력도 갖추지 못한 가운데 막연히 정부 지원만 바라는 이들도 생기고 있다. 조합 역시 시장에 기반을 둔 조직이기 때문에 실패에 따른 피해를 고스란히 감당해야 한다. 정부 역시 너무 적극적으로 조합 결성을 장려할 경우 뒷감당이 힘들 수 있다. 조합 결성과 운영은 시장 원리에 맡겨야 옳기 때문이다.

2012년 12월 이후 협동조합 설립이 크게 늘고 있다. 2012년 12월에만 136건, 2013년 들어서도 매달 200곳 이상의 설립 신고가 있었다. 이런 폭발적인 추세로 인해 6개월 만에 협동조합의 수는 1,000곳을 돌파했다.

모든 회사는 언젠가 사라진다

부도 | 법정 관리 | 워크아웃 | 개인 워크아웃 | 프리워크아웃 | 파산

| 부도의 절차 |

기업은 마치 생명체처럼 생성과 소멸이란 순환을 거친다. 천년만년 갈 것 같은 기업도 100년을 넘기기 어렵다. 한때 흥했던 기업이 흔적 없이 사라지는 경우도 부지기수다. 이렇듯 기업이 사라지는 과정을 청산이라 부른다. 회사 등이 모든 법률 관계를 종료시키고 재산을 정리해 분배하는 것을 목적으로 하는 절차이다. 스스로 손을 놓는 경우도 있지만, 살기위해 안간힘을 다해 버티다 문을 닫기도 한다.

우선 기업의 생존이 어렵다는 것을 보여주는 징표로 영업 적자가 있다. 이윤을 추구하는 기업이 적자를 보게 되면 투자했던 돈을 날리게 된다. 부채 비율이 증가하고 자본 잠식 상태에 빠진다.

그러다 어느 순간 부도에 직면한다. 부도는 만기가 된 어음과 수표를 정상적인 날짜에 결제하지 못하는 것을 말한다. 어음이나 수표를 갖고 있는 사람이 만기에 은행에 지급을 요구했으나 거절되는 것이다. 은행이 지급을 하지 않는 이유는 극히 예외적인 경우를 빼고는 통상적으로 예금 부족 때문이다. 예외적인 경우란 제시된 어음에 인감이 누락되었

거나 위·변조가 의심될 때이다.

그러나 은행은 일시적인 자금 부족 등의 상황을 감안해 바로 부도 처리하는 대신 다음날 오전 10시까지 시간을 준다. 이를 금융권에서는 '연장을 건다'고 말한다. 이때까지 입금이 안 되면 '1차 부도'가 된다. 만일 1차 부도를 내고 그날 영업 시간 종료 때까지 결제하지 못하면 '최종 부도' 처리된다.

어음교환소 규약은 1차 부도를 세 번까지 허용하고 있다. 네 번째 1차 부도가 나면 그 순간 최종 부도로 처리된다. 최종 부도를 낸 기업이나 개인의 어음은 교환 및 거래가 정지된다. 최종 부도로 금융결제원이 부도 공시를 하면 은행은 부도 기업의 당좌 거래를 정지시키고, 상장 회사일 경우 관리 종목으로 지정한다.

| 법정 관리 제도 |

부도를 내고 파산 위기에 처한 기업이 회생 가능성을 보일 때는 법정 관리에 들어간다. 법정 관리는 법원에서 지정한 제3자가 자금을 비롯한 기업 활동을 대신 관리하는 제도이다. 법정 관리 기업으로 정해지면, 부도를 낸 기업주는 민사상 처벌이 면제된다. 또한 모든 채무가 동결된다. 그만큼 채권자는 권리를 마음대로 행사할 수 없게 된다.

법원이 회사나 주주 또는 채권자로부터 법정 관리 신청을 받으면 보통 3개월 정도의 시간을 갖고 심의한다. 만일 법원이 법정 관리를 기각하면 파산 절차를 밟거나 항고·재항고할 수 있다.

예전에는 법정 관리시 기존 대표자를 회사 경영에서 배제했다. 따라서 기업은 법정 관리 신청을 기피했다. 그러나 최근에는 법인 대표자를 관리인으로 선임한다. 물론 재산 유용, 은닉, 중대한 부실 경영의 책임이 있을 경우에는 예외로 하고 있다. 그래서 최근에는 법정관리 신청이 예전보다 늘고 있다. 2012년 파산해 충격을 주었던 웅진도 발 빠르게 법정 관리를 신청했다. 채무는 동결되는 대신 경영권은 그대로 유지할 수 있었던 탓이다.

법정 관리와 달리 워크아웃은 기업의 재무구조 개선 작업을 말한다. 법원에 파산을 신청하는 대신 채권단과 협의하여 해결 방법을 모색하는 것이다. 워크아웃에 돌입하면 기업과 채권단이 협의하여 부채 상환을 유예하고 빚을 탕감하며, 필요에 따라 신규 자금도 지원한다. 금융기관이 손실을 분담하는 것이다. 동시에 기업은 빚을 갚기 위한 노력을 해야 한다. 이를 위해 주요 자산이나 알짜 기업을 매각하게 된다. 1997년 IMF 관리 체제에서 자주 사용됐으며, 화학섬유를 다루던 기업 등 7개 그룹이 워크아웃 대상으로 선정되기도 했다.

이것마저 힘들면 그때는 청산 절차에 들어간다. 역사에서 사라지는 것이다. 청산 중인 회사(청산 회사)는 해산 전의 회사와 동일한 인격을 지속하지만 오로지 청산이라는 목적의 범위 내에서 존속한다.

요새는 개인을 위한 워크아웃, 신용 불량 상태가 되기 전에 도움을 주는 프리 워크아웃 등의 다양한 제도가 마련되어 있다. 개인이 진 빚을 국가가 탕감해 준다는 볼멘소리도 있지만, 경제적 어려움으로 인한 범죄 등의 사회적 비용을 막는 효과가 있다.

6

정부의 역할과 개입의 한계

정부와 시장의 치열한 심리전

정부는 경제에 어떻게 기여할까

공공재 | 사유재 | 비경합성 | 비배제성 | 무임승차 | 야경국가

| 공공재의 공급 |

경제 분야에서 정부의 역할은 무엇일까. 미국의 클린턴 대통령은 1992년 대통령 선거에 출마하면서 '멍청이들아, 문제는 경제야'라는 구호를 내세워 당선됐다. 그만큼 경제를 살리고, 운영하는 데 정부와 대통령의 역할이 중요하다는 뜻이다.

정부는 경제를 살리거나 운영하는 일에서 중추적 역할을 담당한다. 그런데 자본주의는 '시장경제'를 지향한다. 즉, 정부의 개입이 최소화되어야 한다는 원칙이 통용되는 곳이 자본주의다. 자유주의 경제학자들은 끊임없이 경제에 '감 놔라, 배 놔라' 하는 정부를 비판한다. 정부가 어디까지 할 수 있고, 또 책임져야 하는지, 시장의 자율은 어디까지 보장되어야 하는지는 경제학이 생긴 이래 '거시 경제'의 끊임없는 논쟁과 연구의 주제였다.

이 같은 논쟁에 불구하고 모든 경제학자들이 정부의 기본적인 역할로 인정하는 것이 있다. 바로 공공재의 공급이다. 예컨대 사람들이 많이 찾는 공원이 있다고 하자. 급한 용무가 있는 사람이 많은데 화장실

국방, 치안 유지 서비스, 도로·항구·공원 등의 시설은 대표적인 공공재이다

이 없다. 또한 방문객이 버린 휴지를 청소하는 사람도 없다. 기업은 화장실의 설치나 청소를 통해 돈을 벌 수 없기에 나서려고 하지 않는다. 재화와 서비스의 공급은 필요하지만 이를 할 수 있는 시장 참여자가 없다. 만약 정부가 나서서 직접 화장실을 짓고 청소를 하거나 민간 기업이 위탁 관리하도록 하지 않는다면 화장실은 제대로 운영되지 못할 것이다. 따라서 정부가 화장실을 만들고 관리한다.

이것이 바로 '공공재public goods'다. 공공재의 공급은 정부의 가장 기본적인 기능 중 하나다. 대표적인 공공재는 국방과 치안이다. 아무리 애국심이 강한 민간 기업도 돈이 안 되는 국방과 치안 서비스를 제공하기 위해 군인이나 경찰을 모집하지는 않는다. 또한 개인 기업이 군대를 운영하면, 국가는 해당 기업 총수의 총칼 아래 불안한 삶을 살아야 한다. 따라서 정부가 세금을 걷어 군인과 경찰을 고용하고 필요한 무기를 구입해 국방과 치안을 담당한다.

●사유재
공공재에 대립되는 개념으로 민간재라고도 한다. 시장기구를 통해 공급되며 경합성과 배제성을 동시에 가지는 재화다.

| 공공재의 두 가지 특성 |

공공재에는 비경합성과 비배제성이라는 특징이 있다. 비경합성은 한 개인의 공공재 소비가 다른 개인의 소비 가능성을 감소시키지 않는 특성이 있다는 것이다. 예를 들어, 내가 국방 서비스를 제공받는다고 해서 옆집 아저씨의 서비스 이용을 제약하지 않는다. 즉, 공공재는 공동 소비가 가능하므로 서로 소비하기 위하여 경쟁할 필요가 없다.

비배제성이란 일단 공공재의 공급이 이루어지고 나면 생산비를 부담하지 않은 개인이라고 할지라도 소비에서 배제할 수 없다. 예를 들어, 국방·치안과 같은 공공재는 기술적으로 어느 개인의 소비를 배제하는 것이 불가능하다. 세금을 내지 않는 사람도 강도가 집에 들어오면 경찰을 부를 수 있다. 이와 같은 이유로 개인들은 공급된 공공재를 최대한 이용하되 가능하면 공공재 생산비는 부담하지 않으려고 한다. 즉, 돈을 내지 않고 서비스를 이용하는 '무임승차free riders'가 발생한다.

물론 공공재와 사유재●의 경계가 애매한 경우도 있다. 예컨대 구마다 있는 보건소는 공공재이다. 그러나 이는 한편으로는 개인 병원과 경쟁 관계에 놓여 있기도 하다. 소비자는 공짜로 제공되는 보건소의 의료 서비스보다 돈이 들어가는 병원을 이용하기도 한다. 돈이 들더라도 더 나은 서비스를 받을 수 있기 때문이다. 같은 맥락에서 치안을 담당하는 경찰 서비스는 공공재이지만, 사설 경비 업체는 그렇지 않다.

경찰의 도움만으로는 충분하지 않은 사람들이 이런 서비스를 이용한다. 결국 공공재가 문제를 완벽하게 해결하지 못할 경우 소비자는 시장에서 재화와 서비스를 구매하게 된다.

18세기 고전 자유주의는 국가의 역할을 공공재 공급으로 제한하는 '야경국가夜警國家'를 지향했다. 시장에 의해 공급될 수 있는 것은 가능하면 정부가 개입하지 말아야 한다고 주장했다. 민간이 병원 서비스를 공급할 수 있다면, 국가는 개입을 중단해야 하는 것이다. 하지만 20세기 등장한 복지국가는 국가의 역할을 공공재 공급으로 제한해서는 안 된다고 주장한다. 이후 정부의 역할은 다양한 방향에서 확대되었다.

국가의 공공재 공급에는 재정적 한계가 있다. 지역 치안, 공원 관리와 같은 공공 서비스의 일부를 지역공동체 등이 자율적으로 맡는다면 국가의 부담을 줄이면서 공동체의 자율성에 기반을 둔 효율적 질서가 정립될 수 있다.

시장을 내버려두면 실패한다

독점 | 과점 | 담합 | 경제민주화 | 공정거래위원회

| 독과점의 관리 |

공공재의 공급과 함께 정부의 역할로 대다수 경제학자가 인정하는 것이 시장 실패의 해결이다. 시장이 효율적으로 움직이기 위해서는 '경쟁'이 필수적이다. 그런데 시장의 자율에 맡겼을 때 인간은 스스로 이같은 경쟁을 '회피'하는 경향이 있다.

시장은 경쟁을 기본으로 한다. 따라서 싸고 좋은 제품을 만드는 기업이 시장에서 성공을 거둔다. 예컨대 현재 균형가격이 100원인 물건을 90원에 만들어 팔 수 있다고 해보자. 더 많은 소비자를 끌어들일 수 있게 되고 경쟁에서 승리한다. 비싸게 팔던 상대 기업은 문을 닫을 수밖에 없다. 이와 같은 경쟁은 소비자에게 유리하다. 더 좋은 제품을 싸게 살 수 있기 때문이다. 자원도 효율적으로 사용된다. 보다 저렴한 비용으로 생산하는 기업만이 살아남는 탓이다.

그런데 경쟁에서 탈락한 기업이 늘수록 시장은 소수가 장악하게 된다. 극단적인 경우 한 개의 기업이 모든 시장을 장악할 수도 있다. 이렇게 되면 기업은 가격을 올릴 가능성이 농후하다. 경쟁자가 없는 데

군이 싸게 팔 이유가 없기 때문이다. 독점 기업이 등장하면 시장 질서는 붕괴된다.

대표적인 사례가 컴퓨터에 반드시 들어가야 할 '마이크로 소프트'의 '윈도우즈'라는 운영체제이다. 운영체제 시장을 장악한 마이크로 소프트는 윈도우즈에 '인터넷 익스플로러'라는 인터넷 접속 프로그램을 끼워 넣어 경쟁사인 '네스케이프'를 몰아냈으며, 주기적으로 버전을 높여 가격을 올렸다. 이에 따라 반독점법 위반으로 미 법원에 고소를 당하기도 했다.

따라서 시장경제를 신봉하는 정부일수록 독점에 민감하다. 미국 정부의 독과점 금지법●은 매우 강력한 편이다. 한편 한국에서는 현대가 기아를 인수해 자동차 시장의 독점을 형성해도 정부가 이를 반대하지 않고 허용한다. 국가 주도 경제 시스템이기 때문에 가능했던 게 아닐까. 독점에 민감한 국가에서는 거의 불가능한 일이다.

우리나라의 경우 독과점 기준은 한 개 회사가 50퍼센트 이상의 시장을 점유하거나 상위 3개 회사가 75퍼센트 이상을 차지할 경우를 뜻한다. 이들을 '시장 지배적 지위에 있는 사업자'라고 부른다. 이들이 가격을 협의하거나 공급량 등을 조절하는 행위를 할 경우 공정거래위원회는 벌금을 부과하거나 검찰에 고발한다. 또한 정부는 기업이 인수·합병을 통해 시장 지배적 지위가 되지 않도록 감시한다.

때로는 기업들이 은근히 가격을 모여서 올리기도 한다. '우리 경쟁하지 말고 사이좋게 가격을 올리자'고 담합하는 것이다. 이 같은 담합 역시 시장의 기능을 왜곡시킨다. 따라서 불공정 행위로 간주된다. 그러므로 기업들이 경쟁을 피할 목적으로 가격을 결정하거나, 인상하거나, 시장을 분할하거나, 출고량을 조절하면 처벌을 받는다.

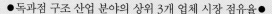

●독과점 구조 산업 분야의 상위 3개 업체 시장 점유율●

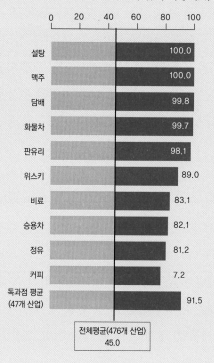

설탕	100.0
맥주	100.0
담배	99.8
화물차	99.7
판유리	98.1
위스키	89.0
비료	83.1
승용차	82.1
정유	81.2
커피	7.2
독과점 평균 (47개 산업)	91.5

전체평균(476개 산업) 45.0

그런데 담합은 은밀히 이뤄지기 때문에 증거를 찾기가 매우 어렵다. 담합 조사에 2~3년씩 걸리는 경우도 있다. 그래서 공정위는 1997년부터 리니언시 제도를 도입했다. 리니언시는 담합을 저지른 기업이 공정위에 이를 시인하고, 담합 사실을 입증할 각종 자료를 제출해 조사에 협조하면 과징금을 깎아주는 제도다. 가장 먼저 자진 신고한 기업은 과징금을 100퍼센트 면제해주고, 두 번째 신고 기업은 50퍼센트를 깎아준다.

●독점 금지법

선진국을 포함한 30여 개 국가에서는 독과점처럼 경쟁을 제한하는 경제 행위를 규제하고 있다. 이 밖에도 많은 국가가 독점금지법을 법제화하려고 움직이고 있다.

●기간산업
전력·가스·철강 등의 주요 생산
재를 생산해내는 산업으로, 한 국
가 산업의 기반이 된다는 점에서
매우 중요하다고 할 수 있다.

이 제도는 담합 기업 간의 공고한 유대 관계에 금이 가게 하는 효과도 있다. '내가 자진신고를 안 하면, 다른 기업이 먼저 자진신고를 할 수 있다'는 생각에 서로 앞다투어 자진신고를 하게 되는 효과를 노리는 것이다. 물론 자진 신고한 기업은 다른 기업의 원성을 살 수 있다. 이 때문에 공정위는 어느 기업이 자진신고를 했는지 공개하지 않는 원칙을 세웠다.

아울러 독점적으로 운영될 수밖에 없는 것은 국가가 관리하기도 한다. 예컨대 전기, 수도 등 기간산업●의 경우 우리나라에서는 한국전력, 한국수자원공사가 맡고 있다. 독점권을 유지하는 대신 정부가 가격을 철저하게 관리한다.

2012년 대선에서 화두가 된 경제민주화 역시 독점 기업의 시장 지배력 남용을 방지하기 위한 것이다. 헌법에 나온 개념인 경제 민주화는 크게 소득 재분배, 경제적 약자 보호, 시장 지배력 남용 방지, 이렇게 세 가지로 볼 수 있다. 사실 2012년 대통령 선거 당시 여야 후보 모두 경제민주화를 주장했다. 야당은 소득 재분배에 방점을 찍었던 반면 박근혜 대통령은 시장 지배력 남용 방지에 포커스를 맞췄다. 이 막중한 임무를 담당한 것이 공정거래위원회이다. 따라서 박근혜표 경제 민주화의 최선봉에 공정거래위원회가 있다.

현재 한국 대기업 규제 방식의 모델이 되는 법은 1965년 독일에서 제정된 콘체른 법이다. 권한만큼 책임을 져야 한다는 것이 콘체른 법의 핵심이다.

새벽종이 울렸네, 새 아침이 밝았네

국가 주도 경제 | 경제개발 5개년 계획 | 한강의 기적

| 정부 주도의 경제개발 |

지금부터는 논쟁이 되고 있는 정부의 경제적 역할에 대해 알아보자. 일부 역할에 대해서는 정부가 과연 '이 일을 하는 게 맞느냐'는 논란이 지속되고 있다. 그 가운데 하나가 경제개발을 국가가 주도하는 것이다. 시장경제가 미성숙한 상태에서 정부가 앞장서 성장을 이끌어 가는 시스템이 국가 주도 경제개발이다. 국가가 모든 사항을 통제하고 관리하는 사회주의 시스템과 유사한 면이 많다. 그런데 이러한 국가 주도 경제개발이 우리에게는 너무나 당연한 것처럼 보인다. 우리나라 역시 국가가 주도해 경제를 개발했기 때문이다. 중국과 일본 등 동북아 3개국이 모두 국가 주도형 경제개발의 경향을 보인다.

하지만 자본주의가 태동한 서양의 입장에서는 이해가 안 되는 방식이다. 서구 자본주의는 정부가 경제 성장을 끌어가야 한다는 생각을 하지 못했다. 인도 경제를 수탈해간 곳은 영국 정부가 아닌 동인도회사라는 기업이었다. 미국 대륙을 개발한 콜럼버스는 스페인이나 포르투갈의 공무원이 아니었다. 오늘날로 따지면 대박을 꿈꾸며 벤처기업

을 세운 사업가였고, 투자자를 모아 배를 구해 항해에 나선 모험가였다. 정경 유착은 있었을지언정 국가가 주도적으로 시장을 개척하지는 않았다. 애덤 스미스가 말했듯이 개인의 사적 이익 추구가 서구 문명을 만든 것이다.

하지만 개발도상국은 다른 길을 걸었다. 정부가 깃발을 들고 앞장서 달렸다. 일본과 우리나라가 대표적이다. 박정희 대통령은 전쟁이 아닌 경제를 위해 외국에서 차관을 빌려왔고, 그 돈으로 포항제철 등 기업을 세웠다. 사실 박정희 대통령이 처음 집권했을 때 IMF●는 농업 분야에 투자할 것을 전제로 대규모 차관 제공을 제안했었다. 당시 배고픔에 허덕이던 한국 국민에게는 식량 제공이 우선이며 2차 산업의 발전은 불가능하다고 그들은 생각했다.

그러나 한국 정부의 생각은 달랐다. 농업만으로는 국가의 미래가 없다고 생각했다. 그래서 대일 배상금으로 철강을 생산하는 포항제철을 만들었고, 쇠가 생산되자 이것을 바탕으로 중공업을 발전시켰다. 이를 바탕으로 매년 1인당 소득이 6퍼센트씩 증가했다. 1961년 당시 우리나라의 1인당 국민소득은 82달러였으나 지금은 2만 달러를 넘어섰다.

한국 정부는 빠른 성장을 위해 국가가 주도해 경제를 개발하는 전략을 택했다. 발전시켜야 할 산업 목록을 만든 뒤, 담당할 기업까지도 지정했다. 예컨대 자동차는 현대와 대우, 가전은 삼성과 LG라는 식으로 기업과 전략 상품을 연결 한 뒤 적극적으로 지원했다. 그 이외의 기업이 해당 분야에 진출할 경우 이런 저런 방식으로 불이익을 줬다. 이를 통해 '한강의 기적'이 가능했다.

| 경제개발 5개년 계획 |

당시 이 모든 발전 계획을 세웠던 곳이 경제기획원이었다. 경제기획원은 기업으로 따지면 기획팀이다. 경제기획원은 1962년부터 여섯 차례에 걸쳐 이뤄진 경제개발 5개년 계획을 세웠다. 기획안을 바탕으로 정부는 모든 자원을 통제하고 배분했다. 서구 자본주의와 달리 우리나라의 경제 발전은 박정희 대통령과 경제기획원 관료의 손끝에서 기획되고 진행된 것이다. 이 같은 전략은 빠른 시간에 압축적으로 경제가 성장하도록 했다.

서양의 경제학자들은 이 같은 동아시아의 성장 모델에 대해 비판을 했다. 국가가 주도하는 것은 시장 원리에 맞지 않는다는 것이다. 따라서 성공은 불가능하다고 주장했다. 그러나 일본과 한국은 성공 모델을 제시했다.

최근에는 헤게모니를 장악한 선진국에 대항해 후발주자가 택할 수 있는 유일한 길이 국가 주도 개발이라는 주장이 힘을 얻고 있다. 캐임브리지 대학교의 장하준 교수는 경제개발에 성공한 타이완, 싱가포르, 한국 등 모든 나라의 공통점을 '개발독재'라고 이야기 한다. 서구적인 자유주의 경제 모델을 도입했던 이승만 대통령은 경제개발에 실패한 반면, 박정희는 성공했다고 그는 설명한다.

현실적으로 현대의 모든 정부는 경제개발에 과거보다 많이 개입하고 있다. 민간이 나서기에는 실패에 따른 부담이 크지만 차세대 산업에 꼭 필요한 경우 정부가 나선다. 우리나라 정부가 진행하고 있는 전투기나 인공위성 개발 등이 그러하다. 미항공우주국NASA 역시 미국의 우주항공 산업에 중추적이고 핵심적인 기술을 개발하고 있다. 유럽도 차세대 항공기 개발 등에 국가가 적극 개입하고 있다.

●IMF
UN 산하 국제 금융 기구로 '국제 통화기금'이라고도 한다. 경제 위기에 빠진 국가에 구제 금융을 지원하는 등의 일을 한다.

한국의 '경제개발 5개년 계획'
제1차 경제개발 5개년 계획(1962~1966년) • 외국 자본 유치를 통해 산업 발전 시작 • 당초 목표치인 7.1%를 웃도는 연평균 8.5%의 경제성장률 기록 • 1인당 GNP가 83달러에서 123달러로 상승
제2차 경제개발 5개년 계획(1967~1971년) • 목표치 7%를 상회하는 연평균 10.5%의 경제 성장 • 외자 도입 증가와 국제 수지의 만성적 적자라는 문제 발생
제3차 경제개발 5개년 계획(1972~1976년) • 중화학 공업화를 목표로 설정 • 석유파동의 충격에도 불구하고 '중동 붐'으로 연평균 11% 성장
제4차 경제개발 5개년 계획(1977~1981년) • 1977년 년에는 1백억 달러 수출 달성, 1인당 GNP 944달러 기록 • 물가 상승, 부동산 투기, 생활필수품 부족 등 고도성장의 부작용 심화 • 1979년의 제2차 석유파동으로 경제 침체
제5차 경제개발 5개년 계획(1982~1986년) • 고도성장 계획에서 탈피해 안정, 능률, 균형을 강조

이외에도 정부는 각종 정책을 통해 국가의 잠재 성장력을 높이려고 애쓴다. 벤처기업에 조세 감면 조치를 취하여 투자 의욕을 불러일으킨다. 장기에 걸쳐 거액의 자금을 필요로 하는 사업이나 사회간접자본에 대해서는 정부가 직접 투자하거나 기업에 자금을 빌려 주기도 한다. 기업이 기술 개발을 위해 연구소를 세우거나 직업 훈련소를 설치하여 운영할 때도 정부가 지원에 나선다. 모두 경제 성장을 이끌기 위한 정부의 개입에 해당한다.

그럼에도 불구하고 자유주의 시장 경제를 주장하는 많은 경제학자들은 이 같은 정부의 역할 확대에 비판을 하기도 한다. 나아가 동북아 3국을 빼고는 국가 주도 경제 개발에 성공한 국가도 찾기 힘들다. 따라서 국가 주도 경제개발은 동북아에 국한된 특수한 사례일 뿐이라고 평가하는 경제학자들도 있다. 결과적으로 국가 주도 경제개발이 성공하려면, 핵심적 역할을 담당할 정부의 능력이 중요해 보인다.

| 국가 주도 경제의 한계 |

물론 이 같은 국가 주도 경제개발을 통해 대한민국은 빠르게 성장했다. 그런데 부작용도 있었다. 바로 정경 유착이다. 기업은 특혜를 받는 동시에 정치인들에게 리베이트를 제공했다. 따라서 기업을 크게 일으키고 싶은 야망이 있는 기업가들은 시장에서 좋은 제품으로 승부하기보다 어떻게든 정치권과 권력자에 줄을 대 성공하려고 했다. 그리고 정치인은 기업의 시장 경쟁력보다는 '뒷돈'을 얼마나 많이 주느냐로 파트너가 될 기업을 택했다. 그러면서 부실한 기업과 부패한 정치인의 정경 유착이 천문학적인 부실을 만들어냈다. 대표적인 케이스가 바로 한보 그룹에 대한 김영삼 정부의 특혜 지원이다. 그것이 곪아 터진 것이 바로 1997년 금융 위기였다.

사실 국가 주도로 경제개발을 해온 우리나라의 경우 '국가'에 대한 기대치가 높다. 정경 유착 등의 부작용을 없앤 가운데 여전히 경제의 모든 문제를 국가가 해결해 줄 수 있고, 또 해결해야 한다는 믿음이 강하다. 그래서 정부는 모든 경제 문제를 해결할 수 있다는 듯이 이야기하고는 한다.

그래서 경제 기사를 보면 하루가 멀다 하고 정부에 대한 비판이 등장한다. 경제에 문제가 생기면 그것이 무엇이든 정부가 잘못한 탓이고, 따라서 책임지고 해결해야 한다는 아우성이 쏟아진다. 예컨대 저축은행이 부도나 못 받게 된 예금주의 돈을 정부가 책임지고 돌려줘야 한다고 주장하고, 태풍으로 쓸려간 비닐하우스를 정부가 복구해줘야 한다고 생각한다.

정치인들이 이 같은 정서를 강화시키기도 한다. 대선 후보들은 너나 없이 그럴 듯한 공약을 내세운다. 국민은 이러한 주장의 실현 가능성에 크게 의문을 제기하지 않는다. 반대로 이 같은 청사진을 제시하지 않는 후보를 비전이 없는 사람으로 폄하한다. 그러나 장밋빛 비전을 제시하던 이들도 막상 당선된 후에는 거짓말한 사람이란 손가락질을 받는다.

박정희 대통령 이후 그 시절만한 고도의 경제성장을 일으키는 리더가 나오지 못하는 이유는 그만한 인물이 없어서라기보다, 우리 경제가 성장했기 때문이다. 우리나라 경제가 성장한 만큼 대통령과 정부의 능력만으로 문제 해결이 쉽지 않아진 탓이다. 대한민국 경제가 10킬로그램짜리 역기였을 때는 정부가 들었다 놨다 할 수 있었다. 그러나 1톤으로 늘어난 상황에서는 그렇지 못하다. 1인당 GDP가 60달러일 때와 비교해 2만 5000달러가 된 상황에서의 경제 문제는 훨씬 더 복잡해졌고 정부 혼자 해결하기 어려운 경우가 많아졌다. 따라서 과거와 다른 경제 모델, 국가와 정부의 역할이 필요해진 시점이 됐다고 볼 수 있다.

'모피아(MOFIA)'란 재무부(Ministry of Finance)와 마피아(Mafia)의 합성어다. 경제계에서 재무부 출신들이 자기들끼리 거대한 세력을 형성해 막강한 영향력을 행사하는 것에서 비롯됐다. 국가 주도 경제개발의 부작용 역시 막강한 관료 집단의 형성이었다.

국가 경제에도 성적표가 있다

국내총생산 | 국민총생산 | 국민총소득

| GDP의 정의와 GNP의 정의 |

정부가 경제 성장을 주도해야 하는지에 대한 논란은 있지만, 경제 성장을 측정하는 업무는 정부의 몫이다. 정부가 하지 않을 경우 누구도 하지 않을 공공서비스이기 때문이다. 그렇다면 경제가 얼마나 성장했는지를 어떻게 알 수 있을까. 이러한 고민을 하다 만든 것이 바로 GNPGross National Product, 국민총생산, GDPGross Domestic Product, 국내총생산 등이다. 이 가운데 현재 주로 사용되는 것은 GDP다.

GDP는 국가 안에서 가계, 기업, 정부 등 모든 경제 주체가 일정 기간 생산 활동에 참여해 창출한 부가가치 또는 최종 생산물을 시장가격으로 평가한 합계이다. 여기에는 국내에 살고 있는 외국인이 올리는 소득까지도 포함한다. 그런데 GDP 이전에 사용되던 것이 있었다. 이것부터 살펴볼 필요가 있다. 바로 GNP다. GNP가 간과한 문제를 수정한 것이 GDP라고 할 수 있다.

GNP는 한 국가의 '국민'이 만든 총생산을 나타낸다. 여기서 중요한 것이 바로 '국민'이다. GDP와 비교해 국내에 살고 있는 외국인의 소득

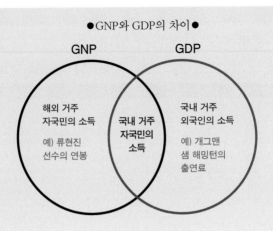

● GNP와 GDP의 차이 ●

GNP **GDP**

해외 거주
자국민의 소득

예) 류현진
선수의 연봉

국내 거주
자국민의
소득

국내 거주
외국인의 소득

예) 개그맨
샘 해밍턴의
출연료

은 제외하고 해외에 사는 우리나라 국민의 소득은 추가한다. 즉, 우리나라 국민이 올린 소득만이 GNP이다. 그런데 우리나라 국민과 기업의 해외 진출 증가로 외국에서 얻는 소득을 정확히 산출하기 어려워졌고, 따라서 GNP의 정확성이 떨어졌다.

반면 국내 거주 외국인과 외국 기업의 소득 파악은 쉽고, 아울러 국내에 재투자되는 경향이 강하며, 국내 경제에 미치는 영향도 커졌다. 다국적 기업이 국내에 공장을 세워 제품을 수출한다 하더라도 국내의 노동력을 고용한다. 따라서 내국인의 고용 수준이 높아지고, 그만큼 국내 경제에 긍정적인 역할을 한다. 미국에서 식당을 차려 돈을 벌고 있는 재미교포보다 우리나라에서 영어를 가르치는 미국인의 활동이 우리 경제를 측정하는 더 중요한 요소가 된 것이다. 즉, 경제 주체의 국적보다 한 나라 안에서 생산해낸 총산출이 경제 활동에 보다 중요해진 것이다. 따라서 국민 경제를 가늠하는 지표로 GNP보다 GDP를 더 많이 사용하게 되었다.

반면 GDP의 계산에는 시장을 통하지 않고 거래되는 재화와 용역이 제외된다. 어머니의 아침밥 서비스, 텃밭에서 키운 상추의 가치는 GDP 계산에서 빠진다. 이 같은 생산 활동이 국민 생활을 윤택하게 하고 삶의 질을 높이지만, 돈으로 평가하기 어렵기 때문에 GDP에 포함시키지 않는다.

한편, GDP가 높아졌다고 해서 국민 생활과 복지 수준이 반드시 높아졌다고는 할 수 없다. 예를 들어 자가용이 널리 보급되며 교통 체증이 심해지고 사고가 늘었다고 하자. 그러면 사고로 인한 자동차 수리비와 의료비 지출도 증가하게 된다. 자동차 판매뿐 아니라 수리비와 의료비도 GDP 증가에 기여한다. 그런데 이는 병 주고 약주는 모습을 닮았다. 또한 공장들이 활발하게 상품을 생산하면 GDP가 증가한다. 그런데 동시에 오염 물질을 쏟아내 환경을 오염시키기도 한다. GDP는 증가해 경제지표는 좋아지지만, 쾌적한 환경을 대가로 지불하게 된다.

| GDP를 보완하는 GNI |

예전에 큰돈을 번 벤처기업을 찾아간 적이 있었다. 직원에게 부러움 반 질투심 반 '큰돈 벌어서 좋겠다'고 인사를 건넸다. 그런데 답이 무척 퉁명스러웠다.

"제가 벌었습니까. 회사가 벌었지요."

이처럼 회사가 잘 된다고 직원 급여도 항상 늘어나는 것은 아니다. 늘어난 이익이 누구에게 얼마만큼 나눠지느냐의 문제가 남았기 때문이다. 같은 맥락에서 GDP가 10퍼센트 성장해도 모든 국민이 혜택을 누리는 것은 아니다. 따라서 각각의 경제 주체가 얼마만큼 가져가는지 파악하기 위해 등장한 것이 GNIGross National Income, 국민총소득이다.

GNI는 경제의 3대 주체인 정부, 기업, 가계가 각각 얼마씩 가져갔는지를 계산한 것이다. 주목할 점은 우리나라의 경우 가계가 가져가는 비율이 지난 20년간 무척 낮아졌다는 사실이다. 1990년도에 우리나라가 올린 전체 소득을 100으로 놓으면 기업이 가져가는 건 그 가운데 16.1퍼센트였는데 2011년엔 24퍼센트로 늘었다. 정부가 세금으로 떼어간 비율도 12.4퍼센트에서 14.3퍼센트로 늘었다. 반면 가계는 72퍼센트에서 61퍼센트로 크게 줄었다. 한 밥그릇에서 기업과 정부가 여러 숟가락을 덜어가 국민들 몫은 줄어든 것이다. 따라서 경제가 아무리 성장해도 국민은 배가 고플 수밖에 없었다. 국가는 성장해도, 국민은 가난한 것이다.

모든 통계가 마찬가지이지만, 성장률에 관한 통계 역시 '명목성장률'과 '실질성장률'을 구분한다. 명목성장률에서 물가 상승분을 뺀 것이 실질성장률이다. 명목성장률이 높아도 실질성장률이 낮으면 숫자상 상승에 불과하다.

GDP 계산법

생산 단계별 부가가치의 합 = 최종 생산물의 가치

밀의 가격 100만 원   밀가루의 가격 250만 원   빵의 가격 500만 원

부가가치 150만 원   부가가치 250만 원

① 100만 원 + 150만 원 + 250만 원 = 500만 원
② 최종 생산물인 빵의 가치 = 500만 원

GDP는 단계별 부가가치의 총합 혹은 최종 소비자 가격으로 계산할 수 있다.
이 사례에서 GDP는 500만 원이다.

한국의 성장은 2050년에 멈춘다?

잠재성장률 | 노동력 | 1인당 생산량 | 고부가가치 산업 | 창조경제

| 잠재성장률의 정의와 향상 방법 |

잠재성장률은 한 나라 경제가 안정적으로 도달할 수 있는 중장기 성장 수준을 말한다. 과도한 물가 상승을 일으키지 않는 선에서 생산 자원을 최대한 이용할 때 달성할 수 있는 지속 가능한 성장률이라고 할 수 있다.

앞서 본 GDP 성장률이 높다고 무조건 경제에 좋은 것은 아니다. 감당할 수 없을 정도로 성장하면, 즉 경제성장률이 잠재성장률보다 높으면 물가 상승 등 부작용이 나타난다. 평소 체력보다 더 빨리 달리면 금방 지치고 힘든 것과 마찬가지다. 따라서 성장을 위해서는 기초 체력이 튼튼해야 한다. 이것이 바로 잠재성장률이다.

잠재성장률은 쉽게 말해 일할 수 있는 사람 수에 한 사람이 끌어 낼 수 있는 생산량을 곱한 것이다. 일할 사람이 5명이고 1인당 20단위씩 생산할 수 있다면 잠재성장률은 100이 된다. 잠재성장률을 계산할 때 가장 중요한 것이 노동과 자본인 것이다.

이 같은 잠재성장률을 끌어올리는 첫 번째 방법은 일할 사람을 늘리

는 것이다. 근로 인구가 5명에서 10명으로 늘면 잠재성장률은 순식간에 100퍼센트 증가한다. 10명이 20단위를 생산할 수 있기에 잠재성장률이 200이 된다. 5명일 때의 100에 비해 두 배 높다. 우리나라의 경우 실업률과 출산율이 낮기 때문에 노동력의 확대를 통한 잠재성장률 향상이 어려운 실정이다.

또 다른 방법은 1인당 생산량을 늘리는 것이다. 5명의 근로자가 20단위가 아닌 40단위를 생산할 수 있게 된다면 잠재성장률은 두 배 늘어난다. 이를 위해서는 근로자의 숙련도가 증가하거나 자본을 투자해 생산성 높은 기계를 사용해야 한다. 결국 인구가 늘지 않는 상황에서 잠재성장률을 높이려면 고부가가치 산업으로 근로자가 이동하고, 생산성이 높은 기계(시스템)를 도입해야 한다.

● OECD(경제협력개발기구)
경제 발전과 세계 무역 촉진을 위한 국제기구로, 유럽 선진국 및 미국, 캐나다 등의 서방 국가와 한국, 일본 등의 34개국이 회원국으로 가입해 있다.

● 한국의 출산율과 고령화
출산율이 1.3명 이하일 경우 초저출산 국가로 분류되는데, 한국은 이미 초저출산 국가의 경계를 오가고 있다. 한편, 한국의 고령화 정도는 2010년 11.0%에서 2040년에는 32.3%로 높아질 전망이다. 이는 세계적으로도 매우 빠른 수준의 고령화라 할 수 있다.

| 잠재성장률을 높이기 위한 정부의 노력 |

우리나라의 잠재성장률은 1990년대 초반까지 최소 8~9퍼센트를 유지했다. 그러나 1998년 외환위기를 맞아 4퍼센트 후반으로 떨어진 뒤 계속 하락하고 있다. OECD●는 우리나라의 잠재성장률이 2012~2017년 3.4퍼센트에서 2018~2030년 2.4퍼센트, 2031~2050년 1.0퍼센트로 떨어질 것으로 전망하고 있다.

잠재성장률이 다른 국가보다 더 많이 떨어지는 기저에는 OECD 회원국 중 가장 낮은 출산율과 더불어 가파르게 높아지는 고령화가 있다.● 5명이 20개씩 100개를 생산하던 나라의 인구가 4명으로 줄면 80개밖에 만들지 못하기 때문이다. 이를 해결하는 방법은 노동 시간을

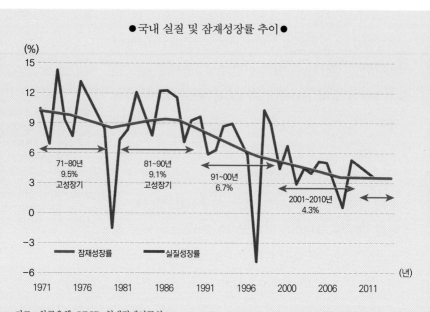

●국내 실질 및 잠재성장률 추이●

71~80년
9.5%
고성장기

81~90년
9.1%
고성장기

91~00년
6.7%

2001~2010년
4.3%

잠재성장률   실질성장률

(년)

자료 : 한국은행, OECD, 현대경제연구원
주 : ←→ 는 잠재 성장률의 구간 평균치임

늘리거나 교육과 설비 투자를 통해 기술력을 향상시키는 것이다.

각국 정부는 경제의 장기적 발전을 위해 잠재성장률을 높이려 노력하고 있다. 인구를 늘리는 데에는 한계가 있기에 부가가치가 높은 산업을 육성하려고 한다. 박근혜 정부가 내세운 '창조경제'역시 이 같은 잠재성장률 확대와 맥이 닿는다. 보다 부가가치 높은 산업을 만드는 것이다.

이 같은 정책 방향의 뿌리는 김영삼 정부에서 출발하고 있다. 1994년 전 세계를 강타한 블록버스터 '쥐라기 공원'이 6천500만 달러를 투자해 1년 만에 8억 5천만 달러의 수입을 올렸다. 당시 김영삼 정부는 '쥐라기 공원'의 수익은 우리나라가 자동차 150만 대 수출해서 얻은 것과 맞먹는다고 이야기했다. 우리나라의 당시 자동차 수출 대수가 80만 대였기에 2년 치 수출액과 맞먹는 것이었다. 충격이 클 수밖에 없었고, 제조업을 넘어 창조성에 기반을 둔 신新산업을 육성할 필요성을 강조하기 시작했다. 김대중 정부에 들어서는 '한 명의 천재가 10만 명을 먹여 살린다'는 모토 아래 '신新지식인'의 발굴과 육성에 나섰으며, 노무현 정부와 이명박 정부에서도 유사한 정책 방향을 추진했었다. 박근혜 대통령은 이를 위해 미래창조과학부를 신설해 새로운 패러다임의 창조경제를 선도적으로 이끌어가며, 우리 과학 기술을 세계적인 수준으로 끌어올리겠다는 계획을 밝히기도 했다.

공급주의 경제학의 원조로 불리는 슈페터는 기술 혁신을 통해 창조적 파괴에 나서는 기업가 정신이 잠재성장을 높이는 데 핵심이라고 이야기했다. 그는 불황을 기업가 정신을 갖춘 기업인이 없기 때문으로 보았다.

정부는 돈의 수도꼭지를 쥐고 있다

경기 순환 | 기준 금리 | 금리 인상 | 금리 인하 | 통화정책

| 경기순환과 기준 금리 |

정부 역할 중 중요한 것 가운데 하나가 경기 순환의 관리이다. 경기가 과열됐다 싶으면 브레이크를 밟아 속도를 줄이고, 너무 느리면 액셀을 밟아 가속을 한다. 이를 통해 경기 순환이 롤러코스터를 타듯 급격히 변동하는 것을 막는다.

정부가 경기 순환을 관리하는 데 사용하는 대표적인 수단이 기준 금리다. 돈은 인체의 혈액과 같다. 혈액이 흐르는 속도에 따라 혈관에는 압력이 생긴다. 높으면 고혈압, 낮으면 저혈압이다. 금리는 심장 앞에 달린 수도꼭지라고 보면 된다. 혈압이 낮아(경기 침체) 심장이 멈춰버릴 것 같으면 꼭지를 틀어 혈액이 더 많이 나가게 한다. 이것이 금리 인하다.

그렇다면 금리 인하가 어떻게 돈이 돌아가는 속도를 늘릴까. 금리를 내릴 경우 사람들은 은행에 예금하는 대신 소비하게 된다. 은행에 넣어둬도 이자 소득이 예전 같지 않기 때문이다. 아예 그 돈으로 필요했던 자동차를 사거나 혹은 더 높은 수익을 올릴 수 있는 부동산 또는 주

식에 투자를 하게 된다.

다른 한편에서는 대출을 받아 투자에 나서는 사람이 증가한다. 이자가 싸기 때문에 투자에 따른 부담이 덜하다. 예컨대 이자율이 5퍼센트일 때는 수익률 4퍼센트인 부동산에 투자할 수가 없다. 적자가 나기 때문이다. 반면 이자율이 1퍼센트로 떨어지면 상황이 바뀐다. 같은 곳에 투자해도 3퍼센트의 수익을 낼 수가 있다. 경제의 혈액인 돈이 더 많이 시장에서 돌게 된다.

실제 2008년 5.25퍼센트이던 금리가 2012년 2.75퍼센트로 지속적으로 낮아졌다. 경기가 어렵고 따라서 경기를 부양하기 위해서였다. 그러면서 시중에 풀려나간 돈이 늘었다. 단적인 예가 가계 대출이다. 2008년 713조 3천억 원이었던 가계 대출이 2012년 말 천조 원 가량 증가하면서 35퍼센트 가까이 늘었다. 정부가 의도한 대로 많은 사람들이 돈을 빌려 부동산이나 주식에 투자도 하고 가게도 새로 개업했다.

| 금리 인상과 금리 인하 |

돈이 너무 돈다 싶으면 수도꼭지를 조금씩 잠근다. 이것이 바로 금리 인상이다. 금리를 올리면 사람들은 소비하는 대신 은행에 돈을 넣어두는 경우가 많아진다. 예금을 통해 보다 많은 이자 수입을 올릴 수 있기 때문이다. 반면 대출을 받는 사람은 줄어든다. 비싼 돈 빌려 투자에 나설 경우 그만큼 비용 부담이 증가하기 때문이다. 결국 돈이 과거보다 더 적게 돈다.

그 수도꼭지를 틀어쥐고 있는 곳이 바로 한국은행의 금융통화위원회이다. 기업으로 따지면 이사회고, 학교로 따지면 운영위원회다. 총 7명으로 구성됐고, 과반수 인원인 4명이 찬성하는 쪽으로 금리가 결정

금리 인하	→	소비자: 저축 대신 소비	→	경제 활성화		
	→	투자자: 대출 받아 투자	→	소비 증대, 생산 증가	→	경제 활성화

금리 인상	→	소비자: 소비 대신 저축	→	경기 안정		
	→	투자자: 대출 자제, 원리금 상환	→	소비 위축, 투자 위축	→	경기 안정

된다. 우리나라의 경우 반대 의견(소수 의견)은 공개하지 않는다. 반면 미국의 중앙은행인 연방준비제도이사회FRB는 이를 공개한다.

한국은행은 기준 금리를 통해 경기 순환과 인플레이션을 함께 관리한다. 경기가 아무리 호황이라도 물가가 오를 조짐이 보이지 않으면 중앙은행은 수도꼭지를 잠그지 않는다. 물가가 안정된 가운데 경기가 좋아지는 것은 무척 긍정적인 현상이기 때문이다. 그러나 물가가 오르기 시작하면 경기가 과열되고 거품이 끼기 시작했다고 판단해 금리를 높인다. 이것이 바로 통화정책을 통한 경기 순환의 관리이다.

반대로 경기가 침체 국면에 접어들었더라도 물가가 높으면 금리 인하가 쉽지 않다. 금리를 내려 시중에 돈이 더 풀리면 자칫 물가가 더 오를 가능성이 있기 때문이다. 물가가 충분히 안정적이라고 판단될 때 금리를 인하한다.

심장이 조심스럽게 다뤄야 하는 장기인 것처럼 금리도 세심한 고려를 통해 올리고 내려야 한다. 잘못 만지면 경제가 순식간에 망가질 수 있기 때문이다. 따라서 한국은행 총재는 금리에 관한 발언을 할 때 무척 조심한다. 그의 말 한마디가 순항하는 경제를 갑작스럽게 망가뜨릴 수도 있기 때문이다.

동시에 한국은행은 GDP 성장률과 물가 상승 두 가지를 항상 주시하고 있다. 둘의 연관을 잘 살펴서 금리를 인하할지 혹은 인상할지를 결정한다. 또한 외부의 입김에 흔들리지 않도록 하기 위해 정치적 중립성을 최대한 보장한다. 대통령과 행정부는 경기가 침체에 빠질 경우 일단 '급한 불부터 끄자'는 금리 인하를 요구하고 나선다. 금리 인하에 따른 부작용은 다음 문제이기 때문이다. 그러나 한국은행 총재는 정치적인 요구보다 경제의 '숫자'만을 보고 판단을 하게 된다. 따라서 양측이 때로는 갈등 관계에 빠지기도 했다. 실제 경기 회복을 위해 2013년 상반기 2.75 퍼센트인 금리를 인하해야 한다는 행정부와, 이를 완강히 거부하던 한국은행 총재가 갈등을 빚기도 했다. 그리고 결국 기준 금리를 2.50 퍼센트로 내렸다.

금리는 '0'으로 내리고 나면 더 이상 내려갈 곳이 없다. 금리를 마이너스로 할 수는 없는 탓이다. 따라서 제로 금리 정책을 폈는데도 경기가 살아나지 않으면, 통화 당국은 금리를 통해 경기를 살릴 수 있는 방법을 잃게 된다.

유동성 함정, 장기 불황을 부르다

유동성 함정 | 장기 불황 | 제로 금리 | 아베노믹스

| 금리 인하와 유동성 함정 |

경기 순환이 계획대로만 이루어진다면 한국은행 총재는 참 편할 것이다. 하지만 골치 아프게도 금리를 아무리 내려도 경제가 꿈쩍하지 않는 상황이 발생한다. 대책이 없어진다. 금리 인하가 밑 빠진 독에 돈을 쏟아붓는 일이 되기 때문이다. 이것이 바로 '유동성 함정'이다. 아무리 돈을 쏟아부어도 경제가 살아나기는커녕 오히려 더 나빠진다. 정부는 속이 타들어간다. 이럴 때 경제가 유동성 함정에 빠졌다고 이야기한다. 유동성 함정은 통화 공급의 확대가 지출 증가로 연결되지 않고 사람들의 화폐 보유만 늘리는 상태를 말한다.

예컨대 정부가 금리를 내리자 돈 1억 원을 빌려 장사를 시작했다. 정부 정책에 발맞춰 돈을 빌려 투자에 나선 것이다. 그런 와중에 경기가 풀리고 빌린 돈을 갚고 또 이자도 갚을 수 있으면 경제가 전체적으로 활성화 된다. 이게 바로 금리 인하를 통한 경기 부양이다.

그런데 여기에 실패할 때 문제가 생긴다. 금리를 내렸는데도 경기가 활성화되지 않는다. 돈 빌린 사람들이 이자를 부담스러워하기 시작하

고, 거기다 원금도 갚아야 할 시점이 돌아오면 패닉에 빠진다. 이런 상황에서는 한국은행이 금리를 또다시 내려도 사람들이 더 많은 돈을 빌리지 않게 된다. 돈을 더 빌려 투자해봤자 사업 성공이 불투명하기 때문이다. 식당에 1억 원을 투자한 사람에게 정부가 "금리를 더 내릴 테니 2천만 원만 더 투자해 인테리어를 바꿔라"라고 이야기해도 사람들은 선뜻 나서지 않는다.

돈이 있는 사람도 마찬가지다. 경기 침체가 길어지면 금리를 내려도 투자에 나서지 못한다. 원금 손실의 위험이 있기 때문이다. 본전도 찾기 어렵다는 판단이 서면 선뜻 돈을 쓰지 않는다. 이 같은 상황에서 금리인하는 현금 보유자의 이자 소득만 줄이게 되고, 경기 활성화에 크게 도움이 되지 않는다.

| 일본의 장기 불황과 제로 금리 시대 |

유동성 함정에 빠진 대표적 사례는 지난 1990년대 제로 금리에도 불구하고 경기가 살아나지 않았던 일본이다. 당시 일본은 경기 침체 속에 부도 기업은 증가하고 부동산 가격은 폭락해 연쇄적으로 금융기관까지 부실화되는 복합적 장기 불황에 빠졌다. 일본 정부는 불황 탈출을 위해 6퍼센트이던 금리를 1995년 9월 0.5퍼센트까지 떨어뜨렸다. 사실상 '제로 금리 시대'를 연 것이다. 그럼에도 불구하고 경제성장률은 1995년 1.94퍼센트, 1996년 2.82퍼센트 성장에 그쳤고, 그 이후 다시 마이너스를 기록하기도 했다. 아무리 금리를 내려도 사람들의 마음이 얼어있기 때문이었다.

미국 역시 서브 프라임 모기지 사태에 직면해 2007년 9월 5.25퍼센트였던 연방 금리를 2008년 말 0~0.25퍼센트 수준까지 낮췄다. 그럼

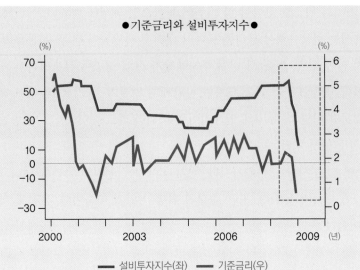

기준금리가 내려갔는데도 설비투자지수가 떨어지고 있다. 설비투자지수는 생산 활동과 밀접한 관련이 있으므로, 이는 경기가 몹시 위축될 가능성을 시사한다. 유동성 함정을 의심해볼수 있는 상황이다.

에도 불구하고 미국 GDP 성장률은 2008년 4분기 -5.4퍼센트를 기록한 데 이어 2009년 1분기 -6.4퍼센트를 기록했다. 미국 경제도 유동성 함정에 빠졌던 것이다.

2013년 초반 우리나라도 경기 침체가 지속되면서 유동성 함정에 빠진 것이 아니냐는 논란이 있었다. 이에 따라 한국은행이 2.75퍼센트인 금리를 경기 활성화 목적으로 더 내려야 할지 말지 고민했다. 유동성 함정에 빠졌다면 금리를 내려도 경기 회복에 큰 도움이 안 되기 때문이다.

이런 경우 가장 필요한 것은 위축된 사람들의 마음에 내리는 따뜻한

햇살이다. 금리 인하보다 경제가 살아날 가능성이 있다는 희망이 사람들의 마음에 움터야 한다. 봄이 올 것이란 확신이 있어야 방에서 웅크리고 있는 대신 밖으로 나올 수 있다.

일본 아베노믹스의 핵심도 이것으로 볼 수 있다. 2013년 등장한 아베 정부는 물가상승률이 2퍼센트로 오를 때까지 지속적으로 돈을 풀겠다고 공언했다. 사람들에게 디플레이션과 경기 침체를 반드시 끊겠다는 결연한 의지를 보이고 또 실천한 것이다.

언론 보도에 '돈맥경화' 현상이 심화되고 있다는 말이 자주 등장한다. 이는 돈이 돌지 않는 현상을 보다 재밌게 표현한 말이다. 동맥경화에 빗댄 표현으로 돈이 어딘가에 걸려서 흐르지 않는 것을 뜻한다.

죽어가는 경제를 위한 처방전

재정 정책 | 긴축 재정 | 팽창 재정 | 증세 | 감세 | 재정 절벽

| 정부의 재정 정책 |

재정 정책은 정부 지출이나 수입을 조절하여 경기 순환의 문제를 해결하는 것이다. 우선 경제가 침체 국면에 빠질 조짐을 보이면 정부는 지출을 늘린다. 민간의 주머니 사정이 여의치 않은 상황에서 국가가 돈보따리를 푸는 것이다. 각종 사회 간접 자본*에 대한 투자를 늘리거나, 저소득층에 현금을 지급하는 등 복지 예산을 증가시킨다. 그러면 기업과 가계의 수입이 증가한다. 늘어난 수입을 사용해 경제가 활력을 찾는다.

때로는 세금을 감면해주는 정책을 사용한다. 즉, 세금을 적게 걷어서 기업과 가계가 쓸 수 있는 돈을 늘리는 것이다. 예를 들어 세금을 연간 1천만 원 내던 사람에게 900만 원만 내도록 하는 것이다. 그러면 세금을 적게 내 절약한 돈 100만 원을 소비할 수 있게 된다. 이렇게 감세를 통해 주머니가 두둑해진 개인이 소비에 나서면 경기가 살아난다.

정치적 입장에 따라 진보는 재정 지출 확대를 선호한다. 특히 경기 부양을 위해 정부의 복지 예산을 늘려야 한다고 주장한다. 반면 보수

●경기 순환에 따른 재정 정책●

특징＼경기 순환	경기 과열기	경기 침체기
재정 정책	긴축 재정	팽창 재정
목 적	통화량 감소 → 물가 안정	통화량 증대 → 경제 활성
정부 지출	감소	증대
세 금	증세	감세
통화 공급	공급량 감소	공급량 증대

는 감세가 더 효과적이라고 말한다. 보수적 입장이 재정 지출 확대를 통한 경기 부양에 부정적인 이유 는 기업이 투자에 사용해야 할 돈을 정부가 끌어다 쓰는 경향이 있다는 점 때문이다. 정부 지출을 늘리 기 위해서는 세금을 더 걷거나 국채를 발행해야 한

●사회 간접 자본(SOC, Social Overhead Capital)
산업에 간접적으로 사용되며, 산업에서의 생산 활동을 원활하게 하는 데 반드시 필요한 자본을 말한다. 도로, 항만, 철도, 통신, 전력, 수도 따위가 속한다.

다. 그러면 민간이 쓸 돈이 줄어든다. 민간 기업에게 투자됐을 돈이 정 부 지출로 들어가게 된다. 따라서 보수적인 입장은 재정 지출의 증대 가 경기 부양의 효과는 없고 자원의 비효율적 활용 등 각종 문제만 만 든다고 이야기 한다. 재정 지출 확대보다 감세가 경기 부양에 효과적 이라고 보수적 입장은 주장한다.

반면 진보적 입장은 부자들에게 세금을 더 걷어 복지 지출을 늘리면 소득 재분배도 되고 경기도 부양할 수 있다고 말한다. 부자들이 사치 하는 돈을 재정 지출에 사용하는 것이기에, 자원이 보다 효율적으로 배분될 수 있다는 뜻이다. 반면 감세 정책은 부자들에게만 이득이 된 다고 말한다. 실제 세금 감면을 하면 부자들이 더 큰 혜택을 입는 경향

이 강하다. 같은 5퍼센트를 감면해 주더라도 1억 원의 세금을 내던 부자는 500만 원의 혜택을 받지만 100만 원을 내던 서민은 5만 원 정도 덜 내는데 그치게 된다.

| 재정 정책의 취약점 |

재정 정책이 갖고 있는 문제는 한번 실시한 정책을 없애기 힘들다는 점이다. 예컨대 경기 부양을 위해 실업수당을 두 배로 올리는 복지 정책을 실시했다고 해보자. 이에 따라 경기가 활성화되고 실업률도 떨어졌다. 그럼에도 불구하고 실업수당을 원래대로 돌려놓기 무척 힘들다. 혜택 받는 국민들의 저항이 강하기 때문이다. 감세 역시 마찬가지다. 경기 부양을 위해 세금을 줄이면, 다시 원래대로 돌려놓기 쉽지 않다.

이에 따라 재정 지출의 확대는 지속적으로 정부 재정의 적자를 확대할 우려가 있다. 미국과 일본이 직면한 문제가 바로 재정 지출 확대와 감세 때문에 늘어난 재정 적자이다. 미국의 국가 채무는 2012년 말을 기준으로 16조 2천억 달러라는 천문학적인 규모다. 매년 지불하는 이자만 2천억 달러(약 220조 원)에 이른다. 더 큰 문제는 부채를 줄이기 쉽지 않다는 점이다. 2012년 미국 의회는 심각한 재정 적자 문제를 해결하기 위해 정부 지출을 감축하는 재정 건전화 방안을 마련했다. 2021년까지 매년 연방 정부 예산을 1천억 달러 이상을 자동 삭감해 향후 10년간 재정 적자를 1조 2천억 달러 줄이기로 한 것이다. 또한 부시 행정부가 실시했던 각종 감세 혜택도 중단하고 나섰다.

그러자 사람들은 재정 지출이 갑작스럽게 줄거나 중단되면 경기가 급격히 위축될 수 있다면서 반대하기 시작했다. 정부가 지출을 줄이면 경제가 벼랑으로 추락하는 '재정 절벽'에 빠질 수 있다고 호소한 것이다. 그러자 의회는 한발 물러서게 된다. 세금을 줄이고 정부 지출을 늘릴 때는 사람들이 환호하지만, 이를 줄이려고 하면 저항을 하게끔 되어 있다.

재정 정책은 또한 금리 정책이 더 이상 경기 부양의 수단으로 활용되기 어려울 때 쓸 수 있는 최후의 카드다. 현재 일본과 미국, 유럽은 모두 기준 금리를 사실상 '0'으로 낮췄다. 따라서 더 이상 금리 정책이 경기 부양의 수단으로 역할을 하기가 불가능하다. 남은 것은 재정 정책뿐이다. 재정 지출과 감세를 통해 시중에 돈을 푸는 것이다.

| 낙수효과 |

낙수효과란 아랫목이 따뜻해지면 자연스럽게 윗목도 따뜻해진다는 것이다. 예전 시골집에는 윗목 아랫목이 있었다. 아랫목은 불을 때는 부엌의 아궁이 위쪽이다. 부엌에서 불을 지피면 아랫목이 자연스럽게 따뜻해지고, 그 열기가 조금씩 윗목으로 이동한다.

같은 맥락에서 정부가 삼성전자, 현대자동차가 수출을 잘 할 수 있도록 지원하고 대형 토목 공사를 통해 건설회사에게 일감을 제공한다. 대기업의 일자리가 늘어나고, 협력업체의 매출이 증가하고, 또한 공장 인근 상가는 성황을 이룬다. 이렇듯 주요 기업의 주머니가 두둑해지면 자연스럽게 서민 경제도 살아날 수 있다고 보는 것이다.

문제는 낙수효과가 예전 같지 않다는 점이다. 즉, 정부가 대기업을 통해 돈을 풀어도 그것이 서민의 호주머니에 도달하지 않는다. 대표적인 근거가 기업 실적과 경기 상황이 상반되게 움직인다는 것이다. 2012년 삼성전자나 현대자동차는 영업 실적과 수출에서 사상 최대치를 기록했다. 낙수효과가 크다면 이들 기업의 실적 호전이 국내 경제에 긍정적인 기여를 하면서, 경기 회복의 도화선 역할을 했어야 한다. 그러나 경기는 침체 상황을 벗어나지 못했다. 대기업의 실적 호전이 경제의 다른 부문으로 확산되는 속도가 예전과 크게 다르다는 반증이다.

쉽게 말해 70년대 주요 수출품인 가발은 수출이 늘면 그만큼 공장 직원이 증가했다. 그러나 지금은 기계를 몇 시간 더 돌리는 것으로 끝이다. 즉 수출이 늘고 경제가 성장한다고 예전처럼 고용 유발 효과가 크지 않은 것이다. 또한 협력 업체에 대한 마진도 예전보다 낮아졌다는 게 전문가들의 이야기다. 따라서 대기업의 성장에 따른 낙수 효과가 미미하다.

미국과 일본의 양적 완화는 극단적인 재정 정책이라고 볼 수 있다. 기준 금리를 '0'으로 내린 상태에서, 즉 통화 정책을 경기 회복 수단으로 사용할 수 없는 상황에서 돈을 마구 찍어내는 것이다.

| 완전고용과 실업률 |

정부의 경제 정책 목표 중 하나가 완전고용이다. 국민들에게 일자리를 제공하는 게 무엇보다 중요하기 때문이다. 많은 국가가 외국 기업 유치에 열을 올리는 이유도 이 때문이다. 우리나라에 들어와 공장을 짓고 근로자를 고용하면 그만큼 일자리가 늘어난다.

고용 상태와 실업률은 경기와 연관이 깊다. 경기가 좋으면 일자리가 늘고, 침체에 빠지면 대량 해고 등이 발생한다. 과거 정부는 이럴 때 경기 부양과 고용 안정을 위해 대규모 토목 사업에 자주 나섰다. 실업자에게 임시로 일자리를 많이 만들어 줄 수 있기 때문이다. 그러나 지금은 토목공사가 크레인 등 중장비를 바탕으로 이뤄지기에 경기 부양 효과를 예전만큼 내지 못한다.

완전고용은 일하고자 하는 의사가 있는 모든 사람, 이른바 경제활동 인구가 전부 취직해 있는 상태가 아니다. 경제학은 3~5퍼센트 정도의 실업률을 유지하고 있는 상태를 완전고용으로 보고 있다. 이보다 낮으면 기업이 사람을 구하기 힘들어지기 때문에, 임금이 오르는 등 오히려 경제에 악영향을 끼친다고 경제학자들은 본다. 따라서 실업률이 3~5퍼센트 정도 되면 완전고용이 된 최상의 경제 상황이다.

이 같은 성격의 실업이 마찰적 실업이다. 즉, 노동력의 이동이 즉각 이뤄지지 않아 직장이 없는 등 '취업을 준비 중인 사람'이 있기에 발생하는 실업률이다. 예컨대 오늘 직장을 그만 둔 사람이 바로 내일부터 다른 곳에 취직하는 건 아니기 때문이다. 따라서 언제나 이 같은 상태에 있는 실업자가 있고, 이들의 비율이 3~5퍼센트정도 된다는 것이다. 그러나 완전고용인 상태의 경제 시스템 아래에서 일자리가 충분하기에 이들은 빠른 시일 안에 새로운 직장을 구할 수 있다.

실업의 두 번째 구성 요인은 계절적 실업이다. 계절에 따라 고용이 유동적이고 이에 따라 발생하는 실업이다. 예컨대 건설업의 경우 장마철이나 혹한기에는 일감이 줄어든다. 따라서 건설업에 종사하는 근로자 중에는 겨울에 실업 상태인 경우가 많다. 농업도 마찬가지다. 여름과 가을에는 일자리가 많지만 겨울에는 줄어든다.

마지막으로 비자발적 실업이 있다. 일하고 싶지만 아무리 찾아봐도 일자리가 없어 생긴 실업을 뜻한다. 비자발적 실업 안에는 직장 부족으로 생긴 기술적 실업이나, 불황 탓에 발생한 구조적 실업이 포함되어 있다. 실업률이 3~5퍼센트 이상으로 증가하는 이유는 이 같은 비자발적 실업이 늘어났기 때문이다. 따라서 완전고용은 이 같은 비자발적 실업이 없는 상태를 뜻하는 것이기도 하다. 더불어 일자리가 문제가 되는 것은 실업률이 3~5퍼센트 이상으로 올라가는, 즉 구조적으로 일자리가 부족한 상황이 될 때이다. 이런 경우 정부의 가장 중요한 정책은 일자리 창출이 되기도 한다. 현대 사회에서 일자리의 부재는 곧 한 가정의 생계가 불가능한 상태에 빠지는 것을 의미하기 때문이다.

마찰적 실업	• 노동력의 이동이 즉각 이뤄지지 않아 생긴 실업 • 취업 예비생, 이직 예정자 등이 포함
계절적 실업	• 계절에 따라 고용이 유동적이고 이에 따라 발생하는 실업 • 농업 근로자, 건설 근로자 등이 주로 포함
비자발적 실업	• 일하고 싶지만 일자리가 없어 발생하는 실업 • 직장 부족으로 생긴 기술적 실업이나, 불황 탓에 발생한 구조적 실업

| 실업률의 집계 |

실업률은 조사 대상 중 실업 상태에 있는 사람의 비율을 말한다. 예를 들어 실업률이 3.5퍼센트면 경제활동인구 100명 중 3.5명이 실업 상태이고 나머지 96.5명은 취업을 한 상황이란 뜻이다. 실업률이 3.5퍼센트라는 말은 역으로 취업률이 96.5퍼센트라는 의미다.

그런데 취업과 실업의 개념이 보통 사람이 상식적으로 생각하는 것과 다르다. 젊은 청년이 부모님께 "저 취업했어요"라고 말할 때는 아침에 출근해 저녁에 퇴근하는 직장에 다닌다는 것을 뜻한다. 그런데 실업률 통계를 계산할 때는 주당 한 시간만 일해도 취업한 사람으로 계산이 된다. 일주일에 3~4시간 일하는 아르바이트생은 자신을 '구직자 혹은 실업자'라고 생각한다. 그러나 통계상으로는 취업자로 잡힌다. 취직이 안 됐다고 생각하는 사람이 많아도, 취업률 통계는 높게 나올 수 있다.

실제 우리나라의 실업률은 경기가 무척 좋지 않았던 2012년에도 3퍼센트대로 무척 양호했다. 경기 변동에 관계없이 언제나 최적의 고용 상태를 보인다. 따라서 정부는 OECD 국가 중 고용 상황이 가장 안정적이라고 자화자찬을 한다. 그런데 취업자 가운데 불안정한 상태로 고용된 경우가 많다면 취업률이 높다고 결코 좋은 것이 아니다.

실제 우리나라는 취업한지 1년이 안 된 근로자 비중이 37.4퍼센트로 OECD 국가 중 가장 높다. 프랑스는 13.4퍼센트, 영국은 14.4퍼센트다. 정부는 이에 대해 산업 구조 변화에 따른 전직이 많고 고용 호조세에 힘입어 신규 취업자가 증가한 데 기인하다고 말한다. 하지만 제대로 된 일자리를 찾지 못한 청년이나, 해고된 40대 이상의 장년, 그리고 어쩔 수 없이 가족의 생계를 위해 식당 일이라도 찾아 나선 주부들이 많은 탓도 있다.

사실 우리나라는 회사에서 쫓겨나도 집에서 놀기 힘들다. 선진국과 달리 실업수당이 적기 때문이다. 한 푼이라도 벌어야 한다. 이런 경우 대리운전, 파출부, 편의점 아르바이트 등 1년 미만의 단기 직종에 종사하게 된다. 따라서 실업률은 낮아진다. 이렇게 생각해보면 우리나라의 낮은 실업률은 자랑할 만한 일이 아니다. 제대로 된 일자리를 찾지 못해 편의점에서 아르바이트를 하는 취업 준비생도 통계상 취업자가 되기 때문이다. 따라서 취업률뿐만 아니라 취업자 가운데 안정적인 일자리의 비중이 얼마인지도 봐야 한다. 비정규직과 정규직의 비율, 단기 근로자와 장기근속 근로자의 비중을 봐야 한다. 우리의 경우 실업률이 낮지만 동시에 비정규직, 아르바이트 등 단기 근로자 비중이 높다.

실업률 통계에서 세밀하게 봐야 할 또 다른 요소가 있다. 실업률이 전체 인구를 대상으로 조사하는 게 아니란 사실이다. 실업률과 취업률 통계에 사용되는 모집단은 국민 전체가 아닌 경제활동인구이다. 경제활동인구는 현재 일하고 있거나 일할 의사를 갖고 구직 활동을 하는 사람이다. 이 가운데 일자리가 있는 사람은 취업자, 없는 사람은 실업자다. 전업주부처럼 구직 의사가 없는 사람이나 학생같이 일자리를 가질 수 없는 사람은 비경제활동인구로 분류한다. 경제활동을 할 수 없거나 포기한 사람으로 생각하는 것이다.

그런데 실업 상태에 있는 사람 중에는 경제활동인구와 비경제활동인구의 경계선에 있는 이가 많다. 집에서 놀고 있는 취업 준비생은 경제활동인구 중 실업자에 가깝다. 그런데 '에이, 시집이나 가야지'란 마음을 잠시 품게 된다면 그 순간 구직을 포기한 비경제활동인구가 된다. 경제활동을 하는 것 같기도, 아닌 것 같기도 한 애매한 경우인 셈이다. 이들을 실업자가 아닌 비경제활동인구로 분류하면 실업률은 자연스럽게 떨어진다. 정부가 애매한 경계에 있는 사람을 과감하게 비경제활동인구로 분류해 실업률을 낮출 개연성도 있다.

실업률의 이 같은 한계 때문에 고용률을 함께 봐야 한다. 고용률은 15세에서 64세까지의 전체 인구 가운데 취업자 수 비율을 뜻한다. 즉 비경제활동인구까지 포함해 취업자의 통계를 계산하는 것이다. 대개 실업률이 낮으면 고용률이 높다. 우리나라와 비슷한 3퍼센트 대의 실업률을 갖고 있는 노르웨이는 고용률 역시 70퍼센트 이상으로 높다. 하지만 우리나라의 경우 실업률은 세계 최저 수준인데 고용률은 OECD 평균에도 못 미친다. 2011년 OECD 평균이 64.7퍼센트이고 우리나라는 63.8퍼센트이다. 유독 우리나라만 실업률은 세계에서 가장 낮은데 고용률은 OECD 평균에도 미치지 못하는 기이한 현상이 벌어지고 있다.

청년 실업과 관련해 로제타 플랜이란 것이 있다. 벨기에에서 시작된 로제타 플랜은 기업에 청년 의무 고용량을 할당하고, 이를 채우지 못할 경우 하루에 1인당 150원 정도의 벌금을 부과하는 제도이다. 청년 실업률을 낮추기 위해 우리나라 역시 도입을 고민하고 있다.

체감 물가는 오르는데, 통계 수치는 그대로?

소비자물가지수 | 생산자물가지수 | 빅맥지수 | 풍선 효과

| 소비자물가지수와 생산자물가지수 |

정부가 중점적으로 관리하는 것 가운데 하나가 물가다. 물가가 가파르게 상승하면 정부는 금리를 올려 물가를 잡는다. 때로는 중점 관리 품목에 대하여 행정 제재를 통해 가격을 올리지 못하도록 한다. 한국 전력이 전기 요금을 올리려고 할 때마다 정부가 나서 압력을 행사하는 이유도 여기에 있다.

물가는 서민 경제와 직결된다. 수입이 늘지 않는 상황에서 물가가 오르면 삶이 팍팍해진다. 또한 물가 상승은 화폐 가치를 하락시켜 돈에 대한 신뢰도를 떨어뜨린다.

물가지수는 유통되는 상품의 가격을 조사해 전년 동기 대비 몇 퍼센트 올랐는지를 나타낸 수치다. 언론에 소비자물가가 3퍼센트 올랐다는 보도는 정확히 말하면 물가지수가 3퍼센트 오른 것이다. 이는 곧 100원하던 물건이 103원이 되었다는 뜻이다.

하지만 시중에 유통되는 모든 제품의 가격 변동을 조사하는 일은 어렵다. 그래서 몇 가지 필수적인 품목을 샘플로 뽑아 조사한다. 2010년

● 생산자 물가지수 ●

● 소비자 물가지수 ●

부터 통계청은 짜장면, 라면, 쌀 등 서민 생활과 밀접한 품목 481개에 대해 한 달에 세 차례 가격을 조사해 물가지수를 산출한다.

생산자물가지수는 기업 간 거래에 이뤄지는 재화 및 서비스의 가격 수준 변동을 측정하는 통계이다. 상품과 서비스 2개 부분으로 구분되며 상품과 서비스는 월 1회, 농림수산품은 월 3회 조사한다. 현재 조사 대상 품목수는 923개(상품 부문 846개, 서비스 부문 77개)이다. 생산자물가지수가 오르면 생산에 필요한 제품 구입에 기업이 더 많은 돈을 쓴다는 뜻이다. 이는 제조원가가 상승함을 의미한다. 생산자물가지수가 가파르게 오르면 이어서 소비자 물가도 뛸 확률이 높아지는 것이다.

각국의 물가 수준을 비교하는 재밌는 지표가 있다. 바로 '빅맥지수'다. 전 세계적으로 팔리는 맥도널드 빅맥 햄버거 가격을 통해 각국의 통화 가치와 실질 구매력을 비교한다. 즉 각국의 상대적 물가를 파악할 수 있다. 빅맥은 전 세계적으로 크기와 품질, 재료 등이 표준화돼 있어 비교가 용이하다.

특이하게 베네수엘라가 9.08달러로 가장 높다. 노르웨이가 7.84달러로 그 뒤를 잇고 있다. 이들 국가의 물가 수준이 높음을 알 수 있다. 반면 우리나라는 3.41달러로 37위를 기록, 낮은 편에 들어간다(2013년 1월 기준).

| 정부의 시장 개입과 풍선효과 |

실제 2011년 우리나라에서는 경기가 침체된 상황에서도 물가가 지속적으로 올랐다. 그러자 정부가 직접 개입을 통해 물가를 관리하고 나섰다. 이명박 대통령은 장관들을 불러 생필품 가격이 오르는 것을 막으라고 호통쳤고, 행정부처는 모든 수단을 통해 기업에 압력을 행사했다. 정부의 눈치를 볼 수밖에 없는 기업은 가격을 올리기 힘들었다.

그러자 편법을 자주 동원하기 시작했다. 가격을 그대로 둔 가운데 내용물의 양을 줄인 것이다. 예컨대 봉투의 크기는 그대로 두고 과자 양을 5퍼센트 정도 감소시키는 것이다. 가격을 5퍼센트 올리면 물가가 상승하지만 내용물을 줄일 때는 가격에 변화가 없다. 그러나 기업 입장에서는 가격을 5퍼센트 올린 것과 마찬가지의 효과를 거둔다. 특히 과자 같은 경우 두 봉지 먹던 아이들이 세 봉지를 먹게 되기에 판매량도 늘어난다. 우유 업체의 경우 가격은 그대로 둔 가운데 1리터이던 기존 용량을 930밀리리터, 900밀리리터로 줄였다. 제지업체는 두루마리 휴지를 보다 느슨하게 말아 부피는 같지만 길이가 짧아지도록 했다.

가격은 변한 것 같지 않은데 매월 우윳값, 휴지값 지출이 늘어났다. 이 같은 일이 생필품 전반에 확산되면서 월말에 계산한 생활비가 증가했다. 정부의 피나는 노력으로 2012년 들어 물가는 2퍼센트 이하로 안정을 찾았지만 소비자들이 피부로 느끼는 체감 물가는 오른 이유가 여기에 있다. 통계상 물가가 오르지는 않았지만 가정에서 빠져나가는 돈은 많아진 것이다. 체감 물가와 정부 발표에 너무 차이가 난다면서 소비자의 불만이 증가했다. 기업이 정부의 압력을 피해 눈치껏 가격을 올렸기 때문이다.

이렇듯 정부의 시장 개입이 만든 불필요한 왜곡을 '풍선 효과'라고 한다. 풍선의 한 곳을 누르면 다른 곳이 불거져 나오는 것처럼 문제 해결의 시도가 또 다른 문제를 만들어 내는 것이다. 문제가 되는 특정 사안에 대한 규제나 통제가 다른 경로로 우회하여 유사한 문제를 일으키는 것이다. 정부 규제로 은행권의 대출이 줄자 서민들이 고금리의 제2금융권으로 몰려드는 일도 일종의 풍선 효과라 할 수 있다.

정부의 시장 개입 여부보다 더 중요한 문제는 정부의 시장 개입이 시장의 흐름을 돕는지의 여부다. 정부가 시장을 좌지우지할 수 있다는 믿음은 오히려 시장 왜곡을 초래할 뿐이다. 정부 개입은 언제나 시장의 흐름을 보다 원활히 하는 방향으로 추진되어야 한다.

대기업이 왕좌를 지키는 법

재벌 규제 | 순환 출자 | 출자총액제한 | 금산 분리 | 경제민주화 | 골목 상권 보호

| 대기업의 계열사 거래와 순환 출자 |

재벌은 쉽게 말해 독과점 기업을 여러 개 거느린 회사다. 삼성의 경우, 삼성전자 삼성건설, 삼성생명, 삼성화재 등 업계 선두 기업을 여러 개 보유하고 있다. 현대자동차도 마찬가지다.

재벌은 경쟁에서 유리하다. 계열사 거래를 통해 최소한의 매출을 보장받는다. 예컨대 삼성이 짓는 모든 건물은 삼성건설에 맡긴다. 삼성전자는 경비 업체로 계열사인 세콤만 쓰고, 광고는 제일기획에만 준다. 심지어 볼펜이나 복사지 구입도 계열사를 통해서 한다. 이를 통해 대기업은 쉽게 돈을 버는 반면, 중소기업은 일감을 얻기가 힘들어진다.

2013년 2월 금융감독원 조사에 따르면 국내 퇴직 연금 적립금 보유액 1위인 삼성생명의 경우 삼성그룹 계열사 물량을 제외하면 4위로 떨어진다고 한다. 현대자동차 계열의 HMC 투자증권도 자사 물량을 빼면 5위에서 20위 밖으로 추락한다. 신한은행 등 다른 금융기관은 삼성이나 현대에 퇴직 연금 영업을 원천적으로 할 수가 없다. 공정 경쟁이 불가능한 것이다.

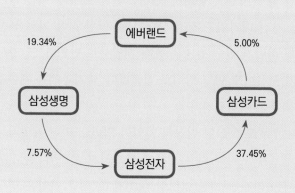

●삼성의 순환출자 구조●

에버랜드

19.34%

5.00%

삼성생명

삼성카드

7.57%

37.45%

삼성전자

이외에도 다양한 방식으로 재벌은 시장 지배력을 확대한다. 순환 출자가 대표적이다. 삼성의 이건희 회장과 이재용 사장이 대주주인 기업은 놀이동산인 에버랜드가 유일하다. 그런데 에버랜드는 운영 수익으로 삼성생명의 주식을 구매해 대주주가 된다. 삼성생명은 고객의 보험금으로 삼성전자의 대주주가 된다. 결국 삼성전자의 대주주는 삼성생명이 되고, 삼성생명의 대주주는 에버랜드가 된다. 이건희 부자는 에버랜드 하나로 삼성 모든 계열사의 경영권을 확보하는 것이다. 이건희 회장이 전체 삼성 주식의 1퍼센트 미만을 보유하고도 그룹을 좌지우지할 수 있는 이유가 여기에 있다. 이것이 바로 순환 출자이다.

| 출자총액제한제도와 금산 분리의 원칙 |
출자총액제한은 대기업이 회사 돈으로 다른 회사를 사들이거나 세우

는 것을 일정 선으로 제한하는 것이다. 회사 돈으로 장사를 하는 대신 다른 기업 인수에 열을 올리지 못하도록 한 조치다. 예를 들어 막강한 자금력을 가진 대기업은 경쟁 상대가 될 만한 작은 기업을 돈으로 눌러 망하게 하던지 인수 합병을 통해 계열사로 만든다. 또 장사가 된다 싶은 사업 부문에도 마구 잡이로 진출한다. 출자총액을 제한하면 이런 일이 상당 부문 어려워진다.

현재 자산 규모 6조 원 이상의 기업이 집단 소속된 계열사는 순자산의 25퍼센트를 초과해 다른 회사에 출자하지 못하며, 한도 초과 지분에 대해서는 의결권 제한 명령이 내려지고, 해당 기업은 명령을 받은지 10일 이내에 의결권 제한 대상 주식을 결정해 공정위에 통보해야 한다.

금산 분리는 재벌 산업자본의 은행 소유를 금하는 원칙으로 산업자본이 4퍼센트 이상의 은행 지분을 갖지 못하도록 하는 것을 말한다. 만일 산업자본이 은행을 소유하게 되면 국민의 예금을 자신들의 기업 확장에 사용해 시장 지배력을 높일 수 있기 때문이다. 하지만 이명박 정부는 금산분리 완화 정책을 펴며 4퍼센트의 제한을 9퍼센트로 늘렸고, 그 결과 재벌의 경제력 집중이 심해졌다는 비판을 받은바 있다.

이러한 재벌의 폐해를 막는 것이 경제민주화의 핵심이기도 하다. 헌법 119조 2항에 보면 '균형 있는 성장과 적정한 소득 분배, 시장 지배와 경제력 남용 방지, 경제 주체 간의 조화를 통한 경제민주화를 위해 정부는 규제와 조정을 할 수 있다'고 나와 있다. 결국 경제민주화는 균형 있는 성장, 적정한 소득 분배, 대기업의 시장 지배력 남용 방지, 경제 주체 간 조화를 뜻한다.

균형 있는 성장과 적정한 소득 분배는 경제적 약자를 보호하는 의미가 크다. 중소기업 적합 업종을 선정하고, 대기업이 골목 상권에 진출하지 못하도록 하는 게 이에 속한다. 적정한 소득 분배는 고소득층에게 세금을 더 거두어 저소득층에 대한 복지를 확대하는 것이 있을 수 있다. 그러나 박근혜 행정부는 부자 증세에 명확한 반대 입장을 표명하고 있다.

시장 지배력 방지는 재벌이 힘으로 독점적 지위를 유지하면서 공정 경쟁을 피하는 것을 말한다. 이를 위해 정부는 출자총액제한이나 금산 분리의 원칙을 더 강화해 적용하고, 공정거래위원회 등을 통해 재벌의 불공정 거래를 보다 엄격하게 감시한다.

재벌 측에서는 워런 버핏의 버크셔 헤서웨이나 포드, 영국의 테스코 등의 예를 들면서 산업과 금융의 결합에 따른 시너지 효과가 있어야 기업이 글로벌 수준으로 성장할 수 있다고 말하기도 한다.

사회보장 | 사회보험 | 공적부조 | 사회복지 | 선별적 복지 | 보편적 복지

| 현대 국가의 사회복지 |

현대 정부가 하는 또 다른 중요한 일은 국민 복지이다. 정부가 국민의 생활을 보장하는 역할을 하는 것이다. 정부 복지 서비스의 기초는 질병, 실업 등 위험에 대한 지원이다. 그러나 궁극적인 목적은 삶의 질을 높이고 국민 모두가 행복할 수 있도록 노력하는 것이다.

문제는 '돈'이다. 정부의 복지 서비스는 국민 세금을 바탕으로 하고 있다. 돈이 많다면 더 많은 복지 서비스가 가능하다. 그러나 그만큼 돈이 많은 정부는 드물다. 따라서 희소한 자원을 효율적으로 사용하는 경제학의 기본 문제가 복지 정책에도 적용된다.

사회복지 정책이 가장 발달한 곳은 유럽이다. 핀란드의 경우 치료가 아무리 어려운 병이라도 돈이 거의 들지 않는다. 또 공부하고 싶은 사람은 대학원까지 모두 무료다. 교육 수준도 무척 높다. 대신 세금을 많이 낸다. 부자들은 세금을 더 많이 내고, 가난한 사람은 세금을 적게 낸다. 따라서 가난한 사람도, 아주 큰 부자도 별로 없다고 한다.

우리나라의 사회보장제도는 크게 사회보험제도와 공적 부조 사업, 사회복지 서비스로 나누어 볼 수 있다. 사회보험은 말 그대로 보험이다. 국민들이 보험료를 내고 요건이 됐을 때 혜택을 받는 것이다. 쉽게 생각할 수 있는 사회보험이 바로 병원비 등을 지원해주는 건강보험이다. 국가가 일방적으로 지원하기보다, 국민 스스로 복지 서비스를 창출하는 것이며 국가는 이것을 관리하는 시스템이라고 볼 수 있다. 물론 소득이 높을수록 보험료를 더 많이 내는 식으로 소득 재분배 효과를 만들고 있다. 이외에도 기업에서 발생하는 사고에 대비한 산재보험과 직장을 잃었을 때를 대비한 실업보험이 있다. 이외에도 노후를 대비한 연금보험이 있다. 요약하자면 사회보험에는 건강보험, 산재보험, 실업보험, 연금 보험이 있다. 연금 보험은 다시 일반인이 가입하는 국민연금이 있고, 특정 직업을 갖고 있는 이들이 가입하는 사학연금(교사), 군인연금(군인), 공무원연금(공무원)이 있다.

생활과 밀접한 사회보험의 대표주자는 건강보험과 국민연금일 것이다. 사실 일반 직장인이라면 연봉 전액을 수령할 수 없다. 월급을 받기도 전에 빠져나가는 돈이 있기 때문이다. 건강보험료와 국민연금이 대표적이다. 직장인의 경우 근로소득의 5.89퍼센트를 건강 보험료로 낸다. 그 가운데 절반은 회사가 부담한다. 따라서 실질적으로 직장인은 소득의 2.95퍼센트 가량을 건강보험료로 내게 된다. 반면 지역 가입자는 소득, 자산, 자동차 등을 근거로 보험료를 책정한다. 따라서 소득이 전혀 없지만 아파트를 갖고 있을 경우 직장 가입자였을 때보다 몇 배 더 많은 액수의 보험료를 내기도 한다. 소득 없이 아파트만 보유한 실직자나 고령층에게 건강보험이 큰 부담이 되고 있는 실정이다. 반면 수천억 원의 자산을 갖고 있지만 직장을 동시에 갖고 있는 삼성 이건희 회장 같은 경우는 '직장 소득'만을 기준으로 보험료를 내고 있다. 따라서 형평성에 어긋난다는 주장이 제기되고 있고, 이에 대한 개선 방안을 정부가 마련하고 있다.

| 빈곤층의 생활 보장, 공적부조 |

앞서 이야기한 사회보험이 소득 있는 자의 돈을 갹출해 운영하는 상호부조의 성격이라면 공적부조는 저소득층을 포함한 빈민을 구조하는 시스템이다. 어느 사회든 빈부의 격차가 발생하고, 수천억 원의 재산을 갖고 있는 사람이 있는가 하면 월 소득도 자산도 없는 이들도 있다. 더불어 현대 사회는 생활의 변동이 심하다. 갑작스럽게 가장이 불행한 일을 당하거나 실직을 하면 하루아침에 한 가정이 빈곤층으로 떨어질 확률이 높다. 이 같은 가정에 대해 최소한의 생계를 보장해 주기 위한 것이 공적부조의 대표적인 경우다. 우리나라는 '생활보호법'에 따라 소득이 일정 수준 이하인 가정에 대해 최저생계비를 지원해주고 있다. 자식이 없는 가운데 노인이 혼자 살거나 부모가 없는 가정 등이 주요 지원 대상이다. 이외에도 태풍과 같은 갑작스런 자연 재해로 정성들여 키운 농작물이 순식간에 유실되면서 생계가 곤란해진 경우에도 '재해구호법'에 따른 지원을 받을 수 있다. 이것 역시 공적부조의 일환이다. 이외에도 나라를 위해 싸우다 몸을 다쳐 정상적인 생계를 유지하지 못하는 이에게는 '국가유공자 예우 등에 관한 법률'에 따라 지원을 하고 있다. 이 같은 공적부조를 통해 경제적으로 위험한 상태에 처한 사람들이 기초적인 생활을 유지할 수 있는 기반을 마련해 주는 것이다.

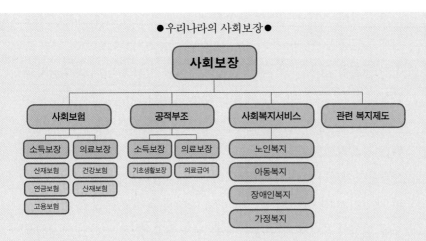

●우리나라의 사회보장●

사회보장

사회보험 · 공적부조 · 사회복지서비스 · 관련 복지제도

사회보험	공적부조	사회복지서비스
소득보장 / 의료보장	소득보장 / 의료보장	노인복지
산재보험 / 건강보험	기초생활보장 / 의료급여	아동복지
연금보험 / 산재보험		장애인복지
고용보험		가정복지

사회보장기본법 제3조 제1호 : 사회보장이란 질병·장애·노령·실업·사망 등 각종 사회적 위험으로부터 모든 국민을 보호하고 빈곤을 해소하며 국민생활의 질을 향상시키기 위하여 제공되는 사회보험, 공적부조, 사회복지서비스 및 관련 복지제도를 말한다.

| 사회적 약자에 대한 서비스, 사회복지 그리고 보편적 복지 |

사회복지 서비스는 국가·지방자치단체와 민간 부문의 도움이 필요한 모든 국민에게 상담, 재활, 직업 소개 및 지도, 사회복지시설 이용 등을 제공하여 정상적인 생활이 가능하도록 지원하는 제도이다. 쉽게 말해 어린이, 장애인, 노인, 임산부 등 사회적으로 보호받아야 하는 사람들에게 서비스를 제공하는 것이다. 곳곳에 있는 장애인 지원 센터나 아동 지원 센터 등이 이 같은 사회복지 서비스의 일환이다. 장애인에게 주차 요금 감면 혜택을 부여하거나 노인들이 대중교통을 무료로 이용하도록 하는 것 역시 사회복지 서비스이다. 공적부조가 저소득층을 대상으로 한 것이라면 사회복지는 쉽게 말해 장애인, 노인, 여성 등 사회적 '약자'를 대상으로 한 것이다. 따라서 소득이 높은 경우도 사회적 약

자로 분류돼 복지 서비스의 혜택을 받을 수 있다. 수천억 원의 재벌도 장애 등급을 받는다면 주차 요금을 감면 받을 수 있다. 아울러 재벌 총수가 이혼한 경우 그의 아들도 '편모 가정'이란 사회적 배려 대상자로 분류돼 사회복지 서비스의 혜택을 받을 수 있다.

이상의 복지 제도는 혜택을 받는 이들이 공동으로 비용을 모으거나, 혹은 사회적으로 도움이 필요한 이들을 지원하는 성격이 강하다. 즉, 상호부조이거나 선별적 복지다. 최근 논란이 되고 있는 '보편적 복지'란 개인이 처한 사회적 여건에 대해 묻지도 따지지도 않고 지원하는 것을 말한다. 5세 이하 아동에 대한 무상 보육과, 초·중학교 학생들에 대한 무상 급식이 이 같은 주장에 따라 실시된 정책이다. 아울러 2013년 취임한 박근혜 정부는 선택 진료비 등을 제외한 4대 중증 질환에 대한 무상 의료를 보장하고 나섰다.

과연 희소한 자원의 사용을 이렇듯 사회적 약자만이 아닌 국민 전체로 확대하는 것이 바람직한 것인지, 또한 보편적 복지를 어느 수준까지 확대하는 것이 좋은지에 대한 논란과 토론이 지속되고 있다.

2010년 기준으로 OECD 국가의 정부 예산 대비 사회복지 지출은 평균 47.8%에 이른다. 우리나라는 21.7%밖에 되지 않는다. 이것이 복지 국가와 우리나라의 차이다.

정부 실패 | 비효율적 자원 배분 | 관료제 | 포퓰리즘

| 정부 실패의 이유 : 지나친 기대와 자원 낭비 |

현대의 경제학은 과거 자유주의와 달리 정부 개입의 필요성을 인정한다. 공공재 공급뿐 아니라 앞서 언급한 경기의 주기적 변동과, 독점 등의 문제가 발생하기 때문이다. 과거의 자유주의와 달리 정부의 역할 확대를 인정하는 현대의 경제 철학을 신자유주의라고 부른다. 시장의 기능은 존중하지만, 시장이 만드는 각종 문제를 정부가 해결하는 시스템이다.

그런데 정부가 문제를 해결하는 시스템은 합리적인듯 하지만 또 다른 문제를 만든다. 바로 정부의 실패이다. 정부가 시장에 개입하는 것이 오히려 바람직하지 못한 결과를 초래하는 경우도 많다. 즉, 정부 개입으로 인해 자원이 그 이전보다 더 비효율적으로 배분되거나 소득분배의 불공평이 심화되는 현상이 생겨난다.

우선 정부는 자기 돈이 아닌 세금으로 정책을 운영한다. 본인 호주머니에서 돈이 나가는 것이 아니기에 언제나 세금을 낭비할 가능성이 있다. 이를 막기 위해 정부 예산의 집행 과정을 내부에서 검증하고, 외부에

서는 국회와 감사원이 감사를 벌인다. 이 과정에서 조직이 관료화되기도 한다. 복사지 한 장을 사더라도 낭비가 되는 것은 아닌지 감시하기 위해 여러 단계의 복잡한 검증 절차를 거치는 관료적 틀이 만들어진다.

또한 정부 정책이 늘 합리적이거나 성공적일 수는 없다. 정부 정책이 실패하게 되면 자원을 비효율적으로 낭비할 가능성이 높다. 서울시가 추진한 아라뱃길 사업이나, 4대강 사업은 이를 보여주는 단적인 예이다. 2조 원 넘게 들여 한강에서 김포까지 뱃길(아라뱃길)을 만들었는데 물류 수단으로 거의 쓸모가 없다. 그럼에도 불구하고 그동안 투자한 돈이 아까워서 매년 100억 원 가까운 돈을 더 사용하고 있다. 오히려 정부가 세금을 낭비하고 있는 것이다.

각 지자체가 경쟁적으로 실시하고 있는 지역 축제 역시 예산 낭비를 보여주는 정부 실패다. 지방자치제 실시 이후 각 지방자치단체들은 지역의 문화·전통을 관광 상품화해 지역 경제를 활성화하고자 한다. 청도 소싸움 등 성공한 경우가 등장하자 모든 지자체가 서너 개씩 축제를 운영한다. 특색 없는 축제가 시민들의 관심을 끌지 못하는 경우가 늘었고, 지자체 주도로 축제가 이뤄지면서 일반 시민의 참여도 저조해졌다. 가뜩이나 부족한 지방 재정의 적자를 가중시키는 경우도 나온다.

이렇다 보니 정부가 경제의 시한폭탄이 될 가능성이 늘고 있다. 현재 미국과 일본은 재정 적자로 심각하다. 이들 국가의 빚이 세계 경제의 아킬레스건이 되고 있다. 만일 미국이나 일본 정부가 부도 사태에 직면하면 세계경제는 걷잡을 수 없는 혼란에 빠질 수 있다.

| 정부 실패의 이유 : 관료제와 포퓰리즘 |

관료제 문제도 마찬가지다. 정부 조직은 관료화하는 경향이 있다. 행

정 절차에 매달려 일의 추진이 늦어지고 업무에 책임을 지지 않기 위한 보신주의가 만연한다. 또한 조직이 비효율적으로 비대해지고, 자기 집단의 사익을 추구하기도 한다. 자신의 '철밥통'을 지키는 것을 최우선시하는 공무원도 생긴다. 이것을 경제학적으로 관료제의 내부성이라고 말한다. 의회와 언론이 감시하지만 관료제의 내부성 문제는 쉽게 해결되지 않는다.

'포퓰리즘' 역시 일종의 정부 실패라고 볼 수 있다. 정책의 현실성이나 가치판단, 장기적인 부작용 등을 외면하고 인기에만 영합해 정책을 추진한다. 이 같은 정책은 당장 달콤할 수는 있지만 장기적인 부작용이 크기 때문에 결국 그 피해를 국민들이 고스란히 떠안게 된다. 제2차 세계대전 이후 노동 대중의 지지를 얻어 당선된 아르헨티나의 페론 정권의 무상 복지 정책이 대표적이다. 20세기 초반 크게 번성했던 아르헨티나는 이후 몰락의 길을 걷는다.

이렇듯 정부 실패의 범위는 넓기 때문에 보다 많은 역할을 시장에 맡겨야 하고, 시장 중심으로 경제를 운영해야 한다는 주장도 나오고 있다. 그러나 완벽한 답은 없다. 끊임없이 문제를 찾아 해결해 보다 더 낳은 경제를 만드는 게 최선의 방법이라고 볼 수 있다.

정부가 돈을 마련하는 방법은 크게 세 가지가 있다. 조세 수입의 비중이 가장 크고, 벌금이나 수수료를 통해 벌어들이는 세외 수입, 정부가 재산을 팔아 벌어들이는 자본 수입도 있다. 조세 가운데 중앙 정부가 거둬들이는 것을 국세, 지방 정부가 거두는 것을 지방세라 부른다.

국가도 국민도 민감한 '세금'

직접세 | 간접세 | 개별소비세 | 관세 | 세금 환급 제도

| 직접세와 간접세 |

세금을 좋아하는 국민은 없다. 그러나 정부는 어쨌든 세금을 걷어야 한다. 그래서 역사에는 걷으려는 자와 피하려는 자가 만든 에피소드가 많다. 대표적인 것이 '창문세'다. 영국에는 과거 창문세라는 게 있었다. 넓은 저택에는 창문이 많을테니, 창문 수에 따라 과세를 해 귀족에게 더 많은 세금을 거두려는 의도였다. 창문이 6개 이하인 경우에는 면세 혜택이 주어졌다. 그러자 너나없이 6개를 제외한 창문을 진흙으로 막기 시작했고 이는 당대의 건축 양식에까지 영향을 끼쳤다. 결국 부작용이 심해지고 사회적 반발이 커지자 창문세는 폐지됐다고 한다.

러시아에는 '수염세'가 있었다. 유럽을 다녀온 뒤 수염을 못마땅히 여기게 된 표트르 대제가 수염에 세금을 붙인 것이다. 이는 수염을 몹시 중시하던 슬라브 민족 사이에서 뜨거운 논쟁거리가 되었다. 수염세 역시 국민의 반발로 사라지게 되었다. 이렇듯 세금은 정부의 수입이 될 뿐 아니라 사회적 변화의 시발점이 되기도 한다.

세금은 민간과 기업에서 돈을 거두는 정부의 수입이다. 정부는 거둬

들인 세금으로 공무원에게 급여를 제공하고, 각종 국가 사업과 경기 조절, 경제 성장, 실업률 완화, 소득 재분배, 복지 서비스에 필요한 경비를 지출한다.

정부나 정부 기관에서 일하는 사람을 공무원 또는 준공무원이라고 하는데, 이들이 받는 월급은 모두 국민의 세금에서 나온다. 위로는 대통령부터 장관, 경찰, 판사, 검사, 동사무소의 말단 직원까지 마찬가지다. 세금을 내는 납세는 근로·병역·교육과 함께 국민의 4대 의무 중 하나로 꼽힌다.

세금은 모든 국민들이 내는 돈인 만큼 공평성을 유지하도록 법으로 정하고 있다. 소득이 높으면 세금 부과율이 높고, 적으면 낮다. 소득이 아주 적으면 세금을 면제해 주기도 한다. 이것을 공평 과세의 원칙이라고 한다. 세금을 걷는 방식에 따라 크게 직접세와 간접세로 나뉜다.

직접세는 '직접' 세금 납부자가 정부에 돈을 내는 것이다. 대표적인 것이 소득세다. 직장인 월급에서 원천징수하는 것으로 '국민연금', '건강보험'과 함께 '갑근세'가 있다. 갑근세는 이른바 근로소득에 대해 매긴 세금이다. 이외에도 이자, 배당, 부동산 등에서 오는 자산소득, 사업소득, 상속이나 유산으로 얻는 증여소득 등이 직접세의 대상이다.

그런데 직접세의 경우 소득액이 많을수록 세금 부과율이 높아지는 누진제가 적용된다. 즉, 많이 벌수록 많이 내는 것이다. 우리나라는 이를 5단계로 정하고 있다. 수입이 1천 2백만 원 이하면 소득액의 6퍼센트를 세금으로 내지만, 8천 800만 원 초과분에 대해서는 35퍼센트, 3억 원 초과에 대해서는 38퍼센트를 부과한다.

간접세는 물품 구매 시 부과되는 세금으로 판매자가 세금을 모았다가 세무당국에 납부한다. 즉, 물건을 파는 상인이 대신 세금을 걷는 것

(2012년 귀속, 단위: 원)

과세 표준	세율	누진 공제
1200만 원 이하	6퍼센트	-
1200만 원 초과 4600만 원 이하	15퍼센트	1,080,000
4600만 원 초과 8800만 원 이하	24퍼센트	5,220,000
8800만 원 초과 3억 원 이하	35퍼센트	14,900,000
3억 원 초과	38퍼센트	23,900,000

세율 적용 방법: 과세표준×세율 - 누진공제액
예) 과세 표준 3천만 원×세율 15퍼센트 - 1,080,000원 = 3,420,000원
출처 : 국세청 홈페이지

이다. 이 같은 간접세는 구매자의 소득에 상관없이 일정하게 매겨진
다. 누진율이 적용되지 않는다. 이건희 회장이라고 해서 담배를 10만
원에 사야하는 것은 아니다. 이를 고정세율이라고 한다. 간접세는 따
라서 소득이 적은 사람이 더 많은 부담을 느끼는 '역진성'이 있다고 말
한다. 소득이 월 1억 원인 사람에게는 담배에 세금이 지금보다 2000
원 더 붙어도 큰 부담이 안 된다. 그러나 아르바이트로 생계를 꾸리는
대학생에게는 담배를 끊어야 할 만큼 심각한 부담으로 작용한다. 같은
2000원의 세금이지만 소득이 적은 사람에게 더 큰 부담으로 작용하는
것이다.

간접세의 종류에는 물품세, 부가가치세, 특별소비세, 관세 등이 있
다. 대표적인 간접세는 부가가치세다. 만일 나무를 사다 가구 공장에
서 가구를 만들면 재료비보다 훨씬 높은 값으로 팔 수 있다. 나무의 가
격이 10만 원이라면, 그것으로 책상을 만들어 팔면 30만 원을 받을 수
있다. 둘 간의 차액인 20만 원에 10퍼센트의 세금이 붙는데, 이것이

바로 부가가치세다.

| 개별소비세와 관세 |

사치성 상품, 고급 서비스의 소비에는 특별히 높은 세율을 적용한다. 이것을 개별소비세(과거 특별소비세)라 부른다. 보석에는 과세가격의 30퍼센트에 달하는 개별소비세가 붙고, 골프장은 1인 1회 입장 시 1만 2천원, 유흥주점은 요금의 10퍼센트를 개별소비세로 부과한다. 그래서 유흥주점은 가끔 자신이 올린 소득을 친구가 운영하는 분식집으로 돌려 탈세를 시도하기도 한다. 물론 불법이다. 세금이 많이 붙으면 소비가 위축될 수 있다. 따라서 개별소비세는 국민들이 지나친 사치성 상품이나 바람직하지 않은 곳에 많은 지출을 하려는 것을 막는 수단이 되기도 한다.

또 에너지 절약, 환경오염 방지 등의 목적으로 상품에 개별소비세를 붙여 소비량을 줄이기도 한다. 이에 따라 휘발유에는 리터당 630원의 세금이 붙는다. 그러나 유류에 붙는 세금은 국가 수입을 늘리기 위한 목적도 동시에 갖고 있다. 왜냐하면 휘발유는 수요의 가격 탄력성이 낮기 때문에 세금이 높아져도 소비량이 일정 수준 유지되는 특성을 갖기 때문이다.

관세는 외국에서 온 상품에 세금을 매기는 것이다. 예를 들어 외국에서 3만 원하는 상품에 관세를 1만 원 부과하면 수입 상품의 가격은 4만 원이 된다. 이때 국가가 거둔 1만 원의 세금이 바로 관세다. 관세를 부과하는 목적은 주로 국내 산업을 보호하기 위한 것이다. 관세가 높으면 국산품보다 외제품이 비싸진다.

최근에는 소득 재분배 기능도 중요시된다. 앞서 설명한 세금에 누진율을 적용해 고소득자에게 더 높은 세금을 거두거나, 고급 승용차·귀금속 등 사치품에 높은 세율의 특별소비세를 부과하는 것이 이에 속한다. 이렇듯 고소득층에게 거둔 세금을 바탕으로 경제적 약자가 최저생계를 유지하는 데 필요한 사회보장비로 지출한다. 이를 통해 소득 격차를 어느 정도 완화시킨다.

경기 조절의 기능도 담당한다. 경기 과열의 여파로 아파트 등 부동산 값이 갑자기 많이 오르면 부동산 투기가 일어나거나 무주택 서민들이 피해를 볼 수 있다. 이때는 부동산에 대한 취득세나 이익에 대해 매기는 세금인 양도소득세의 세율을 높여 부동산 거래가 과열되는 것을 막는다. 반대로 경기가 침체 조짐을 보이면 취득세나 양도소득세를 낮춰 부동산 경기가 활성화하도록 한다. 부동산 경기가 장기 침체 조짐을 보이자 박근혜 정부는 2013년 4월 무주택자의 취득세 부담을 없애고 5년간 양도세 감면을 시행해 경기 부양에 나섰다.

보통 근로소득은 처음부터 세금을 떼고 나오는데, 그것을 원천징수라고 한다. 원천징수를 하지 않고 연말에 한꺼번에 세금을 걷으면, 도중에 국가가 쓸 돈이 부족해지기 때문이다. 연말 한꺼번에 큰돈이 나가면 가계에도 부담이 된다. 따라서 매달 조금씩 미리 세금을 떼는 것이다. 그리고 연말에 정산을 해서 덜 냈다면 더 내고, 더 냈다면 돌려받게 된다. 세금에는 여러 가지 면제 사항이 있어서 소득이 적을 경우 돌려받는 경우가 많은데, 이를 세금 환급 제도라고 한다.

기업과 개인은 세금을 납부할 때 세금 공제 및 각종 감면 혜택을 받는다. 이렇게 실제로 납부하는 세금을 기준으로 계산한 세율이 실효세율이다. 대기업의 경우 각종 혜택으로 인해 실효세율이 낮다는 주장이 제기되기도 한다.

7

세계경제의 생태계

세계경제는 어디로 흘러갈까

세계경제를 뒤흔드는 환율 변동

환율 | 평가절상 | 평가절하 | 고정환율 | 변동환율

| 환율의 평가절상과 평가절하 |

환율은 국가 간 화폐가 거래되는 비율Exchange rate을 뜻한다. 원화 환율이 달러당 1,000원이면, 1달러 구입에 1,000원이 필요하다는 뜻이다. 그러나 이것은 기준율일 뿐이다. 달러를 살 땐 이것보다 조금 비싸게 사게 된다. 1,020원 정도 줘야 1달러를 살 수 있다. 이것이 구입가 Buying rate다. 반대로 달러를 팔 때는 1,000원보다 조금 덜 받게 된다. 예컨대 980원을 받는다. 이것이 판매가Selling rate다. 차이가 나는 이유는 거래를 중개하는 은행의 수수료 때문이다. 은행은 쉽게 말해 980원에 1달러를 구매해, 1,020원을 받고 판다. 차액 40원은 은행의 수입이다.

달러당 1,000원에서 800원으로 환율이 떨어지면 원화 가치가 절상됐다고 말한다. 1,000원으로 예전에는 1달러를 살 수 있었는데, 이제는 1달러하고 25센트를 더 내야만 살 수 있다. 원화 가치가 그만큼 높아진 것이다.

원화가 절상되면 수입 가격이 더 저렴해진다. 예전에는 1달러이던

물건의 원화 가격이 1,000원에서 800원으로 하락하기 때문이다. 해외여행을 갈 때도 무척 좋다. 100만 원을 바꾸면 예전에는 1,000달러를 받았다. 그러나 달러당 800원으로 환율이 떨어지면 1,250달러를 손에 쥘 수 있다. 가만히 앉아 250달러가 더 들어오는 것이다. 따라서 해외여행이 거의 공짜라는 느낌이 들게 된다.

달러당 1,000원에서 1,200원으로 환율이 오르면 반대다. 수입 가격이 비싸진다. 과거 1,000원 하던 게 1,200원으로 뛴다. 수입품을 쓰는 소비자의 출혈이 커진다. 결과적으로 더 적은 양을 쓰게 된다.

반대로 수출하는 기업은 득을 본다. 예를 들어 128메가 D램의 가격이 1,000원이면 미국으로의 수출할 때 1달러에 팔아야 한다. 그런데 달러당 1,200원으로 바뀌면 가격이 떨어진다. 즉 1,000원을 달러로 환산하면 0.89달러가 된다. 가만히 있어도 가격이 싸진다. 더 많이 팔 수 있게 된다.

하지만 환율이 오르면 해외여행은 부담이 된다. 1,000달러를 바꿔도 890달러밖에 손에 들어오지 않는다. 만일 환율이 달러당 2,000원으로 오르면 해외여행은 고사하고 해외에 있던 사람도 귀국을 한다. IMF 때 이런 일이 벌어졌다. 당시 환율이 달러당 2,000원에 달하자 외국에 유학 중이던 학생 상당수가 귀국했다. 학비가 크게 뛰었기 때문이다.

환율이 숫자 놀이가 되는 경우도 있다. 1인당 GDP 등 통계를 낼 때다. 환율이 달러당 1,000원일 경우 소득 3천만 원은 3만 달러가 된다. 그런데 달러당 500원으로 떨어지면 소득이 3천만 원으로 같아도 달러로 환산하면 6만 달러가 된다. 내가 받는 돈은 그대로지만 갑자기 일본 보다 더 잘 사는 선진국이 된다. 물론 극단적인 예지만 지난 IMF 당시 국민 소득이 뚝 떨어졌는데, 환율이 달러당 2,000원 내외로 올랐던

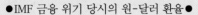

●IMF 금융 위기 당시의 원-달러 환율●

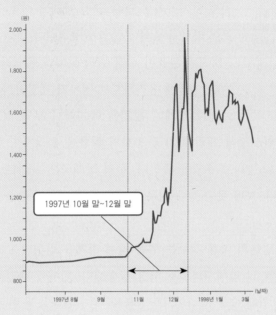

1997년 10월 말~12월 말

영향이 컸다.

| 환율의 수요와 공급, 그리고 전쟁 |

환율은 원칙적으로 시장의 수요와 공급에 의해 결정된다. 미국에서 달러가 우리나라로 많이 들어오면 달러가 그만큼 흔해지고 값어치가 떨어진다. 따라서 환율이 떨어지고 원화 가치가 상승한다. 즉, 원화가 더 대접을 받는 것이다. 따라서 무역 흑자가 늘면 환율이 떨어지게 되어 있다. 그만큼 우리나라에 달러가 넘치기 때문이다.

그런데 환율이 떨어지면 다시 수출이 어려워지고 수입이 늘면서 무

●수출 드라이브(export drive)

국내시장이 아닌 해외시장 쪽으로 판매 방향을 돌리는 경제 정책을 뜻한다. 경기가 침체되어 국내 수요가 줄어들 경우 국내 생산품의 수요를 해외에서 찾기 위한 방책이다.

역 흑자가 줄게 된다. 그러면서 수입과 수출이 넘치지도 모자라지도 않은 균형 상태에 이르게 된다. 이곳이 바로 수요와 공급의 균형점이다.

하지만 환율이 시장 원리에 따라 움직이지만은 않는다. 자국에 유리하도록 정부가 개입하기 때문이다. 예컨대 경제가 침체에 빠지거나 무역 적자가 나면 정부가 외환시장에 개입해 자국 통화의 환율을 올리기도 한다. 이를 통해 수출을 늘리고 수입을 줄인다. 무역 상대국은 반대로 무역 적자가 발생한다. 보다 못한 상대 정부가 환율을 더 내리면 환율 전쟁이 벌어진다.

2013년 일본의 아베 정부는 엔화 약세 정책을 취했다. 그러면서 원화가치가 몇 달 만에 7퍼센트 이상 상승했다. 침체에 빠진 일본 경제를 살리기 위해 수출 드라이브● 정책을 펴며 환율을 올린 것이다. 그러면서 우리나라 언론에 수출 비상이란 경고성 기사가 자주 등장했다. 우리나라 역시 금리 인하를 통해 환율을 올려야 한다는 주장도 제기됐다. 즉 환율 전쟁에 나서야 한다는 뜻이었다.

제2차 세계대전 이후 1970년대까지만 해도 세계 모든 화폐는 달러에 고정되어 있었다. 이런 방식을 고정환율 제도라고 한다. 반면 현재와 같이 수요와 공급에 따라 결정되는 것을 변동환율 제도라고도 한다.

빚쟁이 미국이 떵떵거릴 수 있는 이유

기축통화 | 금본위제도 | 외환 보유고

| 기축통화의 정의 |

우리나라 기업이 아프리카 우간다에 양말 직조기를 수출한다고 해보자. 대금으로 우간다 화폐인 실링을 받기가 께름칙하다. 화폐 가치가 어떻게 될지 알 수 없기 때문이다. 마치 부도 직전의 친구에게 돈을 빌려주는 느낌이다. 따라서 수출하는 업체는 '달러'로 결제해줄 것을 요구한다. 가장 믿을 만한 돈이기 때문이다. 물론 원화로도 결제받을 수 있다. 그러나 우간다 은행에 원화가 많지 않다. 따라서 최적격의 결제 수단은 달러가 된다.

이렇게 국가 간 거래의 지불수단으로 사용되는 통화가 바로 기축통화 혹은 국제통화다. 현재는 달러가 핵심적인 기축통화이다. 일일거래량이 3조 2천억 달러에 달하는 세계 외환시장에서 달러는 모든 거래 대금의 약 90퍼센트를 차지한다. 3분의 2가 넘는 전 세계 중앙은행들의 지급준비금도 달러다. 현재 유통되고 있는 7천600억 달러 가운데 3분의 2가 미국을 제외한 세계 각국에서 쓰인다.

기축통화는 통화 가치의 안정성이 보장되고 국제적 신뢰가 두터워

●세계 외환 보유고 순위●

순위	국명	보유액	기준 시점
1	중화인민공화국	3,181	2011년 12월
2	일본	1,295	2011년 12월
3	사우디아라비아	556	2011년 12월
4	러시아	498	2012년 01월
5	중화민국(타이완)	385	2011년 12월
6	브라질	355	2012년 01월
7	스위스	340	2011년 12월
8	대한민국	311	2012년 01월
9	인도	296	2011년 12월
10	홍콩	285	2011년 12월
11	독일	257	2012년 01월
12	싱가포르	245	2012년 01월
13	알제리	185.90	2011년 12월
14	타이	176	2012년 01월
15	이탈리아	173	2011년 12월

- 각국 외환 보유고의 3분의 2 이상이 달러
- 단위 10억 달러
-출처: 한국은행

야 한다. 또한 국제 결제통화로서 수요와 공급에 모자람이 없어야 한다. 또한 해당국의 금융시장이 국제 금융시장으로서의 기능과 조직을 충분히 구비해야 한다. 현재 미국의 달러가 이 같은 조건을 충족시키고 있다.

| 기축통화의 역사 |

●외환 보유고

19세기에는 영국의 파운드화가 기축통화였다. 런던
이 국제금융의 중심지였기 때문이다. 그러나 두 차
례에 걸친 세계대전 이후 유럽은 퇴보했고, 미국이
그 자리를 차지했다. 미국은 제2차 세계대전 이후 달

한 국가가 보유하고 있는 외화자
산의 총액으로, 필요할 경우 언
제든지 사용할 수 있는 자산이
다. 가치가 안정적이며 통화로
서의 사용이 용이한 달러화·엔
화·SDR·금 등이 포함된다

러를 일정한 양의 금으로 교환해주는 '금본위제도'를 시행함으로써 화
폐의 신뢰도를 높여 달러를 기축통화로 만들었다.

그런데 최근에는 달러의 신뢰도가 예전만 못하다. 막대한 재정 적자
와 무역 적자 때문이다. 현재 미국은 외채에 대한 이자로만 매일 3억
달러, 일 년이면 천억 달러를 지불하고 있다. 미국이 빚을 내 살고 있
는 것이다. 따라서 달러에 대한 의구심이 증가하고 있다. 만일 달러의
위상이 추락하면 우리가 보유한 외환 보유고*도 의미를 상실한다. 한
국의 경우 2,500억 달러 이상을 외환 보유고로 확보하고 있다.

그럼에도 불구하고 달러는 여전히 기축통화의 자리를 지키고 있다.
달러의 위상은 미국뿐 아니라 세계 모든 국가에 막중한 영향을 끼치고
있기 때문이다. 유로화나 중국 위안화가 대안으로 거론되기도 하지만
아직 신뢰도나 안정감이 부족하다. 따라서 대안이 없는 상황에서 달러
를 무너뜨릴 수는 없을 것이다.

기축통화의 지위를 넘보는 제3의 화폐도 있다. 바로 IMF의 SDR(특별인출권)
이다. SDR은 가상의 국제 준비 통화로, 금과 달러를 보완하기 위한 일종의 세
계화폐다. 이미 정부 사이에서는 이 화폐로 결제하는 경우가 많으며, 만일
SDR이 기축통화가 된다면 전 세계 화폐가 하나로 통일될 가능성도 있다.

무역 전쟁의 적색경보가 울린다

관세장벽 | 비관세장벽 | 자유무역 | 보호무역 | 비교우위

| 관세장벽과 비관세장벽 |

1960~1970년대 한국 정부가 벌였던 캠페인 중 하나가 '국산품 애용 운동'이었다. 품질이 다소 떨어져도 국산품을 써야 나라가 부강해진다는 취지였다.

캠페인만 벌인 것이 아니다. 정부는 관세를 통해 수입품의 가격을 비싸게 만들었다. 자동차의 경우 심한 경우 수입품에 대한 관세를 100퍼센트 넘게 부과했다. 외국에서는 5천만 원인 자동차가 국내에 들어오면 1억 원이 됐다. 이러한 관세장벽 덕분에 세계에서 거의 유일하게 국산 자동차가 시장 점유율을 80퍼센트나 차지하는 나라가 됐다. 초콜릿, 과자, 화장품 등 소비재의 경우 관세가 200퍼센트를 넘기도 했다. 미국에서는 1천 원이면 살 수 있는 것이 한국에서는 3천 원 넘게 팔린 것이다. 미군에서 과자나 담배, 초콜릿 등을 제값 주고 빼돌리더라도 남는 장사가 될 수밖에 없었다. 미군이 들여온 상품에는 관세가 붙지 않았기 때문이다. 따라서 미군이 갖고 온 물품이 시중에 유통되지 않도록 정부는 강력히 단속했다. 물론 과거 이야기다. 시장이 더욱 개방

되면서 현재는 관세가 대폭 떨어지거나 아예 사라진 상태이기 때문이다. 이것이 바로 자유무역이다.

자유무역이란 국가 간 무역이 아무런 제약 없이 자유롭게 이뤄지는 것을 뜻한다. 경상도 기업이 서울에서도 물건을 팔듯 국가 간의 벽을 없애는 것이다. 국경에 세워진 벽은 크게 관세장벽과 비관세장벽 두 가지로 나뉜다. 관세장벽은 수입품에 대해 세금을 부과하는 것이다. 세금을 부과하면 국가의 주머니도 두둑해지고 수입품 가격도 비싸진다. 예컨대 1,000원이면 수입할 수 있는 제품에 관세 20퍼센트가 붙으면 1,200원이 된다. 외제품이 국산에 비해 상대적으로 비싸지며 국산품이 경쟁에서 유리해진다. 앞서 본 것처럼 1970년대 한국 정부는 소비재에 대한 관세를 높게 매겼다. 국산품이 더 잘 팔리도록 하기 위해서였다.

비관세 장벽은 보이지 않는 규제를 뜻한다. 앞서 설명한 '국산품 애용 운동'이 대표적이다. 정부가 국산품을 선호하도록 국민 정서를 유도하는 것이다. 아울러 외제 차를 타고 다니는 사람에 대한 세무조사를 하기도 했다. 또한 국민들은 외제 차 타고 다니는 사람에 대해 '매국노'라면서 손가락질을 했다. 돈이 있어도 손가락질과 세무조사가 무서워 외제차 구입에 나서지 못하는 경우가 많았다. 수입품에 대한 보이지 않는 장벽을 만든 것이다.

국제적으로 자주 문제가 되는 또 다른 비관세장벽은 보조금 지급이다. 예를 들어 수입품과 경쟁해야 할 국내 기업에 정부가 연구·개발비 등의 명목으로 돈을 지급하는 것이다. 이럴 경우 국내 업체는 기술 향상을 통해 제품의 기능을 업그레이드하거나 보다 싼 가격에 공급할 수 있다.

수입 할당	• 수입량을 일정 한도로 제한
수출 자율 규제	• 수출국과 수입국이 자발적으로 수출 수량 제한
보조금 지급	• 수출 업체에 대해 정부가 금전적으로 지원
원산지 규정	• 수입국을 제한
고의적 관세 업무 지연	• 통관을 일부러 늦게 처리(농산물의 경우 신선도 하락)

경영상 어려움을 겪던 하이닉스 반도체에 정부가 세금을 지원해준 적이 있다. 하이닉스가 문을 닫을 경우 국가 경제에 미치는 영향이 크기 때문이다. 이를 바탕으로 하이닉스는 싼값에 반도체를 수출했다. 이에 대해 세계 각국 반도체 회사들이 한국 정부가 보조금 지급을 통해 불공정 경쟁을 하고 있다고 맹비난을 했다. 그러나 이 같은 형식의 보조금 지급은 우리나라뿐 아니라 세계 각국이 은연중 하고 있다고 볼 수 있다.

| 자유무역과 보호무역 |

이 같은 장벽을 없애자는 게 바로 자유무역이다. 수입품에 대한 관세 및 비관세장벽을 없애고 공정한 경쟁에 입각해 경쟁하자는 것이다. 이렇게 되면 무역이 번창하고, 또 세계경제도 나아질 수 있다고 자유무역론자들은 말한다. 자유무역을 주장하는 이들은 장벽이 철폐될 경우 각국이 비교우위를 바탕으로 자신의 강점을 살린 제품을 생산하여 거래하게 되니 자원의 효율적 이용이 가능해진다고 말한다.

예컨대 바나나 생산에 적합한 적도 국가는 바나나에 집중하고 자동차 기술을 확보한 독일, 미국 등은 승용차 생산에 집중하면 세계경제가 보다 효율적으로 돌아갈 수 있다는 것이다. 이것이 바로 비교우위론이다. 반대로 모든 국가가 장벽을 높이 세운 뒤 국산 자동차를 생산하면 각국 경제의 효율성이 떨어지고 세계경제도 발전하기 힘들다고 말한다. 그런데 자유무역을 주장하는 국가들은 영국, 미국 등 자국의 산업 경쟁력을 이미 높여놓은 나라들이다. 이들은 자유경쟁을 통한 시장 확대를 기대한다.

반면 개발도상국은 이들과의 경쟁에서 이기기 힘들다고 보고 장벽을 세운 채 자국 산업을 발전시켰다. 이렇게 장벽을 두른 가운데 자국 산업을 육성하는 정책을 보호무역이라고 한다. 또한 경기가 침체기에 빠지면 각국이 보호막을 더 강하게 치는 경향이 있다. 가뜩이나 어려운 자국 기업을 보호하기 위해서다.

2008년 글로벌 금융 위기 이후 세계 경기 침체가 가시화되면서 각국이 서둘러 보호무역이라는 방패를 치고 있다. 더 심각한 문제는, 보호무역은 상대의 보복을 부른다는 것이다. 미국의 오바마 대통령이 지난해 10월 중국 정부가 수출용 자동차와 자동차 부품에 보조금을 지급하고 있다며 WTO에 제소하겠다는 입장을 밝혔다. 그러자 중국은 즉시 미국의 반덤핑 상계관세 부과가 부당하다며 WTO에 맞제소했다. 두 나라 사이에서 총성 없는 전쟁이 벌어지고 있는 것이다.

비관세장벽은 선진국보다 후진국에 많다고 생각하기 쉬우나, 그렇지 않다. 후진국은 뻔히 보이는 방식을 쓴다면, 선진국은 교묘한 방식을 쓸 뿐이다. '자국민 건강'을 이유로 실시되는 까다로운 위생 검역과 원산지 규제도 사실은 일종의 비관세장벽인 경우가 많다.

보호무역의 빗장을 열다

GATT | 우루과이 라운드 | WTO | 도하개발아젠다 | 최혜국대우

| GATT에서 WTO까지, 세계 무역 기구의 출범 |

제2차 세계대전 이후 각국 지도자의 고민 중 하나가 '어떻게 관세 전쟁을 막을 수 있을까'였다. 제2차 세계대전을 촉발시킨 주요 원인이 이른바 '보복 관세'에 따른 무역 전쟁이었기 때문이다. 1930년대 이후 세계경기가 침체에 빠지자 각국은 다른 나라의 수입품을 차단하기 위해 관세를 높이기 시작했다. 서로 관세를 경쟁적으로 높이면서 무역 전쟁이 벌어진 것이다. 결국 높아진 관세 장벽을 무너뜨리기 위해 각국은 탱크를 몰고 이웃 나라를 침략하기 시작했다.

제2차 세계대전 이후 승전국인 미국과 영국은 이러한 관세 전쟁을 막기 위한 작업에 착수했는데, 결론은 관세가 없는 '자유무역의 완성'이었다. 이를 담당하기 위해 만들어 진 것이 이른바 GATTGeneral Agreement on Tariffs and Trade, 무역 및 관세에 관한 일반협정이다. GATT를 통해 어느 정도 관세 장벽을 낮춘 세계 각국은 본격적으로 관세의 '완전 철폐'를 모색하기 시작하는 데 그 첫 번째가 1986년에 시작된 우루과이 라운드UR, Uruguay Round다.

- 본부 위치 : 스위스 제네바
- 참가국 수 : 140여 개국(세계 무역의 97퍼센트를 차지)
- 모든 의사 결정은 전체 회의에서 논의 후 결정
- 이사회 산하 분쟁 해결 기구가 있어서 회원 간 무역 분쟁 해결

8년에 걸친 우르과이 라운드 협상 끝에 회원국들은 관세·비관세 장벽 철폐에 합의했다. 또한 이를 각국이 잘 이해하고 있는지 점검하는 한편, 분쟁이 발생했을 때 이를 처리하고 심판할 수 있는 기구를 만들었다. 이것이 바로 1995년 1월 1일에 공식 출범한 WTOWorld Trade Organization, 세계무역기구다.

과거에는 국가 간 무역 분쟁이 생기면 쌍방이 협상을 통해 해결해야 했다. 그런데 당사자 간 협상은 언제나 쉽지 않다. 갈등이 감정싸움으로 번지면서 더 큰 분쟁을 만들기도 한다. 법원이 필요한 이유가 여기에 있다. 과거에는 무역 분쟁을 해결할 객관적인 위치의 법원이 없었기에 서로 보복 관세를 매기다 급기야 전쟁을 했다.

그런데 우루과이 라운드 이후에는 그 역할을 WTO가 담당하기 시작했다. 불공정 무역 때문에 피해를 봤다고 생각하는 국가는 언제든 WTO에 상대국을 제소할 수 있다. WTO는 제3자의 입장에서 패널을 구성해 판결을 내린다. 이는 곧 WTO가 각국이 우루과이 라운드 협정을 위배하지 않는지를 판단하는 사법부 역할을 맡고 있다는 뜻이다. 동시에 WTO는 그 판결의 강제집행권을 가지고 있다.

비록 WTO의 판결이 모든 국가에게 100퍼센트 만족스러운 것은 아니다. 그러나 무역 분쟁이 국가 간 감정싸움으로 번지는 것을 막아준

다. 무한 경쟁 시대로 돌입하는 새로운 국제무역 환경에서 각국의 이해를 조정하고, 보다 자유로운 무역이 가능한 기반을 WTO가 조성한 것이다.

그런데 우루과이 라운드 협상 당시 시간이 촉박해 해결하지 못하고 '다음'으로 미뤄놓은 주제가 있다. 바로 농업과 서비스 분야의 관세·비관세 철폐이다. 국제기구로 자리 잡은 WTO는 2001년부터 농업과 서비스 분야에 관한 회원국 간 새로운 협상을 시작했다. 이것이 2001년 카타르의 수도 도하에서 시작한 도하개발아젠다DDA, Doha Development Agenda이다. 따라서 도하개발아젠다에서는 농업과 서비스 부분에 대한 협상을 진행하고 있다. 어려운 주제인 만큼 협상은 쉽지 않다. 우루과이 라운드 보다 더 오랜 시간이 걸리는 이유가 여기에 있다.

또한 2008년 금융위기 이후 협상은 사실상 휴면 상태에 빠졌다. 현재 협상에서 가장 큰 걸림돌은 농업 분야이다. 우리나라뿐 아니라 농업문제는 모든 국가 간 무역의 아킬레스건으로 작용하고 있다. 식량이 국가 안보와 연관되어 있기 때문이다. 선진국의 농산물 시장 개방을 요구하는 개발도상국과 서비스 수출 확대를 원하는 선진국의 대립으로 교섭이 난항을 겪고 있다. 2013년 들어 각국은 대립이 적은 분야를 중심으로 교섭을 진행하려는 움직임을 보이고 있다.

| WTO의 '최혜국대우' |

WTO의 가장 큰 특징은 모든 회원국에게 최혜국대우most-favored-nation treatment를 보장한다는 것이다. WTO의 두 회원국 사이에 맺은 협정은 WTO 내 모든 국가에 동일하게 적용된다. 쉽게 말해 영희가 철수에게 준비물을 빌려주면 반 전체 아이들도 영희에게 준비물을 빌

릴 수 있는 권리를 확보하는 것이다. 언뜻 이해가 안 되지만 제국주의 시대에 서방 열강은 이러한 최혜국대우를 이용해 식민지를 수탈했다. 만일 미국이 인도로부터 싼 값에 면화를 수입할 수 있는 권한을 따낸 다면 최혜국대우를 받을 수 있는 다른 서구 열강들도 동일한 권한을 자동적으로 부여받는 식이다. 미국과 협정을 체결했을 뿐이지만 그 혜택은 최혜국대우를 약속한 모든 서방 국가에게 돌아가는 것이다.

　WTO 협상이 난항을 겪는 이유는 이러한 최혜국대우라는 조항 때문이다. 둘이 합의해도 모든 나라에 동일하게 적용해야 하기 때문에, 양자 간 협상은 사실상 불가능하다. 예컨대 우리나라와 미국이 자동차 시장을 개방한다면 두 나라는 큰 손해를 본다. 이럴 경우 프랑스, 독일, 중국 등의 WTO 회원국은 최혜국대우 원칙에 따라, 미국이 우리나라 시장에서 누리는 비관세 혜택을 동시에 얻게 된다. 우리나라 자동차를 수입할 때 붙이는 자국 내 관세는 그대로 유지하면서 말이다. 제국주의 시대 식민지 꼴이 나는 것이다. 따라서 모든 국가가 합의할 수 있는 타협안을 만들어야 하기에 협상은 쉽지 않다. 140여개 회원국의 이해가 함께 맞아떨어져야 합의가 될 수 있다. 결국 더디게 진행되더라도 모두가 만족할 답을 찾을 수밖에 없다. 협상이 10년 넘게 진행되고 있는 이유가 여기에 있다.

자유무역은 데이비드 리카도의 '비교우위론'에 이론적 뿌리를 두고 있다. 변호도 잘하고 타이핑도 잘 치는 변호사가 있다고 치자. 그래도 혼자 모든 일을 다 하기보다 타이핑을 비서에게 맡기고 본인은 변호를 두 배로 더 많이 하는 편이 이득이라는 것이 비교우위론의 핵심이다.

| 국가 간의 자유무역협정, FTA |

WTO를 통한 다자간 협상이 벽에 부딪히면서 활발히 등장한 게 FTAFree Trade Agreement, 자유무역협정이다. FTA는 WTO와 달리 특정 국가끼리 체결한다. 예를 들어 우리나라와 미국 단 둘이 FTA를 체결 하는 식이다. 또한 체결 당사국 이외에는 최혜국대우를 하지 않는다. 사실 WTO와 FTA는 최혜국대우 문제에 관해 상호 배치되는 측면이 있다. FTA가 활발해지면 WTO 협상이 유명무실해 질 수 있다는 우려 도 있다. 실제 양자간 FTA가 활성화하면서 WTO의 도하 라운드 협상 이 지지부진해진 면도 있다.

하지만 WTO는 FTA가 활발해지면 그것이 모여 자유무역 시스템을 구축하는 데 도움이 될 것으로 판단하고 있다. 양자 간 무역협정 체결 이 활발해지다보면 자연스럽게 WTO가 구상한 자유무역 시스템이 만 들어 질 수 있다는 것이다. 회원국 전부를 모아 강제로 도장을 찍게 하 기보다는 마음 맞는 나라끼리 먼저 하도록 두는 것이다.

반대로 WTO가 FTA의 활성화에 도움이 된 면도 있다. 각국은 이미

●한국의 FTA 발효 상황 ●

한-ASEAN FTA	2007년 6월 1일 발효	거대 경제권과 맺은 첫 FTA
한-EFTA FTA	2006년 9월 1일 발효	선진 경제권과의 첫 FTA
한-EU FTA	2011년 7월 1일 발효	아시아 국가가 EU와 맺은 최초의 FTA
한-미 FTA	2012년 3월 15일 발효	세계 최대 시장을 안정적으로 확보
한-싱가포르 FTA	2006년 3월 1일 발효	동아시아의 주요 인접 교역국과 본격적인 FTA 추진
한-인도 CEPA	2010년 1월 1일 발효	신흥 거대 경제권과의 교류 활성화 위한 장기적 기반
한-칠레 FTA	2004년 4월 1일 발효	우리나라의 첫 FTA
한-터키 FTA	2013년 5월 1일 발효	서비스·투자 분야는 협상 중단 중으로 협상 재개 예정
한-페루 FTA	2011년 8월 1일 발효	남미 지역 진출 확장을 위한 교두보 확대

* 한국무역협회(okfta.kita.net) 자료 참고

우루과이라운드 합의를 통해 제조업 부문에 대한 장벽을 상당 부문 철폐한 상황이다. 당시 합의하지 못한 농업 등에서만 합의하면 쉽게 FTA를 체결할 수 있는 기반이 마련된 것이다.

우리나라는 2004년 최초로 한-칠레 FTA를 체결했다. 또 2006년 3월에는 싱가포르와 같은 해 9월에는 유럽자유무역연합EFTA과 FTA를 체결했다. 2007년 6월 발효된 한-ASEAN동남아시아국가연합 FTA 상품무역협정은 2008년 11월 캄보디아 등 9개국에 대한 발효가 완료되었다. 2011년 현재 한국은 16개국과 5건의 FTA 발효, 29개국과 3건의 FTA 체결, 12개국과 7건의 FTA 협상 진행, 16개국과 9건의 FTA 협상 준비 및 공동 연구를 하고 있다.

FTA를 체결하면 좁은 우리 기업들이 해외 시장 진출에 보다 유리해진다. 온실처럼 보호받던 국내 산업들은 국제시장 개방을 통해 외국

기업과 경쟁을 하여 더욱 크게 성장할 수도 있다. 만약 외국인이 국내에 들어와 직접투자를 하게 되면 선진국의 자본과 기술이 들어와 국내 산업에 긍정적인 역할을 하게 된다. 소비자 입장에서 보면 외국의 품질 좋은 물건을 싸게 살 수도 있다.

반면 경쟁력이 떨어지는 분야는 도태될 가능성도 있다. 예컨대 우리나라의 농·축산업 분야는 많이 불리하다. 수입 농·축산물의 가격이 국산보다 저렴하기 때문이다. 따라서 FTA에 반대하는 이들은 이러한 불리함 때문에 FTA를 매국 행위라고 비난하기도 한다. 이 같은 반대를 설득하기 위해 각국은 FTA를 체결하더라도 경쟁력이 떨어지는 분야에 대해 예외를 두거나 유예기간을 길게 두기도 한다. 또한 FTA 체결을 통해 이익을 본 산업 분야에서 돈을 모아, 손해를 본 곳에 지원하기도 한다. 이 같은 원칙에 따라 우리나라 역시 농업 부문에 대한 피해보상을 해주고 있다.

세계화는 원시 부족사회 시절부터 인간의 행동반경이 확장되는 과정으로 볼 수도 있다. 태어나 죽을 때까지 마을에만 머물던 시대에서 그 범위가 조금씩 확장돼 이제는 지구 전체를 누비는 시대가 된 것이다.

국가 경제가 위험할 때는 119 대신 IMF

IMF | 국가 부도 | 외환 위기 | 14조국 | 8조국

| IMF의 창설 배경 |

IMFInternational Monetary Fund, 국제통화기금는 1997년 12월 금융 위기 이후 우리에게 많이 알려졌다. 국가 부도 위기에 직면한 우리나라는 IMF 주도하에 550억 달러를 수혈받을 수 있었다. 대신 IMF는 긴축재 정과 노동시장 유연화, 부실 금융기관 퇴출 등 강도 높은 국가적 구조 조정을 요청했다.

이후 한국은 IMF 프로그램을 이행했다. 당시 온 국민이 힘을 모아 '금 모으기 운동'을 펴기도 했다. 전국 누계 350만여 명이 참여한 이 운 동으로 약 227톤의 금이 모였고 25억 달러의 빚을 갚을 수 있었다. 이 같은 국민적 단합을 통해 우리나라는 예정보다 3년 빠른 2001년 8월 IMF를 통해 빌린 모든 돈을 갚았다.

IMF는 환율 전쟁, 즉 경쟁적 평가절하로 세계경제가 파국으로 치닫 는 것을 예방하기 위해 1945년 만들어졌다. 예컨대 A국이 무역적자를 내면 이를 만회하기 위해 자국 화폐를 평가절하한다. 피해를 본 B국이 자국 산업을 보호하기 위해 역시 자국화폐의 평가절하로 맞선다. 이와

같은 경쟁적 평가 절하가 이뤄지면 사실상 이득을 보는 나라는 없다. 국가 간 감정만 상한다. 제2차 세계대전의 주요 원인 중 하나가 이 같은 경쟁적 평가 절하였다.

이를 막기 위해 케인스 등의 경제학자는 1945년 IMF를 출범시키면서 각국 화폐의 환율을 고정시켰다. '너희는 달러당 얼마'라는 식으로 못을 박아버리고 움직이지 못하게 했다. 어느 국가도 화폐의 평가절하를 못하도록 한 것이다. 대신 무역 적자가 발생하면, 그것에 대해 IMF가 보존을 해줬다. 평가절하를 하지 않아도 무역 적자를 보존할 수 있는 방법을 마련해 준 것이다. 이를 위해 SDR특별인출권이란 화폐도 만들었다. 실제 우리나라도 국제수지 적자를 보존하기 위해 1965년부터 25억 9천만 SDR을 인출해 사용했다.

그러나 IMF가 보유한 돈에는 한계가 있었다. 미국이 IMF의 자금 마련에 중추적 역할을 했는데, 1970년대 미국 경제가 무너지면서 IMF에 대한 지원이 어려워졌다. 그런 가운데 미국의 닉슨 대통령은 돌연 기자회견을 통해 달러의 고정환율을 폐지하고 변동환율을 택했다. 환율을 시장의 수요와 공급에 맡기자는 논리가 동원됐다. 미국이 변동 환율로 외환 시스템을 바꾸면서 환율 고정을 담당했던 IMF의 기능은 탄력을 상실했다.

| IMF의 실질적 역할 |

그러면서 IMF의 기능에 변화가 생겼다. 환율이 급격히 변동하면서 국제 사회에서 '국가 부도'라는 새로운 문제가 발생했기 때문이다. 환차액을 노린 투기 자본이 활기를 띠면서 한 나라의 외환 보유고가 이들의 움직임에 따라 바닥을 드러내기도 한 것이다. 따라서 IMF는 1990

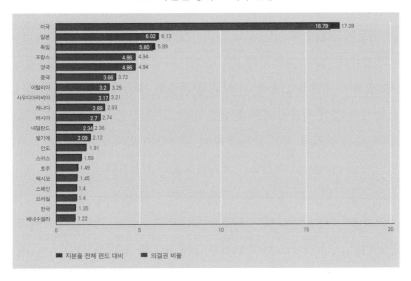

●IMF 의결권 상위 20개국 현황●

국가	지분율 전체 펀드 대비	의결권 비율
미국	16.79	17.09
일본	6.02	6.13
독일	5.80	5.99
프랑스	4.86	4.94
영국	4.86	4.94
중국	3.66	3.72
이탈리아	3.2	3.25
사우디아라비아	3.17	3.21
캐나다	2.89	2.93
러시아	2.7	2.74
네덜란드	2.34	2.36
벨기에	2.09	2.12
인도	1.91	
스위스	1.59	
호주	1.49	
멕시코	1.45	
스페인	1.4	
브라질	1.4	
한국	1.35	
베네수엘라	1.22	

■ 지분율 전체 펀드 대비   ■ 의결권 비율

년대 이후 국가 부도 사태를 맞은 나라에 긴급 자금을 수혈하는 이른
바 '라스트 리조트Last Resort, 최후의 수단' 기능에 집중하고 있다. 더 이상
돈을 빌릴 곳이 없는 국가에 긴급 자금을 수혈하고 회생할 수 있도록
재생 프로그램을 실시한 것이다. 대신 무역 적자를 보존해주는 기능은
유명무실해졌다.

　IMF는 1990년대 초 멕시코, 아르헨티나, 브라질 등에 자금을 긴급
지원했다. 또한 1997년에는 한국 및 동남아시아의 외환 위기에 개입
했다. 최근에는 그리스, 이탈리아 등 금융 위기를 겪는 유럽 국가를 지
원하고 있다.

　IMF는 출자한 비율에 따라 의결권을 갖기 때문에 돈을 가장 많이 낸
미국의 입김이 가장 강하게 작용한다. 현재 미국은 전체 기금의 17.09퍼

센트 정도를 내고 있고, 따라서 의결권도 17.09퍼센트만큼 행사한다. IMF 정책이 결정되기 위해서는 83퍼센트이상이 찬성해야 한다. 이는 곧 미국이 반대하면 아무 것도 이뤄지지 않는다는 뜻이다.

가맹국은 크게 '14조국'과 '8조국'으로 나뉜다. '8조국'이란 IMF 협정 제8조에서 규정하고 있는 의무 규정 준수를 수락한 국가를 말한다. 8조에서는 경상 지불에 대한 환제한 철폐, 차별적 통화 조치 철폐, 다른 외국 보유 잔고에 대한 교환성 부여 등 3가지 의무를 부과하고 있다. 이 의무를 수락하고 이행하는 국가를 8조국이라 한다.

'14조국'이란 IMF 협정 제14조의 의무를 이행할 것을 수락하고 잠정적으로 외국환 관리를 할 수 있는 국가를 말하는데, 개발도상국이 대부분이다. 우리나라는 1955년 8월 26일 IMF에 58번째 회원국(14조국)으로 가입했으며 1988년에는 IMF 제8조국이 됐다.

기금 규모 3260억 달러의 IMF는 막강한 힘을 가지고 있으며, IMF 총재는 세계 경제 대통령으로도 불린다. 현재 IMF 총재는 프랑스의 변호사 출신인 크리스틴 라가르드이다. 2011년 당선된 라가르드는 IMF의 64년 역사상 첫 여성 총재이기도 하다.

누가 고양이 목에 토빈세를 달까?

토빈세 | 국제 투기 자본

| 투기 자본 잡는 '토빈세' |

토빈세는 외환 거래에 세금을 부과하는 것이다. 외국 관광객이 한국에 와 천 달러를 원화로 바꿀 경우 은행 수수료는 지불하지만 따로 세금을 내지는 않는다. 토빈세는 이 같은 외환 거래에 세금을 매기자는 것이다. 물론 관광객의 푼돈을 대상으로 하자는 이야기는 아니다. 대상은 통 크게 움직이는 투기 자본이다. 환전하는 돈이 천억 달러라면 이야기가 달라지기 때문이다. 환율이 달러당 천 원이라 가정하고, 여기에 토빈세를 0.1퍼센트만 부과해도 하루에 천억 원이 걷힌다. 세계적으로 매일 오고가는 투기성 자금은 무려 1조 5천억 달러. 토빈세를 0.1퍼센트만 부과해도 세계적으로 1천 500억 달러의 세금이 매일 더 걷힌다.

토빈세는 투기성 자본에 의한 국제금융시장의 교란도 막을 수 있다. 세금 탓에 국제 투기 자본이 단기 차익을 노리고 세계 여기저기를 쑤시고 다니기 힘들어지기 때문이다. 결국 토빈세는 세수도 늘리고 투기 자본의 장난도 막을 수 있는 적절한 수단이다. 흡연 인구를 줄이기 위해 담배의 세금을 올리는 것과 같은 맥락이다.

그런데 누구도 실시하지 못하고 있다. 왜 그럴까? 모든 나라가 동시에 실시하지 않으면 먼저 실시한 국가만 피해를 볼 수 있기 때문이다. 국제 자본이 토빈세를 징수하는 나라에서 빠져나와 그렇지 않은 나라로 일시에 이동할 가능성이 높은 탓이다. 급격한 외환 변동성을 막겠다던 토빈세의 도입이 오히려 금융 위기를 불러 올 수도 있다. 모든 정부가 입맛을 다시고 있지만 선뜻 먼저 실시하지 못하는 이유가 여기에 있다. 고양이 목에 토빈세란 방울을 달아야 하는데 누구도 나서지 못하는 것이다.

모든 나라가 합의하지 못하는 이유는 미국이 반대하기 때문이다. 사실 토빈세를 부과하면 가장 큰 이득을 보는 곳이 미국이다. 자본 거래가 가장 많기 때문이다. 그러나 월스트리트의 저항이 워낙 강해 미국 정부가 반대를 하고 있다.

| 각국의 토빈세 법안 추진 |

프랑스의 경우 토빈세를 부과하는 법을 통과시킨 바 있다. 단, EU의 모든 국가가 실행하면 그때 하겠다는 단서 조항을 달았다. 방울은 준비하지만 다른 나라들이 다 같이 고양이에게 달려들 때만 꺼내겠다는 뜻이다. 그 뒤 프랑스는 유럽 국가 설득에 나섰고, 2013년 2월 독일과 프랑스, 이탈리아 등 EU 11개국이 토빈세 도입에 합의했다. EU는 빠르면 2014년 1월부터 주식과 채권, 외환 등의 거래에 0.1퍼센트의 세율을, 금융파생상품에는 0.01퍼센트의 세율을 부과한다는 계획이다. 이 같은 금융거래세가 시행되면 300억 유로 이상의 세수를 올릴 것으로 EU는 기대하고 있다.

우리나라 역시 박근혜 정부 들어서 토빈세 도입을 검토하고 있다. 복지 정책 시행에 필요한 재정을 확보할 수 있는 또 다른 길이기 때문이다. 도입 방식에 대해서는 다양한 논의가 이뤄지고 있다. 평시에는 비과세 혹은 낮은 세율(0.001~0.005퍼센트)을 적용하다가 위기 시 10~30퍼센트의 높은 세율을 부과하는 방식이 이야기가 되고 있다. 외환 위기를 막기 위한 방법이다. 그러나 위기 시 외국 자본이 오히려 더 빠르게 빠져나가도록 할 위험도 있다. 어쨌든 우리나라가 독자적으로 토빈세를 부과하기는 힘들다. 각국이 합의한 가운데 미국에 압력을 행사해 모든 국가가 동시에 실시해야 이상적이다. 그 과정에서 세금 부과율과 과세 방식에 대한 합의 도출도 필요하다. 투기 자본의 교란이 한 국가의 경제를 파탄시킬 만큼 강력해진 상황에서 토빈세 도입에 대한 움직임은 계속될 것으로 보인다.

토빈세를 고안한 제임스 토빈은 1981년 노벨 경제학상을 받은 케인스 경제학의 계승자다. 그는 현대사회의 문제점인 에너지 및 환경, 인구 증가 등의 문제를 해결하기 위해 '보이는 손(정부)'의 개입이 필요하다고 역설했다.

무역, 흑자만 계속 나도 위험하다

무역수지 | 경상수지 | 무역 흑자 | 무역 적자

| 무역수지의 종류 |

무역이 흑자를 기록했다는 기사가 신문에 나온다. 보도되는 내용은 대개 경상수지를 뜻한다. 경상수지를 구성하는 첫 번째는 반도체, 자동차 등 재화의 수출과 수입을 따져서 계산한 상품수지다. 수출이 많으면 흑자이고, 수입이 많으면 당연히 적자다.

그런데 수출하고 수입하는 것에는 컨설팅, 의료, 관광 등 서비스도 있다. 이 같은 품목은 서비스수지라고 부른다. 이외에도 금액이 상대적으로 작지만 거주자와 비거주자 사이에 선물 등을 무상으로 주고받은 거래인 이전수지도 경상수지에 포함된다. 또한 급료와 임금 투자 소득을 뜻하는 본원소득수지도 들어간다. 이 모두를 합쳐서 경상수지라고 부른다.

우리나라의 경우 흑자를 기록하는 주요 부문은 상품수지이다. 석유 등 원자재를 수입해 반도체, 자동차 등을 만들어 팔아 돈을 남기고 있는 것이다. 우리나라는 1990년 이후에 상품수지는 흑자, 서비스수지는 적자를 기록했다. 물건을 팔아 외국에서 번 돈을 이자나 기업 컨설팅 비용 등 외국의 서비스를 제공받는 데 쓰는 것이다.

그런데 2012년 상품수지뿐만 아니라 서비스수지도 흑자로 돌아섰다. 2012년에는 경상수지 흑자가 432억 5천만 달러로 사상 최대치를 기록했다. 이 가운데 상품수지 흑자가 경상수지 흑자의 89퍼센트인 384억5천만 달러였고, 서비스수지 흑자는 전체의 11퍼센트인 26억 8천만 달러였다. 전체 흑자에서 차지하는 비중이 낮지만 1998년 IMF 금융 위기에 따른 반짝 흑자를 빼고는 22년 만에 처음으로 의미 있는 흑자를 기록한 것이다.

선진국의 경우 상품수지가 적자여도 경상수지가 흑자인 경우도 있다. 서비스 산업이 발달한 탓이다. 반면 개발도상국은 상품수지에서 흑자를 봐도, 서비스수지에서 마이너스를 기록해, 전체 경상수지가 적자인 경우가 많다.

재화와 서비스 거래 없이 국가 간에 돈이 오고가기도 한다. 예컨대 외국인이 우리나라 증시에 투자하거나 건물을 사기 위해 달러를 들여오기도 한다. 또한 우리나라 기업이 해외에 투자하기도 한다. 이처럼 오고간 돈의 타산을 맞춰보는 게 자본수지다. 자본수지가 적자라는 말은 상품 거래 없이 외국으로 빠져나간 돈이 들어온 돈보다 더 많다는 뜻이다.

따라서 경상수지는 흑자인데, 자본수지는 적자를 기록할 수도 있다. 상품은 해외에 많이 팔았으나, 동시에 미국의 부동산을 구매하기 위해 거액이 유출됐다면 자본수지는 적자를 기록할 수 있다.

경상수지와 자본수지를 합쳐 종합수지라고 부른다. 종합수지는 일정 기간 다른 나라와 벌인 모든 경제적 거래와 자본 이동결과 나타난 수입과 지출의 차이다. 국가 간 자본거래가 많은 탓에 최근에는 경상수

● 월별 경상수지 예 ●

● 월별 경상수지 예 ●

(단위 : 억 달러)

	2011년		2012년	
.	5	1~5	5	1~5
경상수지	21.8	60.7	36.1	79.1
1. 상 품 수 지	16.3	108.0	17.5	61.2
1.1 수출	471.5	2,227.2	462.5	2,267.0
1.2 수입	455.2	2,119.2	445.0	2,205.8
2. 서 비 스 수 지	0.2	-27.0	15.9	14.9
2.1 운 송	7.6	40.5	10.1	42.6
2.2 여 행	-6.8	-36.9	-0.8	-18.2
2.3 기 타 서 비 스	-0.6	-30.6	6.6	-9.5
(건설서비스)	10.6	45.4	17.7	71.6
(사업서비스)	-10.8	-66.9	-10.4	-70.3
3. 본 원 소 득 수 지	5.2	-6.8	3.4	14.1
3.1 급 료 및 임 금	-0.2	-2.5	-0.3	-1.1
3.2 투 자 소 득	5.4	-4.3	3.7	15.1
(배당소득)	0.5	-32.0	-1.3	-16.2
(이자소득)	4.9	27.7	4.9	31.3
4. 이 전 소 득 수 지	0.2	-13.5	-0.8	-11.1
(송금이전)	-0.6	-10.7	1.0	-1.9

지만큼 종합수지도 중요하게 다뤄지고 있다.

| 무역수지의 균형 |

무역이 중요한 이유는 경제성장에 큰 도움이 되기 때문이다. 1970년
대 우리나라의 모토는 '수출만이 살길이다'였다. 수출이 잘 되어야 공
장에서 더 많은 물건을 생산할 수 있고, 우리나라 경제도 활기 있게 돌
아갈 수 있기 때문이다. 그런데 최근 들어 무역수지가 흑자를 기록해

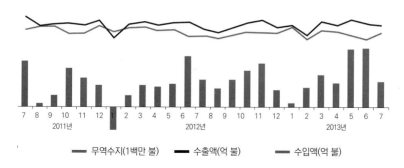

●우리나라의 무역수지●

| 7 8 9 10 11 12 | 1 2 3 4 5 6 7 8 9 10 11 12 | 1 2 3 4 5 6 7 |
| 2011년 | 2012년 | 2013년 |

━━ 무역수지(1백만 불)　　━━ 수출액(억 불)　　━━ 수입액(억 불)

도 경기가 침체가 이어졌다. 노동집약적 제품이 주를 이룰 때는 수출이 미치는 경제적 파급효과가 컸다. 예컨대 가발 판매량이 두 배로 증가하면 공장을 더 짓고 근로자를 두 배 더 고용해야 했다. 따라서 수출이 늘면 국내 경기가 좋아졌다. 하지만 반도체 수출이 두 배 늘어난다고 고용 인원이 크게 늘지 않는다. 같은 인원으로 생산 시설만 조금 더 돌리면 되기 때문이다.

무역이 중요한 또 다른 이유는 외화의 획득이다. 달러 등 외화가 부족하면 세계 경제에서 살아가기 힘들다. 가정에 돈이 없으면 아무리 논과 밭이 많아도 생활이 불편한 것과 마찬가지다. 가뜩이나 가진 땅도 적은 우리나라는 특히 무역을 통해 외화를 벌어야 한다.

경제학에서는 무역수지의 흑자나 적자가 아닌 균형을 이루는 것이 바람직하다고 말한다. 달러가 너무 적어도 또는 많아도 한 나라의 경제에 문제가 있을 수 있다고 본다. 달러가 적으면 지난 IMF 금융 위기처럼 국가 경제가 파탄날 수도 있다. 반대로 달러가 너무 많으면 원화가 평가절상돼 수출 기업이 타격을 입는다. 따라서 국제 수지의 수입과 지출이 동일할 때 가장 안정적으로 국가 경제가 움직인다고 말할 수 있다. 그러나 대개의 국가는 '흑자'가 나기를 원하고, 나의 흑자는 곧 누군가의 적자가 된다. 현재 경상수지 적자를 기록하는 대표적인 국가는 미국이다. 미국의 적자 덕에 우리나라나 일본은 흑자를 기록할 수 있다.

재미있는 것은 미국은 무역에서 적자가 나도 국가 부도 사태가 벌어지지 않는다는 것이다. 기축통화가 달러이기 때문이다. 달러를 찍어서 적자를 메울 수 있는 유일한 나라가 미국이다. 천문학적인 경상수지 적자에도 불구하고 미국이 버틸 수 있는 이유가 여기에 있다.

지난 1977년 사상 처음으로 100억 달러 수출을 기록했을 때는 전국이 난리가 났었다. 그런데 지금은 그때보다 더 큰 규모의 무역 흑자를 기록해도 국민들이 딱히 기뻐하지 않는다. 무역 흑자 규모가 커진다고 해서 반드시 개인의 삶까지 풍요로워지지는 않기 때문이다.

다시 한 번 세계의 중심에 도전하는 중국

계획경제 | 문화대혁명 | 온중구진 | 마오쩌둥 | 덩샤오핑

| 세계 2위로 성장한 중국 경제 |

1949년 혁명에 성공한 마오쩌둥은 사회주의 이론에 따른 계획경제를 실시했다. 농촌에서는 지주의 농토를 몰수한 뒤 집단 농장화했고 도시의 주요 산업 시설 역시 국가 소유로 했다. 이에 따라 사회주의적 국영기업 비중이 70퍼센트 가까이 높아졌다. 사실상 사유재산은 사라졌고 모든 인민이 공평하게 분배받는 평등한 시스템이 만들어진 것이다.

그런데 중국 사회는 생각과 달리 사유재산 폐지에 따른 생산성 하락, 관료들의 무능과 부패, 여기에 자연재해까지 겹치면서 2천만 명 넘게 굶어 죽는 파국에 직면한다. 이를 계기로 마오쩌둥은 1961년 경 물러나고 덩샤오핑이 새롭게 중국의 지도자로 등장한다.

그러나 덩샤오핑의 실용주의 경제 노선도 잠시, 1966년 마오쩌둥이 재등장하면서 실용 노선은 뒤로 밀리고 집단농장과 국유화를 중심으로 한 문화대혁명●이 중국 사회에 휘몰아친다. 하지만 문화대혁명으

●문화대혁명
1966년부터 1976년까지 마오쩌둥을 중심으로 벌어진 사회주의 운동이다. 그는 운동을 통해 중국 공산당의 이상을 펼치겠다고 했지만, 실제로는 중국의 문화 및 경제 등에 큰 피해를 주었다. 중국 공산당 내부의 반대파가 대대적으로 제거되었고, 적으로 간주된 사람들이 홍위병이라는 학생 집단에 의해 박해받는 등의 일이 일어났다. 이 사건은 중국의 정치, 경제, 문화 등 다양한 분야에 큰 영향을 남겼다.

로 인해 중국 경제는 침체에 빠졌고, 국민은 큰 피해를 입는다. 문제가 심각해지자, 1979년 덩샤오핑이 한 번 더 등장하게 된다.

중국 정계의 최고 실권자가 된 덩샤오핑은 개혁·개방 정책을 다시 추진한다. 그는 자본주의 경제를 살피며 중국에 시장경제를 도입했다. 이후 중국은 외국인의 투자를 받는 등 이전과는 다른 모습을 보인다.

덩샤오핑 시대에 먹고사는 문제가 어느 정도 해결되며 이후의 중국 지도자들은 더욱 큰 포부를 드러낼 수 있게 되었다. 장쩌민은 '책임지는 강대국', 후진타오는 '화평굴기(평화로운 부상)'를 내세웠으며, 새롭게 등장한 시진핑은 '중국의 꿈'을 완성하겠다는 원대한 목표를 밝혔다.

최근 30여 년 동안 중국은 유례없는 고도의 경제성장을 이뤄냈다. 중국 경제는 2010년 말 기준 경제 규모, 교역 규모, 외국인 직접투자FDI, Foreign Direct Investment에서도 세계 2위의 국가가 됐다. 외환 보유고는 세계 1위를 차지하고 있으며, 1978년 이후 평균 소득이 약 56배 상승했고, 연평균 10퍼센트에 달하는 경이적인 경제성장을 달성했다.

| 급격한 성장의 부작용과 앞으로의 노선 |

하지만 그 과정에서 인플레이션, 소득 불균형, 권력형 부조리 등의 문제가 생겼다. 그러면서 2011년 이후 경제 성장의 방향에 변화를 준다. 중국은 그동안 수출과 외국인 투자 중심의 경제 발전을 이뤘다. 이것으로는 더 이상 성장이 힘들다고 본 중국은 2011년부터 '내수' 중심의 경제 발전 노선을 택한다. 투자와 수출이 아닌 '소비'를 통한 경제 성장이 필요하다고 결론 낸 것이다. 특히 2008년 국제 금융 위기로 인해 내수 시장 없이는 지속적인 발전이 힘들다는 사실이 중국 정부에 각인됐다. 따라서 한동안 도시와 농촌, 사회계층 간에 존재하는 소득 격차

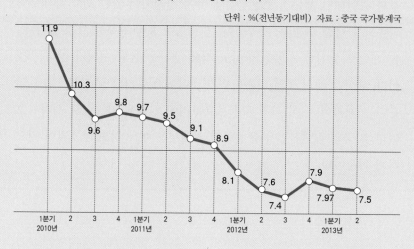

●중국 GDP 성장률 추이●

단위 : %(전년동기대비) 자료 : 중국 국가통계국

11.9
10.3
9.8
9.7
9.6
9.5
9.1
8.9
8.1
7.6
7.4
7.9
7.97
7.5

1분기
2010년   2   3   4   1분기
2011년   2   3   4   1분기
2012년   2   3   4   1분기
2013년   2

를 줄이고 민생을 개선하는 정책을 우선시할 것으로 전망되고 있다. 이를 표현한 말이 바로 '온중구진穩中求進, 안정 속의 성장'이다. 고성장보다 는 '분배를 고려한 안정 발전 모델'이 경제 정책의 핵심이 되고 있는 것 이다. 이에 따라 경제성장률 목표치도 7.5퍼센트로 낮추고, 인플레이 션 역시 3.5퍼센트 선에서 억제하기로 했다.

이렇게 내수 중심의 경제 발전을 시도하면서 대외무역 의존도도 계 속 떨어지고 있다. 2011년 국내총생산에서 수출입이 차지하는 비중인 대외무역 의존도는 47.0퍼센트로 전년 대비 3.1퍼센트 포인트 감소했 다. 중국은 지난 2001년 WTO 가입 당시 38.5퍼센트에 불과했던 대외 무역 의존도가 2003년 51.9퍼센트로 올라 50퍼센트 선을 넘어선 바 있 다. 이후 2006년 67퍼센트를 최고점으로 지속적으로 하락세를 보였다.

중국이 비교 우위를 차지하는 산업이 아직도 대부분 노동집약적 제품과 하이테크 제품의 노동집약 분야에 한정되어 있는 만큼 대외무역 의존도를 낮출 수 있는 가능성이 큰 것으로 중국 정부는 보고 있다. 기술 개발로 고가품 수입을 줄이고 자체 생산을 늘릴 여지가 많다는 것이다. 중국은 대외 무역 의존도를 미국이나 일본처럼 30퍼센트대로 낮춘다는 계획이다. 이 과정에서 보호무역이 강화될 가능성도 점쳐지고 있다. 자국의 첨단산업을 육성하기 위해서는 어느 정도 보호막이 필요하기 때문이다.

중국은 '사회주의 시장경제'를 표방하고 있다. 사회주의 정치 체제를 유지하면서도 시장경제의 면모를 일부 도입하겠다는 뜻이다. 1992년덩샤오핑이 남긴 "사회주의에 시장이 있으며, 자본주의에도 계획이 있다"는 말이 유명하다.

아베노믹스, 거품 빠진 일본 경제를 되살려라

프라자 합의 | 일본 경제 버블 | 잃어버린 10년 | 아베노믹스

| 경제 버블 뒤의 '잃어버린 10년' |

제2차 세계대전에서 패한 일본은 경제 발전에 전념한 결과 1980년대 초반 세계 2위의 경제 대국으로 성장했다. 소니와 도요타로 대변되는 일본 기업은 세계 시장을 장악했고, 미국인들은 '일본이 맨해튼의 땅과 건물을 전부 사들일 기세'라고 공포에 떨었다. 그러자 미국 정부는 일본의 손을 비틀어 1985년 엔화 가치를 높이는 플라자 합의를 한다. 엔화의 평가절상을 통해 미국 제품의 수출을 늘리고 일본 제품의 수입을 줄이겠다는 것이다. 그런데 일본 제품은 엔고에도 불구하고 계속 잘나갔다. 일본 기업이 제품 가격을 낮추기 위해 뼈를 깎는 생산비 절감 모드에 돌입했기 때문이다. 도요타의 각종 생산 효율화 및 재고 관리 시스템이 전 세계적인 모델로 각광받기 시작했다. 그런데 일본의 호황은 독이 됐다. 엔화 강세에 따라 달러가 일본으로 유입되면서 경제에 거품이 끼기 시작한 것이다.

이에 따라 닛케이 주가지수는 1986년 봄부터 1988년까지 급상승했다. 땅값도 크게 올랐다. 1985년과 비교해 1990년의 전국 평균 토지

●일본의 GDP 성장률●

잃어버린 10년

2012. 4분기

석유파동

플라자 합의

가격은 5배, 도쿄, 오사카, 나고야 등 3대 상업 지역의 가격은 3배 올랐고, 주택용 토지는 무려 11배가 뛰었다. 거품은 영원히 유지될 수 없었고, 축제가 화려했던 만큼 후유증도 컸다.

1990년부터 주가와 땅값이 곤두박질치기 시작했다. 그러자 1991년 여름부터 일본 경제는 침체에 접어들었다. 1980년대 4.6퍼센트에 달했던 연평균 성장률은 1992년부터 2001년까지의 이른바 '잃어버린 10년' 동안 0.9퍼센트대에 그쳤다. 특히 1993~1994년 중반에는 제로에 가까운 저성장이 계속됐다. 이때를 헤이세이平成 불경기라 부른다.

일본 경제가 장기 침체에 빠진 근본적인 이유는 버블 붕괴에 따른 처리를 제대로 못한 탓이 크다. 버블이 붕괴되면서 금융기관의 부실채권이 크게 늘었다. 일부 대형 은행은 자기자본비율이 8퍼센트 아래로 떨어졌다. 그러자 은행들은 자기자본비율을 맞추기 위해 대출을 축소하는 한편 기존 대출의 회수에 적극 나선다. 이 같은 은행의 움직임은 기업의 자금난으로 이어졌다. 거품이 가득 꼈을 당시 과잉 투자를 했던 기업은 부도를 피하기 어려웠다. 정상적인 기업까지도 금융기관의

●최근의 닛케이 지수 변화●

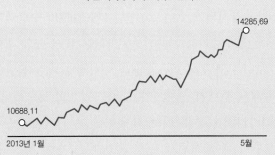

14285,69

10688,11

2013년 1월   5월

대출 억제에 따른 유동성 부족으로 도산했다.

기업의 자금 사정 악화는 설비 투자를 위축시키고, 가격 하락을 예상한 개인의 주택 건설도 활력을 잃었다. 또한 1997년 아시아 경제 위기로 수출 시장까지 축소됐다. 불안한 경제는 소비자의 지출이 줄어들도록 했고, 소비 감소로 물가가 하락하고, 이것이 기업 경영을 압박하여 고용 감소로 이어지고, 그것이 더욱 경기를 나쁘게 하는 디플레이션 악순환에 일본 경제가 빠져든 것이다.

| 장기 불황의 탈출을 꿈꾸는 '아베노믹스' |

경제를 살리기 위해 일본 정부는 2012년까지 여러 차례에 걸쳐 대규모 경기 부양 정책에 나섰으나 최근까지 실패했다. 그러면서 2012년에는 6개월 연속 무역 수지 적자를 기록하기도 했다. 센카쿠 열도를 둘러싼 중·일 간 분쟁 격화로 대중국 수출 역시 급감했다.

2013년 등장한 아베 정권은 다시 한 번 대규모 경기 부양책으로 장기 불황 탈출에 나서고 있다. 아베 정권은 재정 확대, 규제 개혁, 금융

완화 등을 동시 다발적으로 실시해 일본 경제에 온기를 불어넣겠다는 것이다. 효과도 감지되고 있다. 2013년 1월 일본의 수출액은 전년 동기 대비 6.3퍼센트 증가해 1년 전 -9.2퍼센트에서 크게 확대됐다. 주가 역시 2012년 11월부터 약 3개월간 30퍼센트 가량 올랐다. 21년간 하락을 지속해온 주택지 공시지가는 2013년 1월 하락폭이 5년 만에 가장 작게 나타나며 디플레이션에서 벗어날 조짐을 보이기도 했다.

하지만 정부의 재정 파탄 가능성 등 불안 요소가 아직 남아 있다. GDP의 218퍼센트에 달하는 국가 부채를 안고 있는 일본 정부가 재정 파탄 없이 대규모 재정 지출 확대를 감당할 수 있을지에 대한 의문이 제기되고 있는 것이다.

'단카이(덩어리) 세대'는 1947~1949년에 태어난 일본의 베이비 붐 세대로, 1970년대까지 고도성장의 주역이었다. 그러나 전체 인구의 5퍼센트를 차지하는 이들이 2007년부터 은퇴 시작, 2012년부터 연금 수령을 하며 일본은 순식간에 고령화 사회로 변모하게 되었다.

미국 경제, 영원한 슈퍼 히어로는 없다

대공황 | 뉴딜 정책 | 신자유주의 | 신경제 | 서브프라임 모기지 사태

| 폭발적 성장 통해 경제 대국으로 도약 |

미국은 세계 최대 경제 대국으로 모든 면에서 주도권을 장악하고 있다. 미국의 GDP는 14조 4천억 달러로, 세계 총생산의 23퍼센트를 차지하고 있다. 세계 총생산의 4분의 1가량이 미국에서 발생하고 있는 것이다.

미국은 남북전쟁 이후 본격적으로 공업화에 나섰다. 남부 흑인 노예들이 해방되면서, 북부의 공업지대에 인력 공급이 원활해졌기 때문이다. 이에 따라 미국 경제는 19세기에 폭발적으로 성장한다. 풍부한 노동력, 막대한 자본과 천연자원 등을 기반으로 미국은 경제 대국이 됐다. 그러나 1920년대 미국은 대공황에 빠지면서 어려움을 겪는다. 실업률은 25퍼센트를 넘었으며, 은행의 3분의 1이 파산했다.

이때 구원투수로 등장한 것이 바로 프랭클린 루스벨트다. 사실 그전까지의 미국 정부는 시장에 개입하는 것을 극도로 꺼려했다. 그러나 시장 실패의 파장이 너무 컸던 탓에 루스벨트 대통령은 직접 시장에 개입하는 정책을 펼친다. 이것이 이른바 '뉴딜 정책'이다. 뉴딜 정책을

펼치면서 미국 정부는 처음으로 '시장에 개입하는' 시도를 감행했다.

루스벨트 대통령은 은행에 대한 통제를 강화하는 한편 정부 지출을 늘렸다. 특히 1933년 테네시 강 유역에 대규모 댐을 건설하는 토목공사를 통해 일자리를 창출하고 경제에 활력을 불어넣었다. 이후 미국 경제는 회복세로 돌아섰고, 세계에서 가장 강력한 국가로 성장했다.

미국 경제가 또 다시 위기에 봉착한 것은 1970년대 석유파동과 베트남 전쟁 패배 이후다. 미국 경제는 높은 실업률과 낮은 성장률을 지속하면서 경제에 활력을 잃어갔다. 세계 최강 미국이 몰락하고, 일본이 그 자리를 대신할 것이라는 전망이 심심치 않게 등장했다.

이때 구세주로 등장한 인물이 바로 레이건이다. 레이건은 루스벨트와 달리 세금 인하와 정부 지출 삭감이라는 정책을 통해 미국 경제를 살렸다. 집권 4개월 만에 연방 예산 400달러를 줄이고, 소득세를 25퍼센트 인하하고, 각종 규제를 완화하고, 통화량을 줄였다. 성과는 상당했다.

1981년부터 1989년까지 실질 GDP 연평균 성장률이 3.2퍼센트로 1974년부터 1981년까지의 2.8퍼센트보다 높았다. 1980년 무려 13.5퍼센트까지 상승했던 소비자물가지수도 임기 마지막 해인 1988년 4.1퍼센트로 안정됐다. 1981년에 18.9퍼센트에 달하던 은행 금리 역시 1987년 8.7퍼센트까지 떨어졌다. 또한 재임 기간 총 1천 700만 개의 새로운 일자리가 만들어졌다. 1982년 9.7퍼센트에 달했던 실업률은 5.5퍼센트로 낮아졌다. 이 같은 경제적 성과가 있었기에 미국인들은 그를 좋아했다. 또한 그의 새로운 경제 패러다임은 '신자유주의'란 이름으로 세계 경제의 새로운 모델이 됐다.

그러나 좋은 면만 있었던 것은 아니었다. 우선은 약속했던 예산 균형을 달성하는 데 실패했다. 균형 예산을 이루기 위해서는 감세를 한 만큼 정부 지출을 삭감해야 한다. 하지만 소련과의 군비 경쟁 때문에 국방비 지출이 균형 예산을 맞추는 데 걸림돌로 작용했다. 아울러 의회의 반대로 연방 예산을 마음대로 삭감할 수 없었다. 감세를 통해 세수는 줄었으나 지출을 그에 맞게 조정하는 데 실패한 것이다. 그러면서 미국 경제의 아킬레스건으로 작용하고 있는 재정 적자 문제를 만들어 냈고, 그 문제는 아직까지 해결되지 못하고 있다.

| 허구로 끝난 신경제 |

레이건이 닦아 놓은 토대와 정보 기술 산업이 결합하면서 20세기 말부터 2008년 서브 프라임 모기지 사태 전까지 미국 경제는 물가가 안정된 가운데 유래 없는 장기 호황을 누렸다. 사실 경제가 지속적으로 성장하면 물가가 오르는 게 일반적이다. 수요는 증가하는 데 공급이 이를 따라가지 못하기 때문이다. 예컨대 경제가 성장해 반도체가 더 많이 필요해지면 생산량이 부족해져 제품 가격이 올라가는 게 일반적이다. 그런데 미국 경제는 그 같은 공식에서 벗어난 성장을 했다.

이를 '신경제'라고 불렀다. 신경제는 정보통신 기술의 발달로 경제 성장과 물가 안정이 지속되는 것이다. 20세기말부터 10년 가까이 장기 호황을 누렸던 미국 경제가 이 같은 패턴을 보였다. 예컨대 반도체 수요가 증가하는 속도보다 더 빠르게, 싸고 저렴한 반도체를 만들 수 있는 기술 발달이 이뤄진 것이다. 64메가 D램의 수요가 두 배 증가해도 생산량 부족으로 가격이 오르기보다 성능 좋은 128메가 D램이 시장에 쏟아지면서 값을 떨어뜨리는 식이다. 따라서 제품 공급이 달려 가격이 오르는 현상이 크게 나타나지 않았다. 아울러 생산비도 갈수록 절약됐다. 전자 상거래로 물류비가 줄고, 재고를 적정하게 관리하는 기술의 발달로 보관비가 줄어들었다. 이를 통해 경영이 보다 효율적으로 이뤄진 것이다.

수요와 공급의 즉각적인 조정도 빨라졌다. 가격 정보가 보다 빠르게 알려지고 확산되면서 기업이 빠르게 반응할 수 있기 때문이다. 이 같은 새로운 시스템이 세계경제를 근본적으로 바꿨기에, 지속가능한 발전이 가능할 수 있다는 게 신경제의 핵심 논리이다.

하지만 이 같은 환상은 서브 프라임 모기지 사태가 터지면서 깨졌다. 경기의 과열은 결국 부동산 가격의 급등을 초래했다. 가격 상승을 전망한 사람들이 너도나도 부동산에 몰렸고, 하락 조짐을 보이자 빚을 내 집을 산 사람들이 파산하기 시작했다. 그러면서 주택 담보 대출을 바탕으로 파생상품을 개발했던 미국의 투자은행들이 무너지는 사태가 벌어졌다. 신경제론 역시 철도 혁명 등 과거 기술혁명 때마다 나왔던 '유토피아적 경제론'의 또 다른 변종이었을 뿐이라는 결론이 나온 것이다.

그러면서 미국 경제가 쇠퇴하는 게 아니냐는 분석이 나오고 있다. 사실 영원한 제국은 없다는 점에서 미국 역시 언젠가는 쇠퇴할 것이다. 그러나 당장 내일 무너지는 일은 없을 것이다. 미국에는 과거 영국·로마 등의 제국과는 구분되는 특징이 있다. 일방적 지배가 아닌 그물망처럼 얽힌 관계를 통해 헤게모니를 행사한다는 것이다. 따라서 미국이 무너질 경우 연쇄적으로 다른 나라의 정치나 경제도 위험해진다. 일종의 도미노 현상이 발생하는 것이다. 과거에는 힘이 센 나라가 무너지면 그 힘을 이어받는 국가가 있었다. 그러나 지금은 세계화의 진전으로 관계가 너무 복잡하게 얽혀 이것이 거의 불가능한 상황에 왔다고

순위	국가명	GDP($)	순위	국가명	GDP($)
1	미국	15조 6천 96억	9	러시아	2조 218억
2	중국	7조 9천 917억	10	캐나다	1조 8천 45억
3	일본	5조 9천 809억	11	인도	1조 7천 792억
4	독일	3조 4천 787억	12	오스트레일리아	1조 5천 859억
5	프랑스	2조 7천 120억	13	스페인	1조 3천 977억
6	영국	2조 4천 526억	14	멕시코	1조 2천 78억
7	브라질	2조 4천 497억	15	대한민국	1조 1천 635억
8	이탈리아	2조 669억			

2012년도 명목 GDP 기준
출처 : International Monetary Fund

볼 수 있다. 이에 따라 전 세계 국가들이 미국이 무너지지 않도록 돕는 상황도 발생하고 있다. 실제 2008년 서브 프라임 모기지 사태 이후 달러화가 급격히 약세로 돌아설 위험을 보이자, 중국 등이 적극적으로 미국 국채 매입에 나서기도 했다. 일각에서는 미국이 세계경제를 떠받치지 못할 경우 중국 등 새로운 나라가 그 자리를 맡기보다 EU와 같은 초국가적 정부가 등장할 가능성이 높은 것으로 보고 있다.

최근 미국 정부는 '셧다운(shutdown)' 사태를 맞았다. 일시적인 영업정지를 뜻하는 셧다운이라는 말이 멈춰버린 미국 연방정부의 상태를 보여주고 있다. 예산안이 의회를 통과하지 못했기 때문이다. 그 내면에는 미국의 심각한 국가 부채 문제가 도사리고 있다.

'하나의 유럽', 꿈은 이루어질 수 있을까

EU | 유로존 | 유로화 | PIGS

| EU의 이름으로 뭉친 유럽 |

60여 년 전의 한국전쟁은 지금까지도 우리에게 큰 영향을 미치고 있다. 잔혹한 전쟁은 역사에 깊은 상처를 남긴다. 유럽도 마찬가지다. 유럽의 가장 큰 상처는 독일의 히틀러가 시작한 제2차 세계대전이다. 우리와 다른 점은 승자와 패자가 명확히 갈렸다는 사실이다. 동시에 승전국은 더 이상 유럽에서 전쟁이 일어나지 않도록 하기 위해선 '하나의 유럽'을 만드는 것이 필요하다고 생각했다. 작게 쪼개진 국가들이 땅을 넓히려고 싸우기보다 아예 땅을 애초부터 하나로 만들어버리는 것이다.

이 같은 생각에 전 유럽이 동의했는데, 이것은 제1차 세계대전 직후의 뼈저린 전후 복구 실패 탓이다. 당시에는 승전국이 독일 등 패전국에게 천문학적인 규모의 전쟁 배상금을 요구했다. 독일은 이후 오랜 기간 전쟁 배상금 때문에 고통받았고, 결국 마음 깊숙이 앙심을 품고 있다가 제2차 세계대전을 다시 일으키게 된다. 따라서 제2차 세계대전 이후 모든 유럽 국가는 패전국에 대한 보복이 아닌 모든 나라를 하나로 감싸는 '통합'만이 살길이라는 데 동의했다.

사실 우리가 볼 때 유럽은 '왜 저렇게 힘들게 합치려고 할까'라는 생각이 들기도 한다. 그러나 그들의 깊숙한 의식 속에는 '통합만이 전쟁을 막는 길'이란 뼈저린 생각이 깔려 있다. 그래서 수많은 갈등과 고난에도 불구하고 통합을 향해 가는 것이다. 그것이 전쟁보다는 낫기 때문이다.

이러한 통합의 노력이 제2차 세계대전 직후 유럽경제공동체EEC, 유럽석탄철강공동체ECSC란 두 개의 조직을 만들었는데, 둘은 다시 유럽공동체EC로 통합이 된다. EC가 단순한 국가 간 협의체였다면, 이 같은 경험을 바탕으로 이후 탄생한 EU유럽연합는 완전한 단일국가의 완성을 목표로 하고 있다.

EU는 유럽공동체 12개국 정상들이 1991년 12월 네덜란드 마스트리히트에서 경제 및 정치 통합을 추진하는 일명 '마스트리히트 조약'을 체결하면서 시작됐다. 그리고 2년 뒤 마스트리히트 조약이 발효되며 본격적으로 유럽의 정치·경제 공동체가 출항했다.

이 가운데 경제 통합은 유로화를 함께 사용하는 수준까지 진행됐다. 그러나 재정 통합은 이뤄지지 않고 있다. 통화는 유로화를 함께 쓰고 있지만, 살림은 각각 따로 살고 있는 셈이다. 돈이 모자라는 집과 남는 집이 생겨도 살림을 따로 살기 때문에 서로 잘 돕지 않는다.

예컨대 우리나라의 경우 충청남도 재정이 바닥나면 중앙정부가 서울에서 걷은 세금으로 지원을 해주기도 한다. 그러나 아직 EU는 그렇지 못하다. 그리스 재정이 바닥을 드러냈지만 EU는 재정 지원을 재대로 못하고 있다. 독일과 프랑스인들이 자국에서 거둔 세금을 그리스에 쏟아붇는 것을 아직까지 못마땅하게 생각하기 때문이다.

정치 통합의 경우 형식적 틀은 갖췄으나 실질적으로는 유명무실하

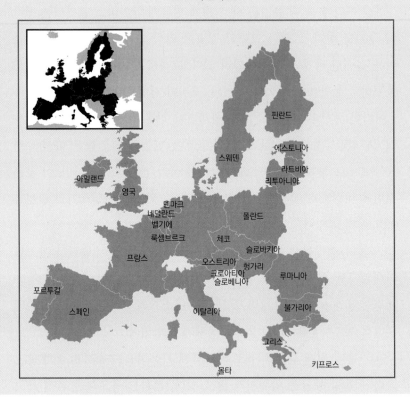

다. 유럽 의회, 유럽 이사회, 유럽 법원 등이 있지만 권력은 많지 않다. 유럽의 대통령 격인 유럽 의장 대신 독일의 수상과 프랑스 대통령이 모든 결정을 한다. 뜯어보면 유럽 통합이라는 거대한 이상과 주권을 내놓지 않으려는 각국의 현실적 이익이 애매하게 결합된 우스꽝스런 모습이 현재의 유럽연합이다.

　EU는 처음 12개국으로 출발했지만 2013년 현재 총 27개 국가로 구성되어 있다. 그리고 17개국이 유로화를 사용하고 있다. 이들 국가를

'유로존'이라고 부른다. 유로존에 들어가기 위해서는 까다로운 시험을 통과해야 한다. 재정 적자가 GDP 의 3퍼센트를 넘지 않아야 하고, 국가 채무는 GDP 의 60퍼센트 아래를 기록해야 한다. 유로존 소속 국 가들은 어떻게든 이 조건을 맞춘 나라이다. 그런데

●피그스(PIGS)
포르투갈(Portugal), 이탈리아 (Italia), 그리스(Greece), 스페인 (Spain)의 앞 글자를 따서 만든 이름으로, 이 네 국가는 최근 심 각한 국가 부채 문제로 재정 위기 를 겪고 있다.

앞서 본 것처럼 살림을 따로 살기에 통합된 이후 이 조건이 지켜지는 지 감시하거나 통제할 수 있는 권한이 EU에 없다.

이에 따라 야심차게 출발한 화폐 통합이 난항에 부딪힌 상황이다. 현 재 유럽의 위기는 유로존 가입 후 그리스의 금리가 독일, 프랑스와 같 은 북유럽 수준으로 낮아지면서 발생했다. 금리가 낮아지자 은행에서 보다 많은 대출이 이뤄졌다. 과도한 대출은 건축과 부동산의 거품으로 이어졌다. 그리고 2008년 미국발 금융 위기가 터지자 금융기관이 줄 줄이 파산하는데, 그리스 정부는 재정 위험을 감수하면서 부실 은행을 떠안는다. 그러면서 정부 재정이 바닥을 드러내기 시작했고, 그리스 정부는 부도 위기에 직면했다. 아울러 그리스의 위기는 경제 구조가 허약한 포르투갈, 이탈리아, 스페인으로 확산됐다. 이들 4개 국가는 피 그스•로 불리고 있다.

| 돼지들(PIGS)의 위기는 곧 EU의 위기 |

어려움에 직면했지만 그리스, 이탈리아 등은 독자적인 환율 정책을 사 용할 수 없다. 경기가 어려우면 환율을 올려 수출을 늘리고 경기를 활 성화해야 한다. 그러나 유로화를 쓰고 있고, 그에 대한 통화정책은 유 럽중앙은행ECB이 결정하기 때문에 불가능하다. 거기다 화폐도 마음대 로 찍을 수 없다. 따라서 EU의 지원에 기대는 것이 유일한 방법이다.

그런데 아직 EU 국가들이 재정 정책의 통합을 이루지 못했다. 만일 재정 통합이 이뤄졌다면 그리스 정부 등에서 발생한 적자를 유럽연합이 보전해주면 그만이다. 그러나 이를 탐탁하게 생각하지 않는 다른 나라 시민들은 이들 국가가 먼저 '긴축 재정' 등 모범을 보여야 지원이 가능하다는 조건을 달고 있다. 먼저 복지 예산을 삭감하고 공무원을 감축하라는 것이다. 집에 불이 났는데, 소방시설부터 갖추면 불을 꺼주겠다는 것이다.

하지만 일부 국가는 소방시설을 갖출 생각이 별로 없다. 특히 그리스는 1970년대 이후 상당 기간 사회주의 정권이 집권하며 다양한 복지 정책을 추진해 왔다. 그리스 시민 상당수는 이 같은 복지 혜택을 축소하느니 유로존에서 탈퇴하자는 주장을 하고 있다.

사실 유로화를 사용하는 17개국은 한 몸이 되었다기보다 어정쩡하게 발목만 묶고 걸어가는 형국이다. 17명 중 한 명이 쓰러져 일어나지 못하면 나머지도 앞으로 가지 못할 뿐 아니라 균형을 잃고 옆 사람들도 같이 쓰러질 수 있다.

지금이 바로 그런 상황이다. 예컨대 문제가 가장 심각한 그리스가 유로존에서 탈퇴할 경우, 유로존은 신뢰를 잃고 붕괴할 수 있다. 유럽 경제가 끝 모를 나락으로 떨어질 가능성도 배제할 수 없다. 유럽 통합의 야심 찬 계획이 실패하게 되는 것이다. 현재 유럽 사태의 핵심은 그리스 정부의 과도한 재정 지출이 아닌, 어정쩡한 통합 때문이라고 볼 수도 있다.

> 피그스(PIGS)는 영어로 '돼지들'이다. 이와 같은 약칭은 사실 이들 4개국을 비하하는 것으로 들리기도 한다. 돼지의 특징은 많이 먹으면서 게으르다는 것이다. 이들 4개국이 이 같은 특징이 있음을 빗댄 표현으로 들릴 수 있다.

개발도상국과 선진국, 한국은 어느 쪽?

개발도상국 | 중진국의 함정 | BRICs | 종속 이론

| 개발도상국을 덮치는 위기, '중진국의 함정' |

2012년 하반기 섬뜩한 단어가 우리 신문에 등장했다. 바로 '중진국의 함정.' 한국이 중진국의 함정에 빠질 가능성이 높다는 분석이 나온 것이다. 2012년 우리나라의 1인당 국민총소득은 2만 2천700달러 수준을 기록했다. 2007년 이후 7년간 2만 달러 초반을 벗어나지 못하고 있는 실정이다. 또한 경기 침체가 이어지고 잠재성장률이 1~2퍼센트대로 하락하면 GNI가 3만 달러에 도달하는 시점이 2020년은 되어야 할 것으로 보인다.

선진국의 경우 2만 달러에서 3만 달러로 올라서는 데, 평균 9.6년이 걸렸다. 우리는 이보다 긴 13년이 예상되고 있는 것이다. 그러면서 선진국과의 격차는 더 벌어질 가능성이 높다. 선진국도 가만히 앉아 우리를 기다리는 게 아니기 때문이다.

'중진국의 함정'은 개발도상국이 초기에는 순조롭게 성장하다 중진국 수준에서 정체되는 현상을 의미한다. '중진국의 함정'에 빠졌던 나라는 의외로 많다. 우선 중남미 국가들이 여기에 들어간다. 사실 1900년대

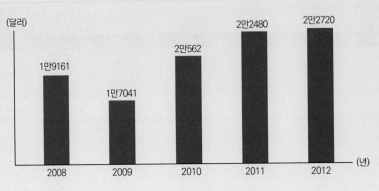

● 한국의 1인당 GNI ●

(달러)

2만2480 | 2만2720

2만562

1만9161

1만7041

2008 2009 2010 2011 2012 (년)

자료 : 한국은행

초반까지 남미 경제는 정말 눈부시게 성장했고, 아르헨티나 같은 나라
는 유럽보다도 잘살았다. 많은 인기를 누렸던 만화 '엄마 찾아 삼만 리'
의 이탈리아 소년 마르코가 엄마를 찾아 떠난 나라가 바로 아르헨티나
다. 엄마가 돈을 벌고자 아르헨티나로 갔기 때문이다. 유럽 사람들이 일
자리를 찾아갈 만큼 당시 아르헨티나는 발전한 나라였다.

필리핀·말레이시아 등 동남아 상당수 국가도 지난 1990년대 금융
위기 이전에는 보다 나은 경제 수준을 유지하고 있었다. 최근에는 중
국을 포함한 브릭스BRICs*가 중진국의 함정에 빠졌다는 분석도 나오
고 있다. 특히 중국 정부는 중진국의 함정 문제를 심각하게 받아들이
고 있다. 러우지웨이 중국 재정부 부장이 2013년 3월 "중국이 현재 '중
진국의 함정'에 빠질 수 있는 가능성에서 벗어나기 위해 노력하고 있
다"며 "이를 위해 균등한 기회를 창출하면서도 시장 기제를 보호하고
존중하겠다"고 강조했다.

중진국의 함정은 최초의 흑인 노벨 경제학상 수상
자인 아서 루이스 교수가 만든 말이다. 개발도상국
에서 농촌 잉여 노동력이 고갈되면 임금이 급등해
성장세가 둔화되는 현상이 벌어진다는 것이다. 즉,
개발도상국의 최대 강점인 저렴한 노동력이 공업화
·도시화의 진전으로 빠르게 줄어들면서 경쟁력을 상실하는 현상을 이
른다.

사실 개발 초기에는 값싼 노동력을 활용해 경제가 쉽게 성장한다. 그
런데 어느 정도 성장하면 임금은 비싸지는 반면 고임금을 지불할 만큼
사회적 생산력이 발전하지 못한다. 거기다 핵심 기술은 선진국이 틀어
쥐고 있다. 즉, 개발도상국이 저렴한 노동력으로 가발 공장은 만들 수
있지만, 국제 금융의 복잡한 선물거래를 할 수 있는 수준으로 발전하
는 것은 힘들다는 뜻이다.

| '중진국의 함정', 돌파구는 시장 질서 정립 |
중진국의 함정이라는 개념의 뿌리는 이른바 '종속 이론'이다. 선진국이
헤게모니를 장악하고 쥐고 흔드는 상황에서 다른 나라는 종속된 형태
로 존재할 수밖에 없다는 것이다. 예컨대 출발점에서 좌석 버스에 탄
승객은 전부 자리를 차지하지만, 나중에 올라 탄 사람은 누군가 내리
기 전까지 서서가야 한다. 이미 유럽과 미국이 19세기에 선진국이란
좌석을 전부 차지한 상황에서 나머지 승객들은 누군가 일어나기 전까
지 서서가야 한다. 앉아 있는 사람과 비교해 불리한 상태로 종속될 수
밖에 없고, 서서 버티다 힘드니까 그냥 내려버리는 게 바로 중진국의
함정이다. 이런 면에서 20대 80의 법칙이 선진국과 개발도상국, 후진

국에도 적용된다고 볼 수 있다. 오직 전 세계 인구의 20퍼센트만이 선진국의 국민이 될 수 있는 것이다.

우리나라가 중진국의 함정에 빠지지 않고 선진국이 되기 위해서는 새로운 성장 동력이 필요하다. 이미 선진국이 차지한 첨단 금융시장이나 신성장 산업 등 부가가치가 높은 영역에서 경쟁력을 확보해야 한다. 이를 위해 필요한 것이 경제적 패러다임의 전환이다.

박정희 대통령 이후 지금까지 우리는 국가 주도로 경제를 발전시켜왔다. 이것이 압축 성장에 큰 도움이 됐지만, 한편으로는 시장 기능을 왜곡시켰다. 정부가 시장에 과도하게 개입하는 한편, 정부의 지원을 받아 성장한 대기업이 시장 지배력을 남용하고 있다. 이것이 대한민국의 자본주의가 제대로 작동하지 못하는 '시장 실패'의 핵심이다. 이 문제가 해결되지 않으면 시장의 창의력은 훼손되고, 큰 틀에서 국가가 관리할 수 있을 정도밖에 성장하지 못한다. 중진국의 함정에 빠져 '무난히 망하는' 나라가 될 가능성을 배제할 수 없다.

지난 20년간 우리는 단군 이래 경험하지 못한 풍요를 누리고 있다. 그 풍요는 1960년대 이후 '우리도 한번 잘 살아보자'란 슬로건 아래 흘렸던 땀의 대가였다. 하지만 그 풍요가 앞으로 20년 뒤에도 그대로 유지될 것이라는 생각은 대단히 심각한 착각이다. 현재 당면한 시장 질서의 왜곡을 극복하지 못하면 다시 예전의 가난했던 시대로 되돌아갈 수 있다.

한국 경제의 또 다른 문제로 '서비스업의 낮은 부가가치'가 있다. 한국 전체 산업 비중에서 서비스업이 차지하는 비중은 70퍼센트가량으로, 선진국과 유사한 수준이다. 그러나 서비스업종의 임금과 부가가치는 선진국에 비해 한참 뒤떨어져 있다.

하룻밤에 읽는 경제

초판 1쇄 발행 2013년 11월 18일

지 은 이 장순욱

펴 낸 이 최용범
펴 낸 곳 페이퍼로드
출판등록 제10-2427호(2002년 8월 7일)
　　　　　서울시 마포구 연남동 563-10번지 2층

편　　집 김정주, 양현경
마 케 팅 윤성환
관　　리 임필교
디 자 인 장원석(표지), 이춘희(본문)

이 메 일 book@paperroad.net
홈페이지 www.paperroad.net
커뮤니티 blog.naver.com/paperroad
Tel (02)326-0328, 6387-2341 | Fax (02)335-0334

ISBN　　978-89-92920-93-3 (13300)